21 世纪立体化高职高专规划教材·财经系列

新编管理会计

贺胜军　　桂玉敏　　主　编

李贵芬　梁晓冬　张佳虹　副主编

电子工业出版社

Publishing House of Electronics Industry

北京·BEIJING

内 容 简 介

本书共分 9 个项目：认识管理会计、成本习性分析与变动成本法、本量利分析、预测分析、短期经营决策分析、长期投资决策、全面预算、成本控制、责任会计。每个项目包括职业能力目标、学习导入、问题导入、任务布置、教学组织、职业能力训练等内容。

本书由富有教学经验的一线教师编写。本书以项目为导向，结合工作任务，注重理论与实践相结合，具有内容易于理解且实践性强的特点。

本书适用于高等职业院校、成人高校财经类与管理类专业学生和社会上的自学者，帮助他们系统地学习管理会计有关知识与技能。

图书在版编目（CIP）数据

新编管理会计 / 贺胜军，桂玉敏主编. —北京：电子工业出版社，2017.8

ISBN 978-7-121-31596-1

Ⅰ. ①新⋯ Ⅱ. ①贺⋯ ②桂⋯ Ⅲ. ①管理会计－高等学校－教材 Ⅳ. ①F234.3

中国版本图书馆 CIP 数据核字（2017）第 118977 号

策划编辑：贾瑞敏　许振伍
责任编辑：贾瑞敏　　　　　特约编辑：胡伟卷　苗丽敏
印　　刷：北京季蜂印刷有限公司
装　　订：北京季蜂印刷有限公司
出版发行：电子工业出版社
　　　　　北京市海淀区万寿路 173 信箱　邮编　100036
开　　本：787×1 092　1/16　印张：15　字数：374.4 千字
版　　次：2017 年 8 月第 1 版
印　　次：2017 年 8 月第 1 次印刷
印　　数：1 800 册　定价：37.00 元

凡所购买电子工业出版社图书有缺损问题，请向购买书店调换。若书店售缺，请与本社发行部联系，联系及邮购电话：(010) 88254888，88258888。

质量投诉请发邮件至 zlts@phei.com.cn，盗版侵权举报请发邮件至 dbqq@phei.com.cn。

本书咨询联系方式：电话 010-62017651；邮箱 fservice@vip.163.com；QQ 群 427695338；微信 DZFW18310186571。

前　言

随着社会经济的发展、科学技术的进步，以及企业管理水平的不断提高，管理会计的理论及方法在经营管理尤其是微观经济管理中的作用已被人们充分认识，日益成为企业管理中不可或缺的重要手段，其应用范围也越来越广泛。因此高职财经类与管理类专业的学生学习管理会计的知识与技能是必需的。

本书由教学经验丰富的一线教师编写，在编写过程中体现了以学生为本、工学结合、能力与素质培养相统一的现代高等职业教育理念，通过知识准备、知识转化和知识运用，循序渐进地将教、学、做融为一体，注重理论与实际操作紧密结合，并力求突出针对性、实践性、应用性、先进性和整体性。本书共分 9 个项目，结构紧凑，内容分布均匀，每个项目均有职业能力目标、学习导入、问题导入、教学组织、职业能力训练等特色栏目，既起到巩固学生所学理论知识、将理论运用于实践的作用，又起到培养学生解决实际问题的综合能力的作用。

本书由广东交通职业技术学院贺胜军、广东机电职业技术学院桂玉敏任主编，石家庄铁路职业技术学院李贵芬、海口经济学院梁晓冬、河南工学院张佳虹任副主编。具体的编写分工：贺胜军编写项目 1、项目 9，桂玉敏编写项目 4、项目 6，李贵芬编写项目 3、项目 7，张佳虹编写项目 2，梁晓冬编写项目 5、项目 8。贺胜军负责拟定大纲和定稿工作，贺胜军、桂玉敏负责全书的统稿、修改工作。本书在编写过程中得到了电子工业出版社的大力支持，在此表示衷心的感谢。

由于编者水平有限，加之时间仓促，书中难免存在不足之处，在此恳请广大读者批评指正。

编　者

目　　录

项目 *1*

认识管理会计

职业能力目标

● 熟悉管理会计的概念，掌握管理会计的职能、内容与信息质量特征。
● 掌握管理会计与财务会计的关系。
● 了解管理会计的形成和发展。

学习
导入

　　广东某食品股份有限公司的主要产品是腊肠，市场旺销，特别是在春节前后，该产品在市场上常常脱销，供不应求。

　　今年春节期间，该公司的销售部门提出根据市场的竞争情况，要求降低腊肠销售价格，增加腊肠产量，求得最大销售量与最大利润，但生产部门提出目前的腊肠生产量已经是最大生产量了，如果要增加腊肠产量，必须增加生产线，这样成本会增加，获取的利润会减少。

　　总经理请财务部门提出意见，是否要增加生产线呢？假如你是财务经理，应该怎样回答这个问题？

问题导入

　　什么是管理会计？管理会计的职能是什么？管理会计与财务会计有什么区别和联系？

任务 *1.1*　管理会计概述

通过本任务理解管理会计的概念、职能和内容。

以老师讲授为主，采用案例帮助学生理解管理会计的概念、职能与内容，分析各职能之间的关系。

1.1.1　管理会计的概念与意义

管理会计是一门新兴的会计学科，是会计学的一个分支。目前，无论在中国还是西方国家，对管理会计的概念均未形成统一的认识。什么是管理会计？琼·斯塞（J.Sizer）教授说："从广义上讲，所有的会计均是管理会计。"也就是说，管理者对会计师提供的各种形式的信息，从某种程度上讲都有潜在的兴趣。我们根据管理会计在企业管理中的作用，做如下定义：管理会计是会计与管理的直接结合，它是以财务会计信息为主要依据，以经济数学的方法为主要手段，以加强企业内部经营管理、提高企业经济效益为主要目的，对企业的生产经营活动进行预测、决策、规划、控制和考核评价，为企业内部管理者提供有用信息的一个会计分支。

现代会计的发展，使会计的管理职能越来越受到重视。作为会计与管理直接结合的管理会计逐步从传统的会计中分离出来，传统的会计被称为财务会计，从而形成了现代企业会计的两大分支——管理会计和财务会计。管理会计从传统会计中分离出来，是会计不断发展的必然结果。管理会计拓展了会计的管理职能，侧重于研究企业内部未来和现在资金运动的规划与控制，它吸收了现代管理科学的一些成果，成为现代企业管理不可缺少的一门综合性的交叉学科。管理会计在现代企业管理中的作用主要表现在以下 3 个方面。

1. 提供企业管理的信息

现代企业生产经营活动需要大量的经济信息，不仅需要财务会计提供的财务、经营等方面的信息，而且需要适用于企业内部管理的各种管理信息。这些管理信息既包括进一步加工的财务信息，又包括大量具有特定形式和内容的非财务信息，如实际的和预计的、历史的和未来的、局部的和全局的、技术的和经济的等。只有掌握这些信息，企业的管理者才能据以对未来的生产经营活动进行规划和控制，实现预期的目标。管理会计由于方法灵活，不受太多的限制，所以它可以对从各种渠道取得的信息进行加工、整理，使之成为符合企业内部管理要求的特定数据，成为能满足管理者进行预测、决策、计划、控制等各项工作所需的管理信息。

2. 直接参与决策

决策是现代企业经营管理的核心。决策过程是管理人员选择和决定未来经营活动方案的过程。只有正确地进行各种决策，企业才能实现未来生产经营的最优化。然而，要制定正确的决策，不仅需要及时获取和提供管理信息，而且需要对管理信息进行科学的加工和有效的运用。在此，管理会计发挥了其特有的功能。管理会计能积极、有效地提供企业内部管理信息，并能帮助管理者进行计划和决策，能动地参与企业经营管理。特别是管理会计几乎涉及企业生产经营的全过程和所有领域，因此，它不仅参与全局、战略性的决策计划，而且参与企业内部各有关职能部门各种具体的决策计划。管理会计在提出和评价决策方案，帮助企业各级管理层制定正确的决策时，实际上也就置身于决策计划过程，直接参与了企业的经营管理活动。

3．实行业绩考评

为了确保预定目标的实现，必须对生产经营过程和结果进行严密的跟踪和监控，将反映企业经营目标完成情况和经营计划执行过程的实际情况，与体现目标、计划的预算进行对比分析和检查考核。这是使生产经营活动得以按最优化原则进行的最重要手段，也是最终实现预定经营目标的可靠保证。在对企业生产经营过程及结果进行监控、考评的问题上，管理会计既可建立完备的控制系统，又可确定严格的考核措施，从而随时掌握企业目标的具体实现过程，正确考评企业内部有关部门的工作业绩，并为修订决策、调整计划提供客观依据。

1.1.2　管理会计的职能

某一事物的职能是指该事物本身内部具有的、客观存在的、不以人的主观意志为转移的基本功能或属性。管理会计的职能是指管理会计在企业经营管理中本身所具有的基本功能。其与企业管理的职能相关，现代企业管理的职能是计划、组织、协调、指挥与控制，管理会计在此基础上进行了发展和创新。由于管理会计主要是为企业内部经营管理服务，因此，现代企业管理的每一项职能都要求管理会计与之相对应。现代管理会计的主要职能可以概括为以下 5 个方面。

1．预测职能

预测是指采用科学的方法预计、推测客观事物未来发展必然性或可能性的行为。管理会计的预测职能是指按照企业未来的总目标和经营方针，利用财务会计及相关部门提供的历史资料，做进一步的加工、改制与延伸，采用灵活多样的方法，充分考虑经济规律的作用和经济条件的约束，对企业未来经济活动进行科学的规划，为企业经营决策提供有用的信息。

2．决策职能

决策是在预测的基础上，充分考虑各种可能的前提下，按照客观规律的要求，通过一定程序对未来实践的方向、目标、原则和方法做出决定的过程。管理会计的决策职能是指根据企业决策目标，依据预测所提供的财务信息及相关资料，选择科学的方法进行分析，从各种备选方案中选择最优方案的过程。决策职能是管理会计的核心职能。

3．规划职能

规划是指企业在经济管理过程中，根据决策的目标以及为了达到这一目标所应从事的活动而做出的详细说明与计划。管理会计的规划职能是通过编制计划和预算实现的。它要求在最终决策方案选定的基础上，将预先确定的有关经济目标分解落实到各有关预算中，以便合理有效地组织运用企业的各项经济资源和人力资源，并将其作为控制企业经济活动的重要依据。

4. 控制职能

控制是指使企业的经济活动严格按照规划的预定轨道有序进行。控制企业的经济活动是管理会计的重要职能之一。这一职能的发挥要求将企业经济活动的事前控制和事中控制有机地结合起来，即企业根据规划所确定分解的目标及相关的规章制度，事前确定科学可行的各种标准，并根据执行过程中的实际与计划发生的偏差进行原因分析，以便及时采取切实可行的措施，改进工作，确保经济活动的有效进行。

5. 考核评价职能

现代管理十分重视调动人的积极性，贯彻落实责任制是企业管理的一项重要任务。管理会计的考核职能就是通过建立责任会计制度来实现的，即在各部门、各单位及每个人均明确各自职责的前提下，逐级考核责任指标的执行情况，找出成绩和不足，从而为奖惩制度的实施和未来工作改进措施的制定提供必要的依据。

综上所述，管理会计的上述 5 项职能相互联系、相互作用，它们结合在一起，综合地发挥作用，为企业经营管理决策提供可靠的依据，为决策做出正确的分析与评价，并为执行决策所确定的方案制定相应的规划、控制与考核制度。

1.1.3 管理会计的内容

管理会计的内容是指与其职能相适应的工作内容，包括预测分析、决策分析、全面预算、成本控制和责任会计等方面。其中，预测分析和决策分析合称为预测决策会计；全面预算和成本控制合称为规划控制会计。预测决策会计、规划控制会计和责任会计三者既相对独立，又相辅相成，共同构成了现代管理会计的基本内容。

1. 预测决策会计

预测决策会计是指在管理会计系统中侧重于发挥预测经济前景和实施经营决策职能的最具有能动作用的会计子系统。它处于现代管理会计的核心地位，是现代管理会计形成的关键标志之一。

2. 规划控制会计

规划控制会计是指在决策目标和经营方针已确定的前提下，为执行既定的决策方案而进行有关的规划和控制，以确保预期奋斗目标顺利实现的管理会计子系统。

3. 责任会计

责任会计是指在组织企业经营时，按照分权管理的思想划分各个内部管理层次的相应职责、权限，以及所承担义务的范围和内容，通过考核评价各有关方面履行职责的情况，反映其真实业绩，从而调动企业全体职工积极性的管理会计子系统。

任务 *1.2*　管理会计的形成与发展

任务布置

通过本任务理解管理会计的形成与发展。

教学组织

以老师讲授为主，采用举例法帮助学生理解管理会计形成与发展的历史，进一步理解管理会计在当代企业管理中的重要作用。

1.2.1　管理会计的形成

管理会计是与财务会计并列的独立学科，有比较完整的理论方法体系。同其他学科一样，管理会计也经历了一个从简单到复杂、从低级到高级逐步完善的历史过程。

管理会计的初步形成可以追溯到 20 世纪初，当时正处于自由资本主义向垄断资本主义过渡时期，资本主义已有了相当的发展，手工业作坊已发展为较大的企业，生产规模不断扩大，生产过程也越来越复杂，竞争十分激烈。而在这种情况下，一般企业的管理中，以业主的经验和直觉为核心的传统管理方式仍占统治地位，不少工厂粗放经营，管理混乱，浪费严重。因此，如何用先进的科学管理代替落后的传统管理，使企业的各级管理工作得到较大的改善，以适应资本主义经济发展的需要就成为一个非常迫切的现实问题。

正是在这种情况下，集中体现科学管理理论和方法的"泰罗制"产生了。泰罗（Taylor）认为，在企业管理中，单凭个人的经验和传统的管理方式是不行的，要用精确的调查研究和科学的知识来代替个人判断——要对产品的制造过程进行缜密的观察、计量、分析和评价；为生产劳动制造各种标准，要求每个工人使用标准的工具，通过标准的动作，耗用不超过标准的时间和原材料，来制造质量符合标准的产品；制定严格的作业效率标准，确定标准工时定额，推行计件工资制等。这一主张大大缩短了劳动的过程，节约了劳动时间，增强了工作责任，提高了工作效率，促进了生产的发展。

与泰罗制的推广应用相配合，一些新的会计观念和技术方法，如标准成本、预算控制和差异分析等相继出现，并在实践中得到不断的充实完善，不仅给传统的会计增添了若干新内容，而且使会计开始突破单纯的事后计算进入科学的事前计算，并将事前计算与事后分析紧密结合起来，从而为会计更好地服务于企业管理开辟了一条新的途径。当时，有人把这些会计领域的新内容综合起来，并写成专著，如 1922 年，美国奎因坦斯（Quaintance）所著的《管理会计：财务会计入门》一书，他首先提出了"管理会计"这个名词。1924 年，麦西金（Mckinsey）出版了《管理会计》一书，之后管理会计相关的专著相继问世，内容不断丰富。这些著作被称为早期管理会计的代表作，也成为管理会计的萌芽。

总体而言，这一时期伴随着泰罗制的推广和问世，管理会计并未形成一套独立的、科学的理论和方法体系，其着眼点仅限于既定方案的落实和经营计划的执行上，管理会计的主要内容是预算和控制，其职能集中体现在控制方面，有人称这一阶段的管理会计是以控制会计为核心的执行性管理会计。

1952 年，在世界会计年会上正式通过了"管理会计"这个专有名词，这标志着管理会计的正式形成。同时，传统的会计部分被称为"财务会计"。

1.2.2 管理会计的发展

20 世纪 50 年代后，资本主义进入战后经济发展时期，其主要特点：一是现代科学技术突飞猛进并广泛应用于生产经营，使生产力得到迅速发展；二是资本主义企业进一步集中，企业规模不断扩大，这种形势是盛行一时的泰罗制所无法适应的。泰罗制过分强调严格的机械管理，不注重对企业的未来进行规划，忽视调动人的能动性和积极性，认为只要管得严，就能出效率，致使职工处于消极被动和极度紧张状态，严重阻碍了企业的生存和发展。在这种形势下，以运筹学和行为科学为主体的现代管理科学应运而生，并最终以其更科学的和更先进的理论和方法取代了泰罗制，从而给企业管理带来了新的生机，为管理会计的发展补充了新的内容，并发挥了十分重要的作用。

行为科学主要是应用心理学、社会学的原理来研究人的各种行为的规律性，分析人产生各种行为的客观原因和主观动机的一门科学。把行为科学的原理应用到企业管理，有助于调整和改善人与人之间的关系，引导、激励职工在生产经营中充分发挥主动性、积极性。运筹学主要是应用现代数学和数理统计的原理和方法，建立起许多数量化的模型，对企业复杂的生产经营活动进行定量分析，以帮助管理人员按照最优化的要求，对企业的经营活动进行科学的预测、决策、计划、规划和控制，使企业的生产经营实现最优化，以提高企业的竞争能力。

管理会计对这两项科学成果的吸收和应用，不仅完善、发展了规划控制会计的理论与实践，而且还逐步充实了"以管理科学学派"为依据的预测决策会计和以"行为科学"为指导思想的责任会计等内容，基本上形成了以预测决策会计为主、以规划控制会计和责任会计为辅的现代管理会计新体系。管理会计从"执行性管理会计"逐步发展到"决策性管理会计"与"执行性管理会计"并存，并以"决策性管理会计"为主的新阶段。管理会计20 世纪 70 年代在西方发达国家比较流行，20 世纪 80 年代则风靡全球。

管理会计与财务会计分离以后，又不断地吸收现代管理科学和系统论、信息论和控制论等各方面的研究成果，不断完善其理论体系，逐步成为现代企业管理的一个重要组成部分。

此外，专业管理会计团体的成立，也是现代管理会计形成的标志之一。美国于 1972 年从全国会计人员联合会中分离出"管理会计协会"，英国成立了"成本和管理会计师协会"，并分别出版了《管理会计》月刊，在世界范围内发行。同时，美国举行了"执业管理会计师"资格考试，出现了专门的执业管理会计师，他们可以在专门领域内开展工作，具有较高的社会地位。

！提醒

管理会计从传统会计中分离开来，成为与财务会计并列的独立学科，经历了一个逐步发展的过程。管理会计是随着经济的发展而逐步形成和发展起来的。

任务 *1.3*　管理会计与财务会计的关系

任务布置

通过本任务理解管理会计与财务会计的关系。

教学组织

以老师讲授为主，采用举例法帮助学生理解管理会计与财务会计的关系，管理会计与财务会计在企业管理中所起的不同作用。

管理会计从传统会计中分离出来之后，企业会计中涉及日常会计核算及对外报告的那部分内容就称为财务会计，管理会计与财务会计并列成为会计学的两大分支。分析管理会计与财务会计的关系能帮助我们深刻地理解管理会计的特点。

1.3.1　管理会计与财务会计的联系

1. 两者的数据来源相同

管理会计所需的数据大多数来源于财务会计系统，它的主要工作内容是对财务会计所提供的信息进行深加工与再利用，因而受到财务会计工作质量的约束；财务会计的发展与改革，应当充分考虑到管理会计的要求，扩大会计系统的信息交换处理能力和兼容能力，避免不必要的重复和浪费。

2. 工作对象相同

管理会计和财务会计的工作对象都是企业的经营资金运动，只是侧重点有所不同。财务会计的工作对象在时间上侧重于企业过去的经营资金运动，在空间上侧重于企业全局性的经济活动；管理会计的工作对象在时间上侧重于企业现在的和未来的经营资金运动，在空间上侧重于企业局部的或特定的经济活动。

3. 两者的最终目标一致

管理会计和财务会计都处于现代经济条件下的现代企业环境中，它们的工作对象从总的方面来看基本相同，都是企业经营过程中的资金运动，都统一服从于现代企业会计的总体要求，共同为实现企业内部经营管理的目标和满足企业外部有关方面的要求服务。因此，两者的最终目标是一致的。

1.3.2　管理会计与财务会计的区别

1. 内容侧重点不同

管理会计的内容包括规划未来、控制现在和评价过去。其侧重点主要是规划未来，属于事前的"经营性会计"，分析过去是为了更好地指导未来和控制现在。管理会计的这一特点大大提高了企业经济活动的预见性和计划性，也大大增强了管理会计参与企业决策、控制和业绩评价的功能，使管理会计在企业经营管理中发挥着比传统财务会计更为重要、更为突出的作用。

财务会计主要是反映和监督已经发生和已经完成的能够用货币计量的经济事项，侧重于提供历史资料，所以财务会计属于"报告性会计"。

2. 服务对象不同

管理会计侧重于对内提供管理信息，主要满足企业内部管理当局加强内部经营管理的需要，属于"对内部报告会计"；财务会计主要服务于企业外部的信息需求者，使企业外部的信息使用者能够及时、准确地了解企业的经营成果和财务状况，以便切实保障他们的经济利益，所以财务会计属于"对外部报告会计"。

3. 会计主体的层次不同

管理会计的工作分为多个层次，它既可以以整个企业（如投资中心、利润中心）为其工作的会计主体，如拟定一个企业的经营计划、制定一个企业的经营决策和投资决策、评价一个企业的经营业绩等，又可以将企业内部的局部区域，甚至某一管理环节（如成本中心）作为其会计主体，而且在多数情况下，管理会计主要以企业内部责任单位为会计主体。

财务会计往往只有一个会计主体，即以整个企业为其会计主体，通过定期编制财务报表和计算有关的财务指标来全面、系统、连续和综合地反映整个企业在一定时期的经营成果和财务状况，从而适应财务会计所特别强调的完整反映、监督整个经济过程的要求。

4. 遵循的原则不同

管理会计虽然在一定程度上也要考虑"公认会计原则"或企业会计准则的要求，利用一些传统的会计观念，但并不完全受其限制和约束，可以根据企业内部经营管理的需要，来选择实施管理会计的理论和方法。

财务会计必须严格遵守"公认会计原则"、企业会计准则等要求，以保证其所提供的财务会计信息的可比性。

5. 方法体系不同

管理会计可选择灵活多样的方法对不同的问题进行分析处理，即使对相同的问题，也可以根据需要和不同条件而采用不同的方法进行处理。在预测、决策、规划和控制的信息处理过程中，管理会计大量运用现代数学方法，并针对企业经营管理中的典型和具体问题，建立有关的数学模型，使企业经营活动的优化管理建立在科学的定量分析基础上，从而在预测企业前景、参与企业决策、规划企业未来、控制和评价企业经济活动方面发挥着重要的作用。

财务会计必须依照企业会计准则等规定和要求，选择和采用会计核算方法，而且核算方法在前后各期要保持一致和相对稳定，不得随意变更。如有必要变更，应当将变更的情况、变更的原因及其对企业财务状况和经营成果的影响，及时、充分地在财务报告中加以说明和披露。

6. 工作程序不同

由于管理会计主要服务于企业内部经营管理，因此没有固定的工作程序，企业可根据自身的实际情况选用不同的工作方法和工作程序，自行设计管理工作流程。

财务会计必须执行固定的会计循环程序，即审核和编制会计凭证，登记账簿，直至编制出会计报表。在通常情况下，不得随意变更其工作内容或颠倒工作顺序。

7. 数据要求不同

管理会计主要侧重于对未来的预测、规划和决策，往往遇到一些不确定因素和不确定事项，所以管理会计提供的信息和数据，主要不是注重其可靠性和精确性，而是注重其及时性和相关性，所用的数据不要求绝对准确，多数是预计数，可以是近似值，甚至是概率值。

财务会计重点在于反映过去已经发生的确定事项，不确定因素少，要求提供的信息准确可靠，注重信息数据的真实性和精确度。

8. 对信息载体的要求不同

管理会计所提供的信息主要是满足企业内部管理的需要，既有定性信息，也有定量信息；既有反映局部的信息，也有反映全局的信息；计量单位可以用货币计量，也可以用实物单位、时间单位或相对数单位计量，其信息载体大多为没有统一格式的各种内部报告，而且对这些报告的种类、内容和编制方法没有统一的规定，编报时间也不固定。

财务会计的信息主要是以价值尺度反映的定量资料，主要是向外部信息使用者输送信息，以使外部信息使用者了解企业的财务状况和经营成果，因此其载体必须是具有统一格式的凭证系统、账簿系统和报表系统，并且对财务报告的种类、内容、指标体系和编制方法有统一规定。在报送时间上，财务会计要求按月份、季度和年度定期对外报送。

9. 法律效力不同

管理会计提供的信息资料不是正式报告，不对外公开发布，只为企业内部管理使用，因此不具有法律责任；财务会计提供的信息是正式报告，并且要求对外定期发布，企业的信息使用者可据此做出自己的决策，因此具有法律效力。

> **提醒**
>
> 管理会计与财务会计的区别不是绝对的。从广义上讲，财务会计同样是为了满足企业内部管理的需要，而现代管理中，长期投资决策可行性研究和结果也经常作为企业必须对外提供的信息的一部分。另外，作为现代管理会计支柱之一的标准成本系统，长期以来一直就是财务会计的一个重要组成部分。因此，管理会计与财务会计很难截然分开。

项目小结

管理会计经过近百年的演变发展逐步成为现代会计的一个重要分支。管理会计是为企业内部经营管理决策服务的会计。它依据企业内部管理的需要，利用货币与非货币信息，对经营管理活动进行规划、决策分析、控制和考核。管理会计作为一种管理活动，随着现代管理科学理论与方法的发展而不断丰富和完善。将先进管理的理念与方法同会计结合为企业内部管理服务，是管理会计的发展目标。本项目所介绍的现代管理会计的概念、职能、作用等，是为以后深入学习建立理论概念框架，明确方向与整体思路，同时厘清现代管理会计与财务会计及其他相关学科的联系与区别。本项目知识结构如下图所示。

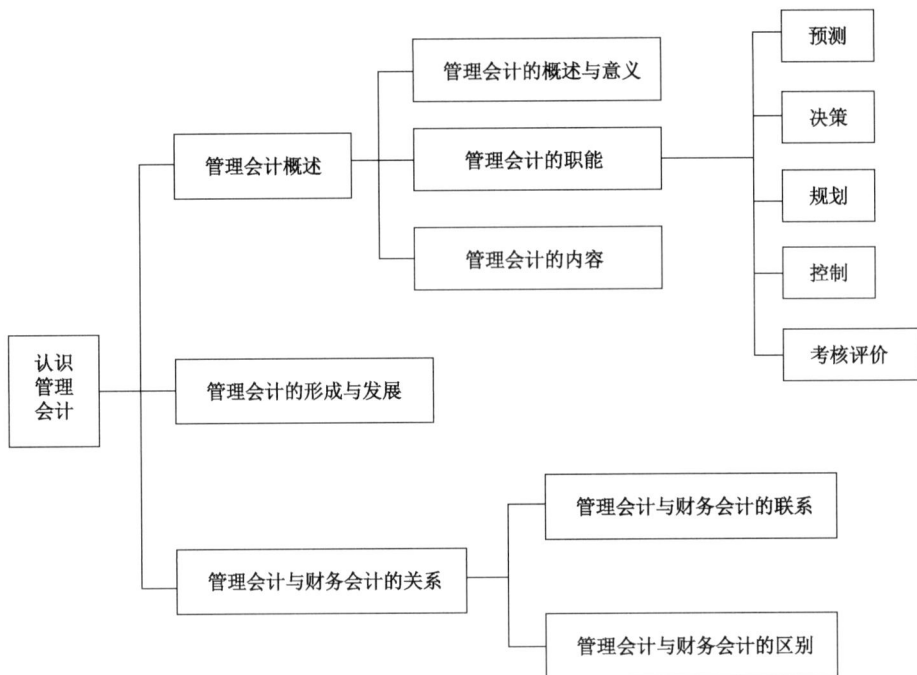

职业能力训练

一、判断题

1．因为管理会计最初出现在西方社会，所以可以断定它是资本主义的产物。（　　　）

2．现代管理会计的特征是以预测决策会计和责任会计为主，以规划控制会计为辅。
（　　　）

3．在准确性和及时性之间，管理会计更重视准确性。　　　　　　　　　（　　　）

4．管理会计侧重于规划未来，因而与企业过去和现在的生产经营没有关系。
（　　　）

5．尽管管理会计在一定程度上也要考虑企业会计准则的要求，利用一些传统的会计观念，但并不受它们的完全限制和严格约束。　　　　　　　　　　　　　（　　　）

6．管理会计的主体分为多层次，但主要以内部责任单位为主体。　　　（　　　）

7．管理会计主要侧重于对未来的预测、规划与决策，要求数据必须绝对准确。
（　　　）

8. 管理会计与财务会计最终奋斗目标是一致的。 （　　）

9. 管理会计专业团体的成立，标志着现代管理会计进入了成熟期。 （　　）

10. 管理会计主要为企业内部经营服务，因此也被称为"内部报告会计"。 （　　）

11. 管理会计既为企业管理服务，又属于整个企业管理系统的有机组成部分，处于企业价值管理的核心地位。 （　　）

12. 管理会计师有义务保密工作中取得的信息资料。 （　　）

13. 管理会计工作形成的各种报告一般都具有法律效力。 （　　）

14. 一般来说，管理会计对会计人员素质的要求比财务会计对会计人员的要求高。 （　　）

15. 管理会计报告不需要定期编制，并不向社会公众报告。 （　　）

二、单项选择题

1. 对会计资料最终结果要求不太精确的是（　　）。

　　A．成本会计　　　　B．财务会计　　　　C．管理会计　　　　D．物价会计

2. 现代会计两大分支是财务会计和（　　）。

　　A．成本会计　　　　B．财务管理　　　　C．管理会计　　　　D．物价会计

3. 管理会计为了有效地服务于企业内部经营管理，必须（　　）。

　　A．反映过去　　　　B．反映现在　　　　C．历史描述　　　　D．面对未来

4. 会计是一个信息系统，（　　）是企业现代会计的两个重要领域。

　　A．决策与预测　　　　　　　　　　B．资产负债表与利润表

　　C．财务会计与管理会计　　　　　　D．对外报表与对内报表

5. 下列各项中，与传统的财务会计相对立而存在的概念是（　　）。

　　A．成本会计　　　B．企业会计　　　C．管理会计　　　D．管理会计学

6. 管理会计以强化企业内部管理、（　　）为目的。

　　A．降低成本　　　　　　　　　　　B．增加销量

　　C．实现最佳经济效益　　　　　　　D．加强会计核算

7. 管理会计的核心职能是（　　）。

　　A．规划职能　　　　　　　　　　　B．控制和考评职能

　　C．预测职能　　　　　　　　　　　D．决策职能

8. 管理会计的业绩报告（　　）。

　　A．具有法律效力　　　　　　　　　B．不具有法律效力

　　C．严格遵循会计准则　　　　　　　D．具有统一格式

9. 必须遵守公认会计准则的是（　　）。

　　A．决策会计　　　B．管理会计　　　C．财务会计　　　D．责任会计

10. 预测、决策、规划、控制和考核评价共同构成了（　　）。

　　A．管理会计术语　　　　　　　　　B．管理会计职能

　　C．管理会计假设　　　　　　　　　D．管理会计内容

11. 在现代企业会计系统中，管理会计又可称为（　　）。

　　A．算呆账的报账型会计　　　　　　B．外部会计

C．算活账的经营型会计 　　　　　　D．责任会计

12．下列各项中，管理会计与财务会计之间并不存在区别的是（　　　）。

    A．法律效力　　　B．核算对象　　　C．最终奋斗目标　　D．核算方法

13．进入现代管理会计阶段，管理会计以（　　　）为核心。

    A．规划控制　　　B．预测决策　　　C．责任会计　　　　D．业绩评价

14．下列各项中，不属于管理会计系统能够提供信息的是（　　　）。

    A．不发生法律效用的信息　　　　　B．全面精确的信息

    C．非价值量信息　　　　　　　　　D．定性信息

15．管理会计的服务对象侧重于（　　　）。

    A．投资人　　　　　　　　　　　　B．债权人

    C．内部经营管理人员　　　　　　　D．政府机关

三、多项选择题

1．下列属于现代管理会计内容的是（　　　）。

    A．成本会计　　　B．规划控制会计　　C．预测决策会计　　D．责任会计

2．现代管理会计应具备（　　　）职能。

    A．规划与控制　　B．预测　　　　　C．决策　　　　　　D．考核评价

3．可以将现代管理会计的发展趋势简单地概括为（　　　）。

    A．系统化　　　　B．规范化　　　　C．职业化　　　　　D．国际化

4．下列可以作为管理会计主体的有（　　　）。

    A．投资中心　　　B．利润中心　　　C．生产车间　　　　D．整个企业

5．管理会计与财务会计存在的联系有（　　　）。

    A．信息来源相同　B．工作程序相同　C．最终目的相同　　D．工作对象相同

6．管理会计与财务会计在（　　　）方面不同。

    A．会计主体　　　B．法律效力　　　C．精确程度　　　　D．工作程序

7．下列说法中，正确的是（　　　）。

    A．股民是管理会计信息的使用者

    B．管理会计报告是内部财务报告

    C．银行不是管理会计信息的使用者

    D．财务会计不允许"做假账"，管理会计也不允许提供虚假报告

8．下列各项中，属于管理会计人员主要工作的有（　　　）。

    A．预测决策　　　　　　　　　　　B．定期编制财务报表

    C．根据凭证记账　　　　　　　　　D．编制预算

9．管理会计工作的核算方法包括（　　　）。

    A．会计方法　　　　　　　　　　　B．统计方法

    C．数学方法　　　　　　　　　　　D．其他方法

10．通过分析管理会计职能的时间特征，可以发现管理会计信息横跨过去、现在和未来3个时间，其中能够体现未来时间特征的职能有（　　　）。

    A．预测与决策　　　　　　　　　　B．依据的原则不同

C．控制　　　　　　　　　　　　　　D．考核

11．下列各项中，属于财务会计人员主要工作的有（　　　　　）。

 A．预测决策　　　　　　　　　　　B．定期编制财务报表

 C．根据凭证记账　　　　　　　　　D．编制预算

12．下列关于现代管理会计的说法中，正确的有（　　　　　）。

 A．以决策会计为核心　　　　　　　B．服务于企业提高经济效益

 C．以现代管理科学为基础　　　　　D．定期提供财务会计报表

13．现代管理会计的特点包括（　　　　　）。

 A．运用会计、统计和数学的方法　　B．侧重于为企业外部的有关人员服务

 C．面向将来　　　　　　　　　　　D．核算的程序具有固定性

14．管理会计与财务会计之间的关系，下列说法中，正确的有（　　　　　）。

 A．管理会计所需要的许多资料来源于财务会计系统，因此受到财务会计工作质量的约束

 B．管理会计是"向前看"会计，财务会计是"向后看"会计

 C．相对于管理会计，财务会计的核算程序较自由，内容结构较松散，核算方法灵活多样

 D．管理会计要求定期编制内部报告，财务会计不要求定期编制会计报告

15．下列表述中，能够提示管理会计特征的有（　　　　　）。

 A．以责任单位为主体　　　　　　　B．必须严格遵守公认会计原则

 C．可以提供未来信息　　　　　　　D．重视管理过程和职工的作用

項目2

成本习性分析与变动成本法

职业能力目标

- 了解管理会计中的成本概念及分类。
- 掌握固定成本、变动成本、混合成本的定义和特征，以及混合成本的分解方法。
- 掌握变动成本法的理论依据，以及变动成本法和完全成本法概念。
- 理解变动成本法和完全成本法的优缺点，以及两者之间的区别。
- 掌握两种成本计算法下营业利润的变动规律。
- 熟悉变动成本法的应用。

学习导入

张小霞在学校开了一家奶茶店，每月发生的成本如下：每月房屋租金2 000元（已签约一年，一年内不得退租）；员工一名，每月工资3 000元/人（每名员工每月只能制作3 000杯奶茶，当月销售量超过3 000杯时需要另外聘请一名员工）；水电费0.3元/杯；其他材料成本1.5元/杯；机器设备按直线法计提折旧，200元/月。

假设每月奶茶销量3 000杯，在财务会计中每杯奶茶的成本是多少？在管理会计中每杯奶茶的成本又是多少？案例中所说的租金、员工工资、水电费等成本费用与奶茶的销售量有什么关系？它们各自又具有什么特点？

问题导入

管理会计中成本的定义与财务会计中的有何不同？管理会计中的成本怎样分类？在实际工作中，我们应该运用何种方法来对成本进行分解？

任务 *2.1* 成本及其分类

任务布置

理解管理会计中成本的概念,熟练掌握成本的不同分类及混合成本的分解方法。

教学组织

以老师讲授为主,采用案例帮助学生理解管理会计与财务会计中成本的区别,理解和掌握管理会计中成本的划分及各类成本的特点,熟练应用各种成本习性分析的方法对成本进行分解。

2.1.1 成本的概念

成本是衡量经济管理水平高低、经济效益好坏的一个重要指标。不同的成本概念反映了其不同的成本内涵,不同的成本内涵又服务于不同的管理需要。在传统财务会计中,成本的定义为:企业为生产一定量的产品所发生的各种资产的耗费。这里强调了历史成本的概念。

而管理会计中成本则被赋予了与传统的财务会计截然不同的含义。在管理会计中,我们认为,成本是企业在生产经营过程中对象化的、以货币表现的、为达到一定经济目的,而应当或可能发生的各种经济资源的价值牺牲或代价。其成本的时态可以是过去时、现在完成时或将来时。

! 提醒

注意管理会计和传统的财务会计中成本概念的区别。

2.1.2 成本的分类

1. 成本按经济职能分类

成本按经济职能分类是财务会计中的传统分类方法。制造类企业常把成本按经济职能分为生产成本和非生产成本两大类。

(1)生产成本

生产成本指企业为了生产产品或提供劳务而发生的成本,包括直接材料、直接人工和制造费用 3 个部分。直接材料是指生产过程中耗用的、直接构成产品实体的材料或构成产品主要部分的材料成本;直接人工是指生产过程中对材料进行直接加工,使材料转化为产品所耗用的人工成本;制造费用则是指在产品生产过程中发生的,不能归属于上述两个成本项目的其他全部成本支出,包括间接材料、间接费用和其他制造费用。

(2)非生产成本

非生产成本是企业在进行行政管理、资金筹集和产品销售过程中发生的各项费用。它包括管理费用、财务费用、销售费用。管理费用是指企业行政管理部门为组织和管理生产经营活动而发生的费用；财务费用是指企业为筹集生产经营所需资金而发生的费用；销售费用是指企业在销售产品的过程中发生的费用。

成本按经济职能分类，是财务会计组织传统成本核算的重要基础。这种分类方法能清晰地反映产品成本的结构，便于考核成本计划的执行情况。但这种方法也存在着比较明显的缺陷：不能将成本与生产能力挂钩，不利于成本的事前控制和挖掘降低成本的潜力。

2. 成本按习性分类

成本习性，也称成本性态，是指成本的变动与业务量之间的依存关系。这里的成本总额是指为取得营业收入而发生的全部成本费用，包括全部生产成本、销售费用、管理费用和财务费用等非生产成本。这里的业务量是指企业在一定期间内投入或完成的经营工作量的统称，通常指生产量或销售量。

成本习性分析是从成本习性角度来研究分析成本，目的就是要揭示成本与产量、销量等业务量之间的内在联系，考察当某特定的业务量变动时，与其相应的成本是否随之变动，从而从数量上具体把握产品成本与生产能力之间的规律性联系。

成本按性态可分为 3 类，即固定成本、变动成本和混合成本。

（1）固定成本

固定成本是指在一定时期和一定业务量范围内，其总额不随业务量的增减变动而变动的那部分成本。例如，制造费用中不随产量变动的办公费、差旅费、按直线法计提的折旧费、房屋设备的租赁费、管理人员工资等；销售费用中不受销售量影响的销售人员工资、广告费、折旧费等；管理费用中不受产、销量影响的企业管理人员工资、折旧费、租赁费、保险费等；财务费用中不受产、销量影响的各期发生额固定的利息支出等。

固定成本有两个基本特点：一是固定成本总额的不变性；二是单位固定成本的反比例变动性。在企业正常经营的条件下，这些成本是必定要发生的，而且在一定的业务量范围内固定成本总额保持稳定。因此，对单位成本而言，在固定成本总额不变的情况下，业务量越小，单位产品所负担的固定成本就越高；反之，业务量越大，单位成本所负担的固定成本就越低。单位固定成本与业务量之间成反比例变动关系。

例题 2-1 A 公司生产用的一台设备年最高生产能力为 60 000 件产品，按直线法计算，每年折旧费为 600 000 元。生产量与折旧费之间的关系如表 2-1 所示。

表 2-1 生产量与折旧费之间的关系　　　　　　　　　　　　　　　　　　　　元

年生产量 x/件	年总成本（折旧费）a	单位成本 a/x
10 000	600 000	60
20 000	600 000	30
30 000	600 000	20
40 000	600 000	15
50 000	600 000	12

从本例中我们可以看出固定成本的两个特点。

① 在相关范围内，固定成本总额（用 a 表示，a 为常数），不随业务量（用 x 表示）的变动而变动。此时，在直角坐标图上固定成本线是一条平行于 x 轴的直线，模型为 $y=a$，如图 2-1 所示。本例中，A 公司的年生产量均低于其最高生产能力，所以其固定成本总额（折旧费）保持不变。

② 在相关范围内，单位固定成本随着业务量的变动成反比例关系变动。其单位成本的模型为 $y=a/x$，反映在直角坐标图上是一条反比例曲线，如图 2-2 所示。由表 2-1 可知，在其相关范围内，当产量由 10 000 件增加至 50 000 件时，其单位固定成本由 60 元/件逐渐下降至 12 元/件，两者之间的变动关系就如图 2-2 所示。

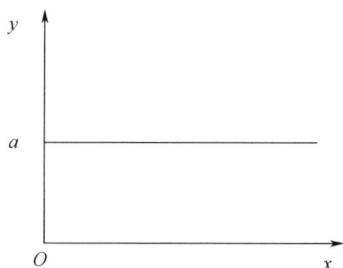

图 2-1　固定成本总额和业务量之间的关系　　图 2-2　单位固定成本与业务量之间的关系

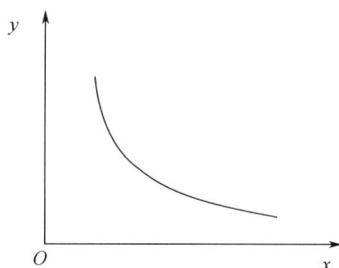

企业在一定时期内发生的固定成本，按其支出数额大小是否受管理当局短期决策行为的影响，又可进一步细分为约束性固定成本与酌量性固定成本两类。

- **约束性固定成本，也叫经营能力成本。** 它是同企业的生产经营能力的形成及正常维护相联系的，管理者的决策无法改变其支出数额的固定成本，如厂房和机器设备按直线法计提的折旧费、财产保险费、管理人员的工资等。这类成本与企业生产能力相关。一般企业的生产经营能力一经形成，在短时间内不会发生巨大的改变，与维持这种生产经营能力相关的成本也就稳定下来。

  约束性固定成本是企业维持一定的生产经营能力所必须负担的最低成本，在一定生产经营范围内产量的高低与约束性固定成本的大小并无直接关系。只有当企业的生产经营能力改变了，即企业发生减资、增资等会使企业生产经营能力发生改变的行为时，相应的约束性固定成本才会发生改变。要控制约束性固定成本，只能合理地利用、安排生产经营，适度提高产品产量，降低其单位产品所负担的固定成本。

- **酌量性固定成本，也叫选择性固定成本。** 它是指受企业管理人员短期决策行为影响，可以在不同会计期间改变其数额的固定成本，如研究开发费、职工培训费、广告宣传费等。这些成本的特点是其成本支出数额可以改变。它服从于企业每一会计期间生产经营的实际需要和财务负担能力，因而可随经营方针和财务状态的改变而相应改变，一经确定只能在某一特定的会计期间存在和发挥作用。对酌量性固定成本的控制，应当通过合理的生产经营决策、严格控制费用开支等方法来不断降低其绝对额。

（2）变动成本

变动成本是指在一定期间和一定业务量范围内，其总额随业务量成正比例变化的那部分成本。变动成本的概念是就总额而言的，若是从产品的单位成本看，其单位变动成本不受业务量增减变动的影响，相对保持不变。产品成本中的直接材料、直接人工、制造费用中的产品包装费、按工作量计算的固定资产折旧费、按销量多少支付的销售佣金等都属于变动成本。这类成本的特点是成本的发生额与业务量成正比例关系。

! 提醒

这里所说的"变动"指的是成本总额，而非单位成本。单位成本是固定的，因为只有单位变动成本保持稳定，变动成本总额才随业务量的变动而成正比例变动。根据变动成本与产量之间的关系，要降低产品的变动成本，应从降低产品的单位消耗入手。

例题2-2 A企业生产甲产品，在不同产量水平下的变动成本总额和单位变动成本如表2-2所示。

表2-2　变动成本和业务量

产量/件	变动成本总额/元	单位变动成本/元
1 000	15 000	15
2 000	30 000	15
3 000	45 000	15
4 000	60 000	15
5 000	75 000	15

从本例中我们可以看出变动成本具有以下两个特点。

① 在一定时期和一定业务量范围内，变动成本总额随着业务量成正比例变动。在直角坐标图上，变动成本线是一条以单位变动成本（用 b 表示）为斜率的直线，其总成本模型为 $y=bx$，如图2-3所示。

② 在一定时期和一定业务量范围内，单位变动成本不受业务量增减变动的影响而保持不变。其单位成本模型为 $y=b$，反映在直角坐标图上是一条平行于 x 轴的直线，如图2-4所示。

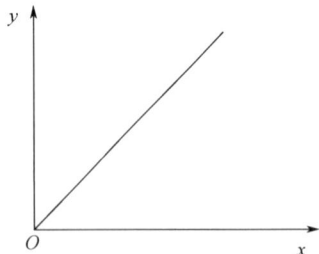

图2-3　变动成本总额

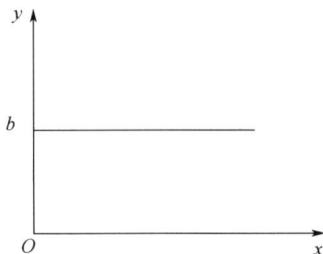

图2-4　单位变动成本

（3）混合成本

在企业经营实际中，有的成本当业务量发生变化时，其总额会随业务量的变动而变动，但其变动的幅度并不与业务量的变化保持严格的比例。这类成本由于同时包含固定成本和变动成本两种成本的特点，故称为混合成本。而根据混合成本与业务量之间的关系，可将其进一步分为 4 种类型：半固定成本、半变动成本、延期变动成本和曲线式混合成本。

① **半固定成本，又称阶梯式混合成本。**在一定业务量范围内，这种混合成本的发生额是固定的，但当业务量的增长超过一定限度，其发生额就会突然呈现跳跃式上升，直到业务量范围再被突破，发生新的跳跃式变动为止。例如，A 企业甲产品车间有质检员一名，工资 5 000 元/月。已知一名质检员每月最多只能检查 1 000 件产品，这样每增加 1 000 件产品，就需要多雇用一名质检员，则质检员的工资为半固定成本。半固定成本与业务量的关系如图 2-5 所示。

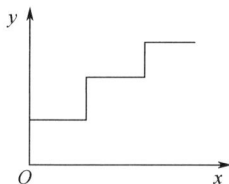

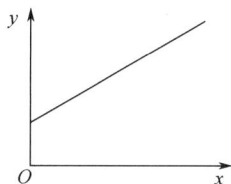

② **半变动成本，又称标准式混合成本。**这种混合成本通常当业务量为 0 时有一个基数，当业务发生时，成本以该基数为起点，随着业务量的增加而成比例增加。这部分成本相当于变动成本，如电话费、水电费等，一般是由供应单位规定一个每月的收费基数，不管企业使用量大小，都必须支付这个基数，在此基础上，再根据用量的大小和单价计算其余的部分。这种混合成本中变动成本的成分较多，故称为半变动成本。半变动成本与业务量的关系如图 2-6 所示。

图 2-5　半固定成本与业务量的关系　　图 2-6　半变动成本与业务量的关系

③ **延期变动成本，又称低坡式混合成本。**其成本总额在一定的业务量范围内保持稳定，但超过一定业务量，则随业务量成正比例变动。例如，职工的基本工资，在正常上班的情况下是不变的，当工作时间超出正常水准，则要根据加班时间的长短按标准支付加班工资。这种成本称为延期变动成本。延期变动成本与业务量的关系如图 2-7 所示。

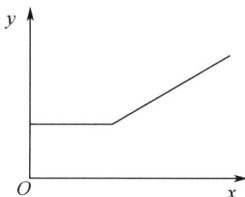

图 2-7　延期变动成本与业务量的关系

④ **曲线式混合成本。**这种混合成本通常有一个初始量，在一定条件下保持不变，相当于固定成本。在这个初始量的基础上，随着业务量的增加，成本总额呈非线性的增加，表现为一条弯曲的曲线，故称为曲线式混合成本。按照曲线斜率的不同变动趋势，这类成本还可以分为递减型曲线式混合成本和递增型曲线式混合成本。

递增型曲线式混合成本是指单位变动成本随业务量的增加而逐渐递增的变动成本，如累进计件工资等，递增型曲线式混合成本与业务量的关系如图 2-8（a）所示。

递减型曲线式混合成本是指单位变动成本随业务量的增加而逐渐递减的变动成本，如供货单位根据采购量的大小给予折扣的那部分原材料成本。递减型曲线式混合成本与业务量的关系如图 2-8（b）所示。

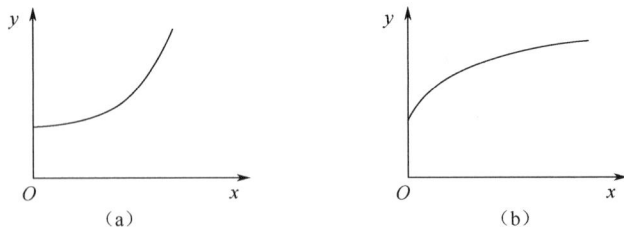

图 2-8 曲线式混合成本与业务量的关系

（4）成本习性的相关范围

在管理会计中，把不会改变固定成本和变动成本习性的有关期间、业务量的特定变动范围称为相关范围。研究固定成本、变动成本必须与一定的时期和一定的业务量范围相联系。超出这个范围，所有的成本都将呈现混合成本特性。所以，在我们对成本习性进行研究时必须充分考虑相关范围的影响。

① 固定成本的相关范围。固定成本总额保持不变就是针对一定时期和一定业务量而言的，超出其相关范围，固定成本总额将会发生变化。固定成本的相关范围如图 2-9 所示。

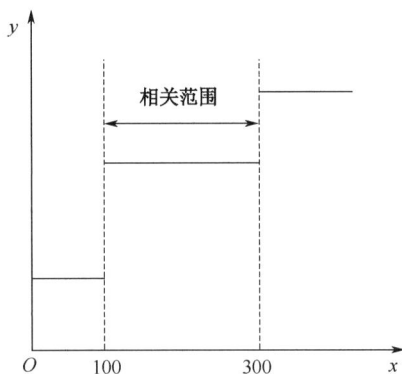

图 2-9 固定成本的相关范围

② 变动成本的相关范围。就变动成本内容而言，只有单位变动成本 b 不变，其总额才能够与产销量等业务量成正比例变动关系（$y=bx$）。而单位变动成本也只在一定时期和一定的业务量范围内相对保持稳定。变动成本的相关范围如图 2-10 所示。

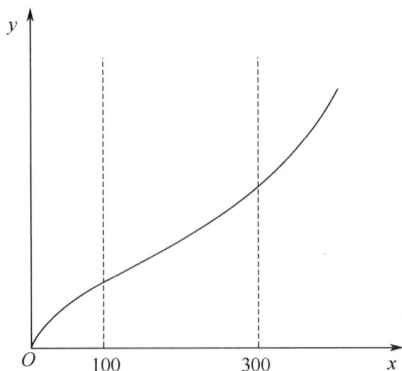

图 2-10 变动成本的相关范围

由于相关范围的存在，所以各类成本的习性具有暂时性、相对性和可转换性的特点：成本习性具有暂时性，它只是在一定的时期内保持不变；成本习性具有相对性，它取决于每个企业的会计政策和会计方法；成本习性具有可转换性，当业务量标准发生变化时，固定成本和变动成本可能会相互转换。

2.1.3　成本习性分析的方法

在管理会计决策中，要求必须将企业的全部成本分解为固定成本和变动成本，成本习性分析就是在成本按习性分类的基础上，按照一定的程序和采用一定的方法，最终将全部成本分解成变动成本和固定成本两部分，并建立相应的成本-业务量方程的过程。因此总成本的组成为：

$$总成本＝固定成本总额＋变动成本总额$$
$$＝固定成本总额＋单位变动成本×业务量$$

总成本公式用英文字母表示为：$y=a+bx$。其中，y 代表总成本，a 代表固定成本总额，b 代表单位变动成本，x 代表业务量。

在成本习性分析时，根据我们所掌握成本资料的不同采用不同的计算方法。历史资料分析法是指根据过去一定时期内业务量与其相关的成本资料，采用一定的数学方法进行计算分析，从而确定这些成本中固定成本、单位变动成本，并建立成本-业务量方程。该方法认为，只要企业的生产经营不发生重大变化，历史成本信息就可以较为准确地反映企业现在和未来的成本变动趋势。

这种方法要求企业具有完备的历史成本资料，成本数据与业务量资料具有相关性，因此适用于生产经营比较稳定、成本水平波动不大、历史成本资料比较完备的企业。常用的历史资料分析法有 3 种：高低点法、散布图法和回归分析法。

（1）高低点法

高低点法，又称两点法，是对某一期间内的历史资料进行分析，从中找出该时期内的最高业务量和最低业务量以及与之相对应的最高成本和最低成本之间的差额，推算成本中固定成本和变动成本的一种成本习性分析方法。

高低点法的应用步骤如下。

1）从历史成本资料中找出最高点业务量（假设为 x_1）及对应的成本（假设为 y_1）和最低点业务量（假设为 x_2）及对应的成本（假设为 y_2）。

2）计算成本中的单位变动成本（假设为 b）。其计算公式为：

$$单位变动成本(b)=\frac{最高点混合成本－最低点混合成本}{最高点业务量－最低点业务量}=\frac{y_1-y_2}{x_1-x_2}$$

3）计算成本中的固定成本（假设为 a）。其计算公式为：

$$固定成本(a)＝最高点混合成本－最高点业务量×单位变动成本＝y_1-bx_1$$

或

$$固定成本(a)＝最低点混合成本－最低点业务量×单位变动成本＝y_2-bx_2$$

4）建立成本习性模型。其计算公式为：

$$成本总额(y)＝固定成本总额＋单位变动成本×业务量＝a+bx$$

用高低点法时，高低点坐标的选择必须以一定时期内业务量的高低为准，而不是按成本的高低来确定。

采用高低点法虽然具有运用简便的优点，但它仅以高低两点决定成本的习性，具有一定的偶然性。因此，在运用高低点法之前，我们需要保证成本数据能够代表该项活动的正常水平，数据中不能含有非正常状态下的成本。同时，运用高低点法分解得到的成本习性模型公式也只能适用于相关范围内的业务量，超出这个范围成本模型公式就不适用了。

例题 2-3 A 厂 2017 年 1—6 月份的设备维修成本的有关资料如表 2-3 所示。要求用高低点法对设备维修成本进行分析，并建立相应的成本习性模型。

表 2-3 设备维修费与机器工时之间的对应关系

月 份	机器工时/机器小时	维修成本/元
1	4 100	560
2	4 300	575
3	5 100	660
4	4 200	565
5	3 800	530
6	4 200	570

根据表 2-3，该公司业务量最高点为 5 100 机器小时，业务量的最低点 3 800 机器小时。最高业务量的成本为 660 元，最低业务量的成本为 530 元。则：

$$b = \frac{660 - 530}{5\,100 - 3\,800} = 0.1$$

$$a = 660 - 0.1 \times 5\,100 = 150(元)$$

或　　$a = 530 - 0.1 \times 3\,800 = 150(元)$

根据计算出的 a 和 b 值，维修费变动趋势的直线方程可写成：

$$y = 150 + 0.1x$$

（2）散布图法

散布图法是指将一定时期的混合成本历史数据，逐一在坐标图上标明以形成散布图，然后通过目测，在各个成本点之间做出一条反映成本变动平均趋势的直线，借以确定混合成本中变动成本和固定成本的方法。

散布图法的应用步骤如下。

1）标出成本点坐标。建立直角坐标系，x 轴代表业务量，y 轴代表成本，把过去某一期间发生的若干组成本及业务量的数据在坐标图上逐一标出，形成散布图。

2）画出趋势直线。通过目测，画出一条尽量与上下两侧各点距离相等的平均趋势直线，那么该直线即可近似地表示出业务量与成本之间的关系，该直线与 y 轴相交。

3）确定固定成本（假设为 a），趋势直线在纵轴上的截距值即为固定成本 a。

4）确定单位变动成本（假设为 b），趋势直线的斜率即为单位变动成本 b。再在直线上任意取一个点 (x, y)，将 x，y 和 a 的值代入混合成本公式 $y = a + bx$，即可求出 b 的值。

5）建立成本习性模型。其计算公式为：$y = a + bx$

例题2-4　A厂2017年1—6月份的设备维修费数据如表2-4所示。要求用散布图法对设备维修成本进行分析，并建立相应的成本习性模型。

表2-4　设备维修费与机器工时之间的对应关系

月　份	机器工时/千机器小时	维修成本/元
1	7	130
2	9	135
3	5	105
4	8	125
5	10	140
6	6	120

根据表2-4中的业务量和设备维修费的数据，绘制成散布图，如图2-11所示。

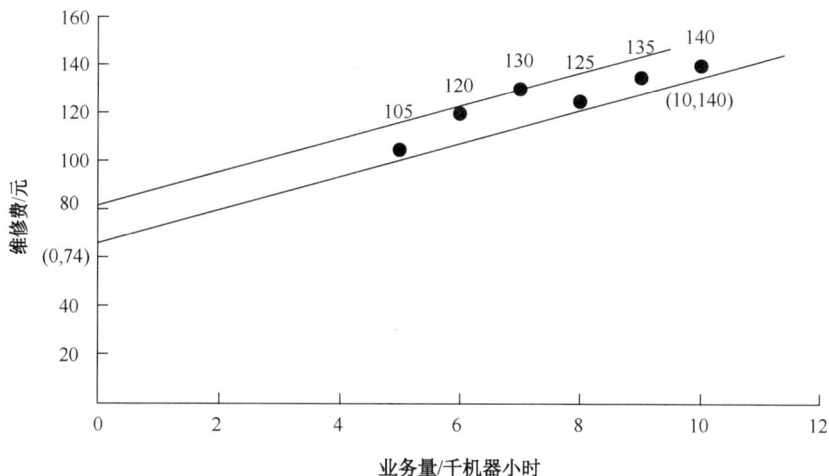

图2-11　散布图

从图2-11中可以看出，该直线与纵坐标的交点即为混合成本中的固定成本a，约为74元，直线的斜率即是单位变动成本b。单位变动成本的b值可以通过下列公式计算求得：

$$b = \frac{y - a}{x}$$

从图中直线上取任意一点，代入上述公式即可算出斜率b，即单位变动成本b的值。此处我们取一点（10,140），即x值为10千机器小时，相应的y值为140元，代入公式：

$$b = \frac{140 - 74}{10} = 6.6$$

根据计算出的固定成本a和单位变动成本b的值，即可写出维修费的成本方程：

$$y = 74 + 6.6x$$

散布图法易于理解，图形比较直观、形象，并且此法考虑了所提供的全部历史成本资料，相比于高低点法更为精确；但画成本趋势直线时完全靠目测，不同的人会画出不同的趋势直线，不可避免地会存在人为误差。

（3）回归分析法

回归分析法，是指根据一定时期内业务量和成本的历史资料，建立反映成本和业务量之间关系的回归分析方程，并据此确定成本中的固定成本和变动成本的一种成本习性分析方法。假设共有 n 期的业务量和成本的资料，用 x 代表业务量，y 代表某项混合成本，a 代表混合成本中的固定成本，b 代表单位变动成本，则回归分析法计算公式为：

$$a = \frac{\sum y - b \sum x}{n}$$

$$b = \frac{n \sum xy - \sum x \sum y}{n \sum x^2 - (\sum x)^2}$$

例题 2-5　A 公司 2017 年的维修费如表 2-5 所示。要求采用回归分析法将 A 公司该年度维修费分解为固定成本、变动成本，并写出相应的成本习性方程。

表 2-5　2017 年的维修费有关资料

月　份	业务量 x/机器工时	维修费 y/元	月　份	业务量 x/机器工时	维修费 y/元
1	8 500	3 700	7	10 500	4 000
2	7 500	3 500	8	9 500	3 800
3	9 000	3 800	9	11 500	4 200
4	9 500	3 900	10	12 000	4 300
5	10 000	4 000	11	13 000	4 500
6	11 000	4 200	12	12 500	4 400

根据表 2-5，整理数据如表 2-6 所示。

表 2-6　相关数值计算

月　份	业务量 x/机器工时	维修费 y/元	xy	x^2
1	8 500	3 700	31 450 000	72 250 000
2	7 500	3 500	26 250 000	56 250 000
3	9 000	3 800	34 200 000	81 000 000
4	9 500	3 900	37 050 000	90 250 000
5	10 000	4 000	40 000 000	100 000 000
6	11 000	4 200	46 200 000	121 000 000
7	10 500	4 000	42 000 000	110 250 000
8	9 500	3 800	36 100 000	90 250 000
9	11 500	4 200	48 300 000	132 250 000
10	12 000	4 300	51 600 000	144 000 000
11	13 000	4 500	58 500 000	169 000 000
12	12 500	4 400	55 000 000	156 250 000
合计	124 500	48 300	506 650 000	1 322 750 000

根据表 2-6 计算如下:

$$b = \frac{n\sum xy - \sum x\sum y}{n\sum x^2 - (\sum x)^2} = \frac{12 \times 506\,650\,000 - 124\,500 \times 48\,300}{12 \times 1\,322\,750\,000 - 124\,500^2} \approx 0.178$$

$$a = \frac{\sum y - b\sum x}{n} = \frac{48\,300 - 0.178 \times 124\,500}{12} \approx 2\,178.25$$

根据求得的 a、b 值, 得到维修费的方程式为:

$$y = 2\,178.25 + 0.178x$$

计算表明, 该项混合成本中, 固定成本为 2 178.25 元, 单位变动成本为 0.178 元。

运用回归分析法进行成本习性分析, 只有 x、y 呈现显著相关时, 这种回归分析才有意义。

与高低点法和散布图法相比, 回归分析法在理论上比较健全, 计算结果精确, 但其计算过程比较烦琐, 日常工作中可以使用计算机的回归分析程序来辅助计算。

任务 2.2 变动成本法

任务布置

明确变动成本法的含义及理论依据; 运用两种成本法计算税前净利润; 分析两种成本法计算税前净利润产生差异的原因。

教学组织

以老师讲授为主, 通过案例分析帮助学生理解和记忆两种成本计算法对产品成本和期间成本的划分, 根据例题分析并理解两种成本计算法税前净利产生差异的原因。

2.2.1 变动成本法及其理论依据

1. 变动成本法的含义

变动成本法是指在产品成本计算的过程中, 以成本习性分析为基本前提, 产品成本只包含产品生产过程中所消耗的变动生产成本(直接材料、直接人工和变动制造费用), 而固定制造费用及非生产成本全部作为期间成本计入当期损益的方法。

2. 变动成本法的理论依据

变动成本法认为, 在进行成本计算时, 必须摆脱传统财务会计思维定式的束缚, 重新认识产品成本和期间成本的本质。

① 产品成本指的是那些在生产过程中发生的, 随着产品实体的流动而流动, 只有当产品实现销售收入时才能与相关收入实现配比、得到补偿的成本, 即变动生产成本才能构成产品成本的内容。

② 期间成本指的是不随产品实体的流动而流动, 而是随着产品生产经营持续期间的长短而增减的成本, 因此, 期间成本产生的效益不应当递延到下一个会计期间, 而应当在费

用发生的当期全部由本期的销售收入弥补。变动成本法下的成本构成如图 2-12 所示。

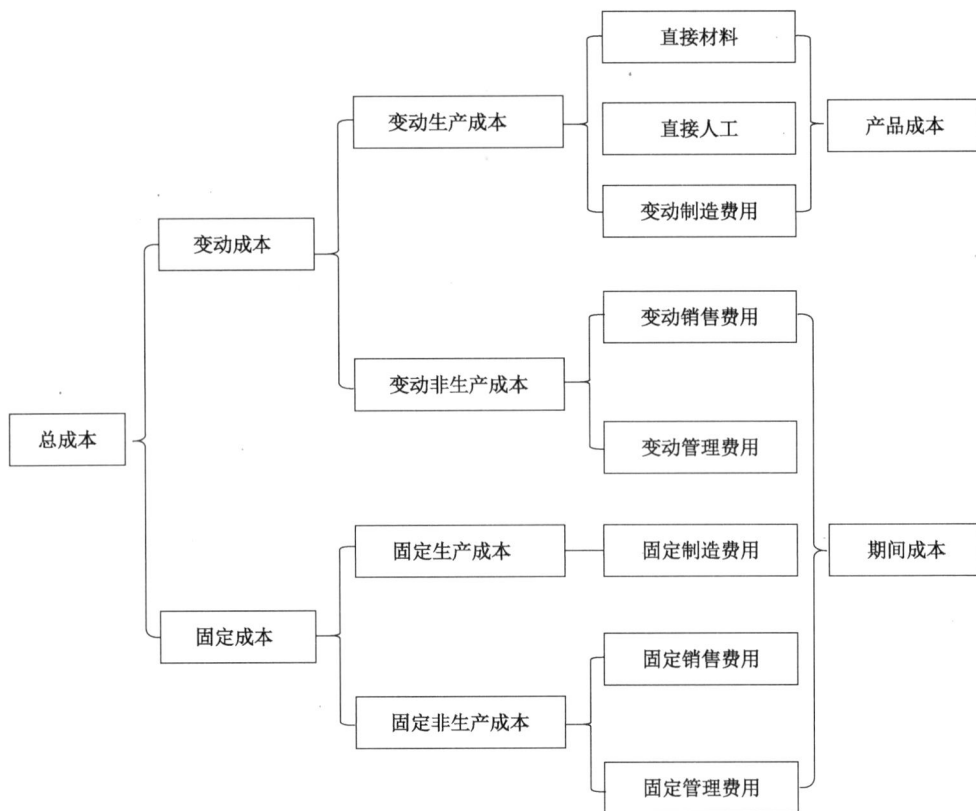

图 2-12 变动成本法下的成本构成

在管理会计中，生产成本并不等同于产品成本。生产成本中的固定制造费用是为产品提供生产条件而发生的，在相关范围内它与产品产量没有直接关系。也就是说，即使当期产量为 0，固定制造费也会照常发生。它与管理费用、财务费用、销售费用等非生产成本一样具有时效性——是定期创造并维持企业经营管理的必要条件。固定制造费用产生的效益也只会随着时间的推移而逐渐丧失，不能递延到下期。因此，固定制造费用应当与非生产成本一样作为期间成本处理。

2.2.2 变动成本法与完全成本法的区别

传统财务会计中的完全成本法提供的信息不能完全满足企业经营管理的需要。在现代企业中，为了实现预测、决策、规划、控制等各项职能，往往需要采用变动成本法。变动成本法与完全成本法中对固定制造费用的处理方式不同，导致两种方法主要存在以下几个差异。

1. 成本分类与产品成本构成不同

完全成本法下的成本按经济职能分类，将企业的全部成本划分为生产成本和非生产成本两大类。产品成本由全部生产成本（包括直接材料、直接人工和全部制造费用）构成，非生产成本作为期间成本，其成本构成如图 2-13 所示。

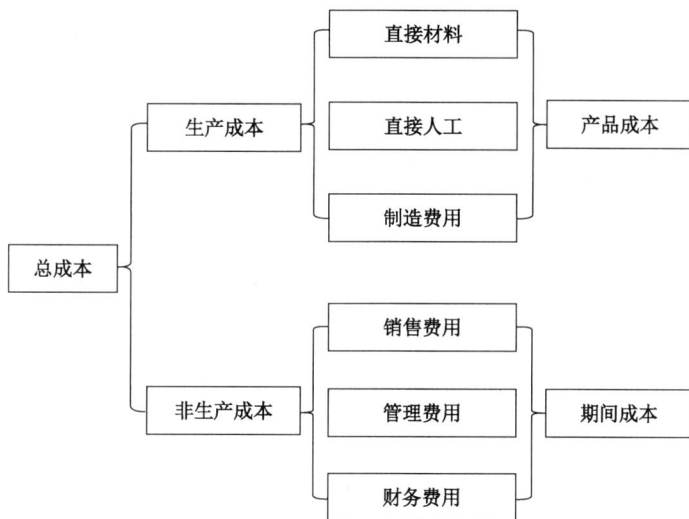

图 2-13　完全成本法下的成本构成

　　变动成本法下的成本则是按成本习性把企业全部成本划分为变动成本和固定成本两大类。产品成本由变动生产成本构成。生产成本中的固定成本部分和非生产成本作为期间成本。变动成本法与完全成本法成本构成的区别如表 2-7 所示。

表 2-7　变动成本法与完全成本法成本构成的区别

项　目	变动成本法	完全成本法
成本分类的标准	成本按成本习性分类	成本按经济职能分类
成本类别的划分	变动成本 固定成本	生产成本 非生产成本
产品成本的内容	直接材料 直接人工 变动制造费用	直接材料 直接人工 变动制造费用 固定制造费用
期间成本的内容	变动非生产成本： 变动销售费用 变动管理费用 固定成本： 固定制造费用 固定销售费用 固定管理费用	销售费用 管理费用 财务费用

　　例题 2-6　A 厂只生产某产品，全年生产产品共计 5 000 件，期初存货 0 件，全年销售量 4 000 件，每件售价 10 元。当期发生的成本资料如表 2-9 所示。

表2-8　成本资料　　　　　　　　　　　　　　　　　　元

成本项目	直接材料	直接人工	制造费用	销售费用	管理费用
变动性	10 000	5 000	5 000	3 000	1 000
固定性	—	—	10 000	1 000	1 000
合计	10 000	5 000	15 000	4 000	2 000

要求计算两种成本法下的产品单位成本。

根据上述资料按两种成本计算的产品成本和期间成本如表2-9所示。

表2-9　产品成本和期间成本计算　　　　　　　　　　　　　　元

成本项目	变动成本法			完全成本法		
	产品成本	单位产品成本	期间成本	产品成本	单位产品成本	期间成本
直接材料	10 000	2	—	10 000	2	—
直接人工	5 000	1	—	5 000	1	—
变动制造费用	5 000	1	—	5 000	1	—
固定制造费用	—	—	10 000	10 000	2	—
合计	20 000	4		30 000	6	
销售费用	—	—	4 000	—	—	4 000
管理费用	—	—	2 000	—	—	2 000
合计	—	—	6 000	—	—	6 000
总计	20 000	4	16 000	30 000	6	6 000

完全成本法计算的产品单位成本

＝单位直接材料＋单位直接人工＋单位制造费用

＝单位直接材料＋单位直接人工＋（单位变动制造费用＋单位固定制造费用）

变动成本法计算的产品单位成本

＝单位直接材料＋单位直接人工＋单位变动制造费用

提醒

请注意两种方法在固定制造费用处理方面的不同之处。

2. 在产品与产成品存货计价不同

变动成本法下，在产品和产成品的成本只包括变动生产成本（直接材料、直接人工和变动制造费用），而固定制造费用作为期间成本直接计入当期损益。

完全成本法下，固定制造费用要计入产品成本，所以其产品成本不仅包含变动生产成本（直接材料、直接人工和变动制造费用），还包含了分配的固定制造费用。这样就导致了完全成本法下计算出的产品成本数额必然大于采用变动成本法计算的结果。

例题2-7　沿用例题2-6的资料，两种成本计算方法所计算的期末产成品存货的成本如表 2-10 所示。

表 2-10 销货成本与存货成本计算

项 目	变动成本法	完全成本法
期初存货量/件	0	0
本期生产量/件	5 000	5 000
本期销货量/件	4 000	4 000
期末存货量/件	1 000	1 000
单位产品成本/元	4	6
本期销货成本/元	16 000	24 000
期末存货成本/元	4 000	6 000

由表 2-11 可见，按完全成本法计算的期末存货成本比按变动成本法计算的期末存货成本多 2 000(6 000 - 4 000)元，之所以产生这个差异，原因在于完全成本法下的期末存货成本除了变动生产成本之外，还包括 2 000 元 [1 000(件) × 2(元/件)] 的固定制造费用。同理，完全成本法下计算的销货成本，比变动成本法下计算的结果多 8 000 元，也是因为完全成本法下的本期销货成本包括了 8 000 元 [4 000(件) × 2(元/件)] 的固定制造费用。

3. 损益确定程序不同

（1）税前净利的计算方法不同

在变动成本法下，税前净利计算步骤如下：

$$销售收入-变动成本=贡献毛益$$
$$贡献毛益-固定成本=税前净利$$

这里

$$变动成本=变动生产成本+变动非生产成本$$
$$变动生产成本=直接材料+直接人工+变动制造费用$$
$$变动非生产成本=变动销售费用+变动管理费用$$

在完全成本法下，税前净利计算步骤如下：

$$销售收入-销货成本=销售毛利$$
$$销售毛利-期间成本=税前净利$$

这里

$$销货成本=按完全成本法计算的本期销货成本$$
$$=期初存货成本+本期生产成本-期末存货成本$$
$$期间成本=非生产成本=销售费用+管理费用$$

（2）利润表的编制不同

在变动成本法下，编制贡献式利润表；在完全成本法下，编制职能式利润表。

例题 2-8 沿用例题 2-6 的资料，要求分别按变动成本法编制贡献式利润表和按完全成本法编制职能式利润表，并比较它们的不同。

按两种成本法编制的贡献式和职能式利润表如表 2-11 所示。

表 2-11　按两种成本法编制的利润表　　　　　　　　　　　　元

贡献式利润表	职能式利润表
销售收入(10×4 000)40 000	销售收入(10×4 000)40 000
减：变动成本	减：销货成本
变动生产成本(4×4 000)16 000	期初存货成本 0
变动销售费用 3 000	本期生产成本(6×5 000)30 000
变动管理费用 1 000	可供销售的产品成本 30 000
变动成本合计 20 000	减：期末存货成本(6×1 000)6 000
贡献毛益 20 000	本期销货成本合计 24 000
减：固定成本	销货毛利 16 000
固定制造费用 10 000	减：期间成本
固定销售费用 1 000	销售费用 4 000
固定管理费用 1 000	管理费用 2 000
固定成本合计 12 000	期间成本合计 6 000
税前净利 8 000	税前净利 10 000

比较两张利润表，可以看出变动成本法和完全成本法在编制利润表方面有 3 个显著的差别。

① 成本项目的排列方式不同。完全成本法编制的职能式利润表，是把所有成本项目按生产、销售、管理等经济用途进行排列，主要是为适应企业外部利益相关者的需要。而变动成本法编制的贡献式利润表，则是所有成本项目按成本习性排列，主要是为了便于获得贡献毛益等信息，适应企业内部管理的需要。

② 对固定制造费用的处理不同。完全成本法把固定制造费用作为产品成本的一部分，因而，销货成本中包含了固定制造费用（本例中销售 4 000 件，其销货成本中固定制造费用为 8 000 元）；尚未出售的存货（本例中结转至下年度的存货为 1 000 件）中也包含了固定制造费用，这些固定制造费用（2 元/件，共 2 000 元）随着产品的结存，结转到了下一个会计年度。

而变动成本法把本期发生的全部固定制造费用，均作为期间成本在贡献毛益总额中减除。这样，它的销货成本只要用单位变动生产成本乘以本期实际销售量，即可求得，再加上变动的销售及管理费用，即构成变动成本总额。这里必须注意，固定制造费用计入本期损益，无须结转入下一个会计年度。

③ 计算出来的税前净利可能不同。由于两种方法对本期发生的固定制造费用的处理方法不同，可能导致计算出来的税前净利不同。本例中，按完全成本法计算的税前净利为 10 000 元，比按变动成本法计算的税前净利多了 2 000(10 000－8 000)元。这是因为在变动成本法中，固定制造费用 10 000 元全部计入了当期损益；而在完全成本法中，固定制造费用 10 000 元全部计入了本期生产的产品成本之中，而期末存货成本中有 2 000 元的固定制造费用随着期末存货结转到了下一个会计年度，故本期收入中扣减的只有 8 000 元的固定制造费用。需要指出的是，对固定制造费用的处理方法不同，仅是有可能导致计算的税前净利不同，而并非在任何条件下都必然不同。

④ 提供的信息用途不同。变动成本法是为满足企业内部管理要求而产生的，它能够提供成本与业务量之间、利润与销售量之间变化规律的信息，有助于加强成本管理，发挥会计的预测、决策、计划、控制等职能，促进以销定产，从而减少或避免因盲目生产而带来的损失。完全成本法主要为满足对外提供财务信息的需要，它提供的信息能揭示外界公认的成本与产品在质的方面的归属关系，有助于促进企业扩大生产，刺激增产的积极性。

2.2.3　两种方法计算的税前净利分析

1. 两种方法对税前净利的影响

从上面的分析可知，两种成本计算法的根本区别在于对固定制造费用的处理不同。变动成本法将固定制造费用作为期间成本处理，完全成本法则将固定制造费用全部计入了产品成本。这种对固定制造费用的不同处理，不但直接影响产品成本，还影响企业的财务状况和经营成果的计算。以下分两种情况举例予以说明。

（1）生产量稳定，销售量变动

在分析不同产销量关系下两种方法对各期税前净利之间的影响时，首先假定各期成本消耗水平不变。这样，在产量稳定的条件下，就意味着各期产品的单位成本不变，而销售量变动表明各期期初期末的产成品存货不同。

例题 2-9　某企业连续 3 个会计年度的生产、销售和成本等有关资料如表 2-12 所示。

表 2-12　生产、销售、成本资料

项　目	第 1 年	第 2 年	第 3 年	合　计
期初存货数量/件	500	500	1 000	—
本期生产数量/件	5 000	5 000	5 000	15 000
本期销售数量/件	5 000	4 500	5 500	15 000
期末存货数量/件	500	1 000	500	500
单位售价/元	30	30	30	—
单位变动生产成本/元	10	10	10	—
年固定制造费用/元	20 000	20 000	20 000	60 000
年销售及管理费用/元	25 000	25 000	25 000	75 000

表 2-12 中的年销售及管理费用全部是固定的。现根据表 2-12 中的资料，分别按完全成本法和变动成本法计算产品的单位生产成本。

由于成本消耗水平不变，完全成本法下计算的产品单位成本在 3 年中相等。

单位完全成本＝10＋20 000÷5 000＝14(元)

同理，变动成本法下计算的产品单位成本也连续 3 年相等。

单位变动成本＝10(元)

现分别按完全成本法和变动成本法编制利润表，如表 2-13 和表 2-14 所示。

表 2-13 利润表（按完全成本法编制）　　　　　　　　　　　　　元

项　目	第 1 年	第 2 年	第 3 年	合　计
销售收入	150 000	135 000	165 000	450 000
销货成本：				
期初存货	7 000	7 000	14 000	28 000
本期生产成本	70 000	70 000	70 000	210 000
可供销售的产品成本	77 000	77 000	84 000	238 000
减：期末存货	7 000	14 000	7 000	28 000
销货成本总额	70 000	63 000	77 000	210 000
销售毛利	80 000	72 000	88 000	240 000
减：销售及管理费用	25 000	25 000	25 000	75 000
税前净利	55 000	47 000	63 000	165 000

表 2-14 利润表（按变动成本法编制）　　　　　　　　　　　　　元

项　目	第 1 年	第 2 年	第 3 年	合　计
销售收入	150 000	135 000	165 000	450 000
销售变动生产成本	50 000	45 000	55 000	150 000
贡献毛益	100 000	90 000	110 000	300 000
减：固定成本				
固定制造费用	20 000	20 000	20 000	60 000
销售及管理费用	25 000	25 000	25 000	75 000
固定成本合计	45 000	45 000	45 000	135 000
税前净利	55 000	45 000	65 000	165 000

将用两种成本计算方法计算的税前净利加以对比，可以发现以下规律。

① 当本期"生产量＝销售量"时，两种成本计算方法所确定的税前净利是相同的，如第 1 年。这是由于当年的生产量等于销售量，期初存货与期末存货的数量及其所包含的固定制造费用相等。案例中，我们假设了企业的产量稳定且成本消耗水平不变，也就是在完全成本法下，第 1 年期初、期末存货中包含的固定制造费用均为 4 元/件，即第 1 年的期初、期末存货所包含的固定制造费用相同，也就是说第 1 年所发生的全部固定制造费用 20 000(2 000＋20 000－2 000)元已经于当期全部弥补，这与变动成本法将全部固定制造费用 20 000 元直接计入当期损益效果相同。因此，两种成本计算法得出的税前净利是相同的。

② 当本期"生产量＞销售量"时，按完全成本法确定的税前净利大于按变动成本法确定的税前净利，如第 2 年。这是由于变动成本法下，当期发生的固定制造费用 20 000元全部计入当期损益；而在完全成本法下，期初存货成本中有 2 000 元固定制造费用结转至本期，而期末存货成本中有 4 000 元固定制造费用结转至下期，即在完全成本法

下本期承担的固定制造费用只有 18 000(2 000＋20 000－4 000)元。因此，完全成本法下的销售成本比变动成本法的销售成本少 2 000 元，其税前净利也就必然比变动成本法多 2 000 元。

③ 当本期"生产量＜销售量"时，按完全成本法确定的税前净利小于按变动成本法确定的税前净利，如第 3 年。这是由于第 3 年生产量小于销售量，使期末存货减少 1 000 件。采用完全成本法必须把期初存货 1 000 件中所包含的固定制造费用 4 000(4×1 000) 元，转入本期作为销售成本，即第 3 年按完全成本法计算的本期承担的固定制造费用为 22 000(4 000＋20 000－2 000)元。因此，完全成本法下的销售成本比变动成本法的销售成本多 2 000 元，其税前净利也就必然比变动成本法少 2 000 元。

但就连续 3 个会计年度来看，由于生产量与销售量的总和相同，故两种方法计算出来的税前净利的总额也是相等的。

（2）销售量稳定，生产量变动

销售量稳定意味着各年的销售收入相同，而生产量变动则表明在完全成本法下各期产品的单位成本不同。因为，即使各期的固定制造费用不变，但生产量变动的话，单位产品分摊的固定制造费用也不同。

例题 2-10　某企业连续 3 个会计年度的生产、销售和成本等有关资料如表 2-15 所示。

表 2-15　生产、销售、成本资料

项　目		第 1 年	第 2 年	第 3 年	合　计
期初存货数量/件		0	0	1 000	—
本期生产数量/件		4 000	5 000	3 500	12 500
本期销售数量/件		4 000	4 000	4 000	12 000
期末存货数量/件		0	1 000	500	500
单位售价/元		30	30	30	—
单位变动生产成本/元		10	10	10	—
年固定制造费用/元		35 000	35 000	35 000	105 000
年销售及管理费用总额/元					
固定部分		8 000	8 000	8 000	24 000
变动部分		0	0	0	0
单位产品 生产成本	完全成本法/元	18.75	17	20	—
	变动成本法/元	10	10	10	—

根据表 2-15 所示的资料，按两种成本计算法编制利润表，如表 2-16 和表 2-17 所示（假定发出存货采用先进先出法计价）。

表 2-16　利润表（按完全成本法编制）　　　　　　　　　　　　　　元

项　目	第 1 年	第 2 年	第 3 年	合　计
销售收入	120 000	120 000	120 000	360 000
销货成本：				
期初存货	0	0	17 000	17 000
本期生产成本	75 000	85 000	70 000	230 000
可供销售的产品成本	75 000	85 000	87 000	247 000
减：期末存货	0	17 000	10 000	27 000
销货成本总额	75 000	68 000	77 000	220 000
销售毛利	45 000	52 000	43 000	140 000
减：销售及管理费用	8 000	8 000	8 000	24 000
税前净利	37 000	44 000	35 000	116 000

表 2-17　利润表（按变动成本法编制）　　　　　　　　　　　　　　元

项　目	第 1 年	第 2 年	第 3 年	合　计
销售收入	120 000	120 000	120 000	360 000
销售变动生产成本	40 000	40 000	40 000	120 000
贡献毛益	80 000	80 000	80 000	240 000
减：固定成本				
固定制造费用	35 000	35 000	35 000	105 000
销售及管理费用	8 000	8 000	8 000	24 000
固定成本合计	43 000	43 000	43 000	129 000
税前净利	37 000	37 000	37 000	111 000

将按两种成本计算法编制的利润表求得的税前净利进行对比，可以发现以下规律。

① 当本期"生产量＝销售量"时，两种成本计算方法所确定的税前净利是相同的，如第 1 年。这是因为当年的生产量等于销售量，期初存货与期末存货的数量及其所包含的固定成本都相等。因此，无论采用完全成本法还是变动成本法，均没有固定制造费用需结转下期，或从上期转入的问题，故两种方法计算出来的税前净利相同。

② 当本期"生产量＞销售量"时，按完全成本法确定的税前净利大于按变动成本法确定的税前净利，如第 2 年。这是因为该年的生产量大于销售量，期末存货比期初存货增加了 1 000 件，在完全成本法下，期末 1 000 件存货吸收了固定制造费用 7 000(7×1 000)元；而在变动成本法下固定制造费用作为期间成本全部从本期销售收入中扣除。所以，变动成本法所计算确定的税前净利比完全成本法所计算确定的税前净利小。

③ 当本期"生产量＜销售量"时，按完全成本法确定的税前净利小于按变动成本法确定的税前净利，如第 3 年。这是因为该年的生产量比销售量少 500 件，期末存货比期初减少了 500 件。采用完全成本法时，销售 4 000 件产品的销售成本中包含的固定制造费用为 37 000 元，既包含了期初存货转入的上期固定制造费用 7 000(7×1 000)元，又包含了本期发生的固定制造费用 30 000(10×3 000)元。而在变动成本法下，作为期间成本扣除的固定制造费用为 35 000 元，两者相差 2 000 元，所以变动成本法计算出的税前净利比完全成本

法计算出的税前净利多 2 000 元。

2.2.4　变动成本法与完全成本法的评价与应用

1. 变动成本法的评价

（1）变动成本法的优点

① 正确揭示了成本和净收益的关系，符合"收益与费用相配比"的会计原则。变动成本法按成本习性将成本分为固定成本和变动成本。在计算成本时，只将变动性生产成本归入产品成本，这就使得产品的成本与产量成正比例变化，并与当期销售收入相配比；而在相关范围内，固定生产成本的数额与产量的变化之间没有直接联系，它是为保持企业当期的生产经营能力而发生的，它只能与本期收益相配比，所以这部分费用应从本期贡献毛益中扣除，不应结转到下期。

② 能够促进企业重视市场，做到以销定产。从理论上讲，在产品售价、成本不变的情况下，利润的多少应与销售量的增减保持一致。而在完全成本法下，产量越高，每一件产品所分摊的固定制造费用就越低，即单位产品的成本就越低。即使销售量仍然保持在原有水平，也会出现利润增加的情况。这其实是在完全成本法下，企业提高报表利润的一个方法。但是，以提高产量来降低产品单位的成本、提高利润可能会导致企业出现盲目生产的现象，造成存货积压。而变动成本法如实地反映了利润和销量之间的正常关系，使利润真正成为反映企业经营状况的"晴雨表"，有助于促使企业管理者重视市场销售，认真研究市场动态，实现以销定产，防止因盲目生产而带来产品大量积压，从而提高企业经济效益。

③ 能够广泛应用于企业内部经营管理中的预测、决策、控制和考核。变动成本法在产品生产成本的组成内容、成本的划分标准和收益的计算程序上的特点，清晰地揭示了成本、业务量和利润三者之间的内在联系，能提供在不同产销水平下每种产品盈利能力的资料，有利于进行利润预算、最优产品定价等短期决策；通过预测分析，又能为制定经营目标、成本控制、落实部门经济责任及进行业绩考核提供依据。

④ 简化了产品成本核算工作。传统的完全成本法在对固定制造费用的处理上不但工作量大，而且在固定制造费用分配方法选择上带有一定的主观性。变动成本法将固定制造费用作为期间成本在贡献毛益中一次扣除，因而大大简化了产品成本的计算工作。

（2）变动成本法的局限性

① 不符合传统成本观念的要求。传统的成本观念认为，成本是企业为生产一定种类、一定数量的产品所支出的各种生产费用的总和。按照传统的成本观念，成本就应该既包括变动成本也包括固定成本。而按照变动成本法计算出来的产品成本，显然不能满足这个要求。实际生活中纯粹的变动成本和固定成本很少，混合成本则是普遍存在的，变动成本与固定成本的划分在很大程度上都是假设的结果，因此就使得以此为依据计算出来的产品成本只能相对准确而不够精确。

② 不符合通用会计报表编制的要求。目前，企业仍应按照公认的会计原则编制定期的财务报表，存货的计价和收益的确定仍需要以完全成本为基础。变动成本法由于存货计价不符合会计准则的要求，因此对资产的计量和收益的计量受影响，不便于编制对外财务报表。

③ 不能满足长期决策和定价决策的需要。变动成本法以相关范围内固定成本和单位变动成本不变为前提，这在短期内是成立的，也确实能够为确定短期经营决策的最优方案提供依据。但从长期来看，固定成本不可能不发生变动，因此不能解决扩大或减少生产经营能力等长期经营决策问题。另外，在产品定价决策中，一般应掌握产品的全部成本资料，因为它们都应该得到补偿。

2. 完全成本法的评价

（1）完全成本法的优点

① 符合公认会计原则。完全成本法是从价值补偿角度计算成本的，不论是变动生产成本还是固定生产成本，都计入产品成本中。它反映了生产过程中的全部耗费，符合传统成本观念，便于编制财务报表，是财务会计核算、确定盈亏的重要依据。

② 重视生产环节，强调生产对利润的贡献。完全成本法把固定制造费用和变动生产成本全部分配到每一单位产品成本，可以促使企业通过扩大生产来降低单位成本，提高经济效益，强调了生产对利润的贡献。由于完全成本法下固定制造费用归集到产品成本，因此本期已销产品和期末未销产品在固定制造费用的负担上是完全一致的。在销售量一定的条件下，产量越大，产品的单位成本就越低，利润则越高，从客观上讲，完全成本法能刺激生产。

（2）完全成本法的缺点

相对于变动成本而言，完全成本法有以下缺点。

① 不利于成本管理。完全成本法将固定制造费用计入产品中，给成本管理带来了问题。首先，固定制造费用的分配增加了成本计算的工作量，影响成本计算的及时性和准确性，因为在固定制造费用的分配过程中难免会受分配方法的影响；其次，产品成本中固定成本和变动成本的划分，使成本控制变得复杂，难以找到成本控制标准。

② 不利于短期决策。在产品单价、单位变动成本和固定成本总额不变的情况下，利润的变动理应同销量变动同向，但按完全成本法计算，利润的多少和销售量的增减不能保持一定的比例，不易理解，也不利于做短期决策、控制和分析工作，容易导致片面追求产量。

项目小结

变动成本法是指在组织常规产品成本计算的过程中，以成本习性分析为基本前提，在计算产品成本时，产品成本内只包含产品生产过程中所消耗的变动生产成本（直接材料、直接人工和变动制造费用），而固定制造费用及非生产成本全部作为期间成本处理的，并按贡献式损益确定程序计量损益的一种成本计算模式。

变动成本法和完全成本法的区别在于 4 点：①成本分类与产品成本构成不同；②在产品与产成品存货计价不同；③损益确定程序不同；④提供的信息用途不同。

完全成本法符合传统的成本概念，而变动成本法不符合传统成本观念的要求，不符合通用会计报表编制的要求，不能满足长期决策和定价决策的需要。变动成本法的优点是能提供有用的管理信息，能够促进企业重视市场，便于进行成本分析和成本控制等。变动成本法和完全成本法各有其优点和不足，但二者不是互相排斥的，也不能互相取代，在实际工作中应将二者结合使用。

━━━━━━━━━━━━　职业能力训练　━━━━━━━━━━━━

一、判断题

1．单位变动成本和固定成本总额均具有不变性。 （　　）

2．按变动成本法的解释，期间成本中只包括固定成本。 （　　）

3．无论哪一种混合成本，实质上都可以区分为固定部分和变动部分。 （　　）

4．导致两种成本计算方法同期营业利润出现差额的根本原因就在于它们对固定制造费用的处理采取了不同的方式。 （　　）

5．管理者短期决策行为影响酌量性固定成本而不影响约束性固定成本。 （　　）

6．由于高低点法只考虑高点与低点的业务量及对应的成本，因此其准确性可能不高。
（　　）

7．变动成本法下的期末产成品和在产品估价必然高于完全成本法下的估价。
（　　）

8．无期初存货时，当本期生产量等于销售量时，按完全成本法确定的净收益等于按变动成本法计算的净收益。 （　　）

9．无期初存货时，当本期生产量大于销售量时，按完全成本法确定的净收益小于按变动成本法计算的净收益。 （　　）

10．变动成本法所提供的每种产品盈利能力的资料，有利于管理人员进行决策分析。
（　　）

11．定期支付的广告费属于酌量性固定成本。 （　　）

12．成本按经济用途分类，是财务会计按完全成本法进行成本核算的基础。 （　　）

13．成本习性是恒定不变的。 （　　）

14．回归分析法的优点是计算精度高，缺点是计算过程过于复杂。 （　　）

15．通常我们所讲的降低固定成本总额就是指降低约束性固定成本。 （　　）

二、单项选择题

1．管理会计将全部成本区分为固定成本和变动成本两部分，其区分的依据是（　　）。
　　A．成本习性　　　　　　　　　　B．成本职能
　　C．成本的经济用途　　　　　　　D．成本的可控性

2．成本习性是指（　　）之间在数量方面的依存关系。
　　A．成本绝对量与相对量　　　　　B．成本实物量与空间量
　　C．成本时间量与空间量　　　　　D．成本总额与特定业务量

3．在历史资料分析法中，高低点法所用的"高低"是指（　　）。

A．最高或最低的成本　　　　　　　　B．最高或最低的业务量

C．最高或最低的成本或业务量　　　　D．最高或最低的成本和业务量

4．在成本习性的定量分析法中，计算结果最精确的方法为（　　　）。

A．高低点法　　　B．散布图法　　　C．回归分析法　　　D．技术测定法

5．研究开发费、广告费和职工培训费属于（　　　）。

A．约束性固定成本　　　　　　　　　B．酌量性固定成本

C．半变动成本　　　　　　　　　　　D．以上均不对

6．当业务量增加时，固定成本一定（　　　）。

A．增加　　　　　B．减少　　　C．保持不变　　　　　　D．以上都不对

7．在变动成本法下，本期销货成本等于（　　　）。

A．本期发生的产品成本　　　　　　　B．单位生产成本×本期销售量

C．单位变动生产成本×本期销售量　　D．存货成本＋本期发生的产品成本

8．在变动成本法下，编制利润表所提供的中间指标是（　　　）。

A．贡献毛益　　　B．营业利润　　　C．营业毛利　　　D．期间成本

9．已知某企业某年按变动成本法计算的营业利润为 12 000 元，假如下一年销量与上一年相同，产品单位及成本水平都不变，但产量有所提高。则该年按变动成本法计算的营业利润（　　　）。

A．必然大于 12 000 元　　　　　　　B．必然等于 12 000 元

C．必然小于 12 000 元　　　　　　　D．可能等于 12 000 元

10．按完全成本法确定的产品总成本与单位成本要比变动成本法的相应数值（　　　）。

A．高　　　　　　B．低　　　　　C．相等　　　　　D．不一定

11．在财务会计中，销售费用的正确归属是（　　　）。

A．制造费用　　　B．主要成本　　　C．加工成本　　　D．非生产成本

12．下列各项中，不能列入变动成本法产品成本中的是（　　　）。

A．直接材料　　　　　　　　　　　　B．直接人工

C．固定制造费用　　　　　　　　　　D．变动制造费用

13．如果完全成本法期末存货吸收的固定制造费用大于期初存货释放的固定制造费用，则完全成本法计算的营业利润与变动成本法计算的营业利润之间的差额（　　　）。

A．一定等于 0　　　B．可能等于 0　　　C．一定大于 0　　　D．一定小于 0

14．成本习性分析的对象与成本按习性分类的对象相同，都是（　　　）。

A．总成本　　　　B．固定成本　　　C．变动成本　　　D．资金运动

15．在应用历史资料分析法进行成本习性分析时，必须首先确定 a，然后才能计算出 b 的方法是（　　　）。

A．直接分析法　　B．高低点法　　　C．散布图法　　　D．回归分析法

三、多项选择题

1．固定成本具有（　　　　　）的特征。

A．固定成本总额的不变性　　　　　　B．单位固定成本的反比例变动性

C．固定成本总额的正比例变动性　　　D．单位固定成本的不变性

2．变动成本具有（　　　　）的特征。

A．变动成本总额的不变性　　　　B．单位变动成本的反比例变动性

C．单位变动成本的不变性　　　　D．变动成本总额的正比例变动性

3．成本习性分析最终将全部成本区分为（　　　　）。

A．固定成本　　　　B．变动成本

C．混合成本　　　　D．曲线式混合成本

4．下列属于定量分析法的有（　　　　）。

A．直接分析法　　B．回归分析法　　C．高低点法　　D．散布图法

5．下列属于变动成本法下的期间成本的有（　　　　）。

A．固定制造费用　　B．变动制造费用　　C．管理费用　　D．销售费用

6．下列各项中，属于固定成本的有（　　　　）。

A．定期支付的广告费　　　　B．计件工资

C．企业管理人员工资　　　　D．按直线法计提的折旧费

E．按产量法计提的折旧费

7．在不改变企业经营情况的前提下，不宜降低成本总额，而应通过提高产品产量，降低其单位额的成本项目是（　　　　）。

A．新产品开发费　　　　B．机器设备折旧费

C．员工培训费　　　　D．保险费

E．管理人员薪金

8．下列各项中，一般应纳入变动生产成本的有（　　　　）。

A．车间水电费　　　　B．计件工资

C．按生产数量法提取的折旧　　　　D．直接材料

E．车间的折旧

9．在下列各项混合成本中，由明显的变动和固定两部分成本组成的有（　　　　）。

A．半固定成本　　　　B．标准式混合成本

C．低坡式混合成本　　　　D．曲线式混合成本

10．成本习性分析中的历史资料分析法包括（　　　　）。

A．高低点法　　B．散布图法　　C．技术测定法　　D．直接分析法

E．回归分析法

11．下列各项中，与可能导致完全成本法和变动成本法确定的分期损益出现差异完全无关的因素有（　　　　）。

A．直接材料　　B．管理费用　　C．财务费用　　D．销售费用

12．下列各项中，属于完全成本法缺点的内容有（　　　　）。

A．无法揭示利润与销售量之间的依存关系

B．不利于管理者理解信息

C．可能导致盲目生产　　　　D．计算比较复杂

13．变动成本法所提供的信息对强化企业管理有相当大的积极作用，如可以（　　　　）。

A．加强成本管理　　　　B．促进以产定销

C. 调动企业增产积极性　　　　　D. 简化成本计算

E. 满足对外报告的需求

14. 下列属于混合成本类型的有（　　　　）。

A. 阶梯式混合成本　　　　　　　B. 递增型混合成本

C. 递减型混合成本　　　　　　　D. 标准式混合成本

E. 低坡式混合成本

15. 按经济用途对成本进行分类，其结果应包括的成本类型有（　　　　）。

A. 未来成本　　　　　　　　　　B. 生产成本

C. 非生产成本　　　　　　　　　D. 责任成本

E. 可控成本

四、实务题

1. 已知：某企业 2017 年 7—12 月的有关业务量与维修费（混合成本）的历史数据如下表所示。

月　份	业务量 x/小时	维修费用 y/元
7	80	420
8	120	580
9	180	820
10	200	900
11	150	700
12	100	500

要求：

（1）用高低点法对上述维修费用进行成本习性分析。

（2）若业务量为 140 小时，维修费用会达到多少？

2. 已知：某企业只生产甲产品，2017 年 1—6 月总成本资料在产量相关范围内的变动情况如下表所示。

月　份	业务量 x/千件	维修费用 y/元
1	5	95
2	6	120
3	8	150
4	10	170
5	12	186
6	7	130

要求：

（1）用回归分析法对上述总成本进行成本习性分析。

（2）如果 2017 年 7 月甲产品产量预计达到 14 000 件。那么，该企业预计总成本应为多少？

3．已知：某企业本期有关资料如下。单位直接材料成本 10 元，单位直接人工成本 5 元，单位变动制造费用 7 元，固定制造费用总额 4 000 元，单位变动销售与管理费用 4 元，固定销售与管理费用 1 000 元。期初存货量为 0，本期生产量 1 000 件，销售量 600 件，单位售价 40 元。

要求：分别按两种成本法的有关公式计算下列指标。

（1）单位产品成本。

（2）期间成本。

（3）销货成本。

4．已知：某企业生产一种产品，2017 年生产量为 150 000 件，销售量为 140 000 件，2017 年初无存货。每单位产品的售价为 5 元，生产成本资料为：每件变动制造费用 3 元，其中包括直接材料 1.3 元，直接人工 1.5 元，变动制造费用 0.2 元；固定制造费用每年的发生额为 150 000 元。变动销售与管理费用为销售收入的 5%，固定销售与管理费用发生额为 65 000 元，未发生财务费用。

要求：

（1）分别按变动成本法和完全成本法计算并确定 2017 年的营业利润。

（2）具体说明 2017 年按两种成本计算方法确定的营业利润产生差异的原因。

5．已知某公司连续两年的产销量、成本和售价等资料如下表所示。

项　　目	第一年	第二年
生产量/件	8 000	10 000
销售量/件	8 000	6 000
单位变动生产成本/（元/件）	15	15
固定制造费用/元	40 000	40 000
固定销售管理成本/元	10 000	10 000
单位售价/元	40	40

该公司按变动成本法计算的营业利润第一年为 150 000 元，第二年为 100 000 元，存货采用先进先出法计价。第一年没有期初存货。

要求：按完全成本法计算各年营业利润。

本量利分析

职业能力目标

- 掌握本量利分析的基本公式和基本方法。
- 掌握保本点、保利点分析的基本方法。
- 能计算本量利计算的相关指标。

学习导入

　　会宾酒店是个位于渤海海边的度假酒店，每年夏天有 20 周的营业旺季，营业淡季关门休息。历时 20 周的夏季营业旺季中高峰期为 8 周，该酒店客房部拥有 80 间双人房，40 间单人房，双人房的收费为单人房的 1.5 倍，客房部的单人房，每日变动成本为 26 元，双人房每日变动成本为 35 元，客房部的年固定成本为 715 000 元。按以往的实际入住情况估计每年预订情况为：营业高峰期，客房部所有客房都被预订，在其余 12 周里，双人房出租率为 80%，单人房出租率为 70%。该酒店要能保证每年的税前利润达到 1 800 000 元，客房应如何定价？

　　上面的问题看似复杂，其实很简单，只要会进行本量利分析模型的分析与计算，问题就迎刃而解了。

问题导入

- 企业在什么状态下能够保本？（保本点分析）
- 企业在现有的状态下进行经营，有多大安全空间使企业不亏本？（安全边际分析）
- 如果企业想达到目标利润，在现有条件下应如何调整业务？（保利点分析）

任务 *3.1*　本量利分析概述

任务布置

请根据学习导入中的会宾酒店案例，结合实际具体阐明本量利分析中的各个因素。

教学组织

运用案例教学法，教师围绕会宾酒店案例，引导学生讨论会宾酒店的收入、变动成本、固定成本和利润该如何确定。

3.1.1　本量利分析的概念

本量利分析（Cost-Volume-Profit analysis，简称 CVP 分析或量本利分析）是成本、业务量和利润三者依存关系分析的简称，是指在成本习性分析和变动成本计算模式的基础上，运用数学模型和图式，揭示固定成本、变动成本、销量、单价、销售额、利润等变量之间的内在规律性的联系，对成本、利润、业务量与单价等因素之间的数量依存关系进行具体的分析，研究其变动的规律性，以便为企业进行经营决策和目标控制提供有效信息的一种方法。本量利分析所提供的原理、方法在管理会计中有着广泛的用途，它是企业进行决策、计划和控制的重要工具，也是管理会计的基础。

3.1.2　本量利分析的假设前提

在现实经济生活中，一个企业的成本、销售数量、价格和利润之间的关系非常复杂。例如，成本与业务量之间可能呈线性关系也可能呈非线性关系；销售收入与销量之间也不一定是线性关系，因为售价可能发生变动。为了建立本量利分析理论，必须对上述复杂的关系做一些基本的假设前提，由此来限定本量利分析的范围，对于不符合这些基本假设的情况，可以进行本量利扩展或近似分析。管理会计的基本职能是预测、决策、预算、控制和业绩考核，决定了管理会计的数据分析不可能是精确无误的。

1. 相关范围假设

假设在一定时期内，业务量总是在相关范围内变动。它的变动不会改变固定成本和变动成本的所有特征。

2. 成本习性分析和线性关系假设

由于本量利分析是在成本习性分析的基础上发展起来的，所以成本习性分析的基本假设也是本量利分析的基本假设，也就是假设所有成本都已划分为固定成本和变动成本两部分。在相关范围内，固定成本总额保持不变，变动成本总额随业务量变化成正比例变化，前者用数学模型来表示就是 $y=a$，后者用数学模型来表示就是 $y=bx$，所以，总成本与业务量呈线性关系，即 $y=a+bx$。相应的，假设售价也在相关范围内保持不变，这样，销售收入与销售量之间也呈线性关系，用数学模型来表示就是以售价为斜率的直线 $y=rx$（r 为销售单价）。这样，在相关范围内，成本与销售收入均分别表现为直线。

由于有了以上种种假设，就把在相关范围之外，成本和销售收入分别与业务量呈非线性关系的实际情况排除在外了。但在实际经济活动中，成本、销售收入和业务量之间却存在非线性关系这种现象。为了解决这一问题，我们可以认为成本、销售收入和业务量之间大多数情况下存在近似的线性关系。

3. 品种结构稳定假设

假设在多数情况下企业只生产和销售一种产品；若企业组织多种产品的生产经营，则假设其品种结构不变。该假设是指在一个生产和销售多种产品的企业里，每种产品的销售收入占总销售收入的比重不会发生变化。在现实经济生活中，企业很难始终按照一个固定的品种结构来销售产品，但是短期内按照一个固定的品种结构来销售产品是可以做到的，所以本量利分析一般用于短期经营预测。有了这种假设，就可以使企业管理人员关注价格、成本和业务量对营业利润的影响。

4. 产销平衡假设

假设计算期内产品的生产量和销量一致，企业能够实现产销平衡。所谓产销平衡就是假设企业生产出来的产品总是可以销售出去，能够实现生产量等于销量。在这一假设下，本量利分析中的量就是指销量而不是生产量，进一步讲，在销售价格不变时，这个量就是指销售收入。但在实际经济生活中，生产量可能会不等于销量，这时产量因素就会对本期利润产生影响。

5. 变动成本法假设

本量利分析模型是建立在变动成本计算模式的基础之上的，所有的固定成本，包括固定制造费用都作为期间费用处理。

6. 目标利润假定

在本量利分析中总是假设不考虑营业外收支净额、投资净损益，实际上是指营业利润，并且总是假设利润可以预先估计或者是能实现的利润。

正因为本量利分析建立在上述假设基础上，所以一般只适用于短期分析。在实际工作中应用本量利分析原理时，必须从动态的角度去分析企业生产经营条件、销售价格、品种结构和产销平衡等因素的实际变动情况，调整分析结论；积极应用动态分析和敏感性分析等技术来克服本量利分析的局限性。

任务 3.2　本量利分析的损益方程式

任务布置

请根据学习导入中的会宾酒店案例，结合实际列出本量利分析中的方程式。

教学组织

运用案例教学法，教师围绕会宾酒店案例，在引导学生讨论会宾酒店的收入、变动成本、固定成本和利润该如何确定的基础上，引导学生列出不同形式的本量利分析方程式。

3.2.1　基本方程式

$$营业利润(P)＝销售收入－总成本$$
$$＝销售收入－变动成本－固定成本$$
$$＝单价×销量－单位变动成本×销量－固定成本$$

式中，

$$总成本＝变动成本＋固定成本$$
$$销售收入＝单价×销量$$

假设产量和销量相同，利润是营业利润，则有：

$$利润＝单价×销量－单位变动成本×销量－固定成本$$

本量利分析是以成本习性分析和变动成本法为基础的，其基本公式是变动成本法下计算利润的公式。该公式反映了价格、成本、业务量和利润各因素之间的相互关系，即：

$$税前利润＝销售收入－总成本＝单价×销量－（变动成本＋固定成本）$$
$$＝单价×销量－单位变动成本×销量－固定成本$$

即：$P＝rx－bx－a＝(p－b)x－a$

式中，P——税前利润；r——单价；b——单位变动成本；a——固定成本；x——销量。

该公式是本量利分析的基本出发点，以后所有的本量利分析可以说都是在该公式基础上进行的。

例题 3-1　某企业生产一种产品，单价 20 元，单位变动成本 12 元，本月计划销售 10 000 件，每月固定成本为 30 000 元。计算预期利润。

$$税前利润＝单价×销量－单位变动成本×销量－固定成本$$
$$＝20×10\,000－12×10\,000－30\,000＝50\,000(元)$$

3.2.2　损益方程式的变换形式

1. 计算销量的方程式

$$销量＝（税前利润＋固定成本）÷（单价－单位变动成本）$$

例题 3-2　某企业生产一种产品，单价 20 元，单位变动成本 12 元，每月固定成本为 30 000 元。计算预期利润为 30 000 元时销量应为多少。

$$销量＝(30\,000＋30\,000)÷(20－12)＝7\,500(件)$$

2. 计算单价的方程式

$$单价＝(利润＋固定成本)÷销量＋单位变动成本$$

例题 3-3　某企业生产一种产品，单位变动成本 12 元，本月计划销售 10 000 件，每月固定成本为 30 000 元。计算预期利润为 30 000 元时的单价。

$$单价＝(30\,000＋30\,000)÷10\,000＋12＝18(元)$$

3. 计算单位变动成本的方程式

$$单位变动成本＝单价－(利润＋固定成本)÷销量$$

例题 3-4 某企业生产一种产品，单价 20 元，本月计划销售 10 000 件，固定成本为 30 000 元。计算预期利润为 30 000 元时的单位变动成本。

单位变动成本＝20－(30 000＋30 000)÷10 000＝14(元)

4. 计算固定成本的方程式

固定成本＝单价×销量－单位变动成本×销量－利润

例题 3-5 某企业生产一种产品，单价 20 元，单位变动成本 12 元，本月计划销售 10 000 件，每月固定成本为 30 000 元。计算预期利润为 50 000 元时的每月固定成本。

固定成本＝20×10 000－12×10 000－50 000＝30 000(元)

3.2.3 贡献毛益式方程式

贡献毛益是指产品的销售收入扣除变动成本之后的金额，表明该产品为企业做出的贡献，也称边际贡献、边际毛益（Contribution Margin）、边际利润或创利额，是用来衡量产品盈利能力的一项重要指标。由于变动成本又分为制造产品过程中发生的变动生产成本和非制造产品过程中发生的变动非生产成本，所以贡献毛益也可以分为制造贡献毛益和营业贡献毛益两种，本书中如无特别说明，贡献毛益就是指扣除了全部变动成本的营业贡献毛益。贡献毛益可以用总额形式表示，也可以用单位贡献毛益和贡献毛益率形式表示。

1. 贡献毛益总额

贡献毛益总额（Total Contribution Margin，TCM）是指产品销售收入总额与变动成本总额之间的差额。用公式表示为：

贡献毛益总额＝销售收入总额－变动成本总额

即：$TCM=rx-bx$

由于：税前利润＝销售收入总额－变动成本总额－固定成本

＝贡献毛益总额－固定成本

可以写成：$P=TCM-a$

因此：贡献毛益总额＝税前利润＋固定成本

即：$TCM=P+a$

2. 单位贡献毛益

单位贡献毛益（Unit Contribution Margin，UCM）是指单位产品售价与单位变动成本的差额。用公式表示为：

单位贡献毛益＝单价－单位变动成本

即：$UCM=r-b$

由于：利润＝单价×销量－单位变动成本×销量－固定成本

＝(单价－单位变动成本)×销量－固定成本

＝单位贡献毛益×销量－固定成本

可以写成：$P=UCM×x-a$

因此：单位贡献毛益＝(税前利润＋固定成本)÷销量

即：$UCM=(P+a)÷x$

该指标反映每销售一件产品所带来的贡献毛益。

3. 贡献毛益率与变动成本率

贡献毛益率（Contribution Margin Rate，CMR）是指贡献毛益总额占销售收入总额的百分比，或者单位贡献毛益占单价的百分比。该指标反映每百元销售收入所创造的贡献毛益，用公式表示为：

贡献毛益率＝贡献毛益总额÷销售收入总额×100%＝单位贡献毛益÷单价×100%

与贡献毛益率相关的另一个指标是变动成本率（Variable Cost Rate，VCR）。变动成本率是指变动成本总额占销售收入总额的百分比或单位变动成本占单价的百分比。用公式表示为：

变动成本率＝变动成本总额÷销售收入总额×100%＝单位变动成本÷单价×100%

将变动成本率与贡献毛益率两个指标联系起来，可以得出：贡献毛益率＋变动成本率＝1，由此可以推出，贡献毛益率＝1－变动成本率，或变动成本率＝1－贡献毛益率。可见，变动成本率与贡献毛益率两者是互补的。企业变动成本率越高，贡献毛益率就越低；变动成本率越低，其贡献毛益率必然越高。

总之，通过以上了解和分析，本量利分析的损益方程式可以写成贡献毛益的形式：

利润＝贡献毛益总额－固定成本
＝单位贡献毛益×销量－固定成本
＝销售收入×贡献毛益率－固定成本

例题 3-6 某企业生产一种产品，单价 20 元，单位变动成本 12 元，固定成本为 30 000 元，本月计划销售 10 000 件。分别计算贡献毛益总额、单位贡献毛益、贡献毛益率及税前利润。

贡献毛益总额＝20×10 000－12×10 000＝80 000(元)

税前利润＝80 000－50 000＝30 000(元)

单位贡献毛益＝20－12＝8(元)

税前利润＝8×10 000－50 000＝30 000(元)

贡献毛益率＝(20－12)÷20×100%＝40%

税前利润＝20×10 000×40%－50 000＝30 000(元)

3.2.4 单步式和多步式损益方程式

损益方程式实际上是数学模型化的损益表。损益表的格式可分为单步式和多步式两种，所以损益方程式也可分为单步式和多步式两种。

1. 单步式损益方程式

单步式损益方程式基本格式是：总收入－总成本＝利润

单步式损益方程式将全部成本从销售收入中一次性扣除，只经过一个运算步骤就可以计算出利润，简明地反映出收入、成本和利润之间的关系。单步式损益方程式无须区分在全部成本法下的损益方程式和在变动成本法下的损益方程式。

2. 多步式损益方程式

多步式损益方程式可分两种情况,即在全部成本法下的多步式损益方程式和在变动成本法下的多步式损益方程式。

(1)全部成本法下多步式损益方程式的基本格式

全部成本法下多步式损益方程式的基本格式如下。

$$税前利润=销售收入-已销产品生产成本-期间成本$$

为使模型能反映本量利的关系,不仅要分解产品成本,而且要分解销售费用、管理费用等期间成本。分解后,上述方程式为:

$$税前利润=销售收入-(变动生产成本+固定生产成本)-(变动销售和管理费用+$$
$$固定销售和管理费用)$$
$$=单价\times销量-(单位变动生产成本+单位变动销售和管理费用)\times销量-$$
$$(固定生产成本+固定销售和管理费用)$$

例题3-7 某企业每月固定制造成本15 000元,固定销售费用5 000元,固定管理费用5 000元;单位变动制造成本10元,单位变动销售费用1元,单位变动管理费用0.5元;该企业产销一种产品,单价18元;本月计划销售10 000件产品。计算预期利润。

$$税前利润=18\times10\ 000-(10\times10\ 000+15\ 000)-[(1+0.5)\times10\ 000+5\ 000+5\ 000]$$
$$=180\ 000-115\ 000-25\ 000$$
$$=40\ 000(元)$$

(2)变动成本法下多步式损益方程式的基本格式

变动成本法下多步式损益方程式的基本格式如下。

$$税前利润=销售收入-变动成本-固定成本$$

即:

$$税前利润=单价\times销量-(单位变动生产成本+单位变动销售和管理费用)\times$$
$$销量-(固定生产成本+固定销售和管理费用)$$
$$贡献毛益总额=销售收入-变动成本$$
$$税前利润=贡献毛益总额-固定成本$$
$$税后净利=税前利润-所得税$$

例题3-8 某企业每月固定制造成本15 000元,固定销售费用5 000元,固定管理费用5 000元;单位变动制造成本10元,单位变动销售费用1元,单位变动管理费用0.5元;该企业产销一种产品,单价18元;本月计划销售10 000件产品。计算预期利润。

$$税前利润=18\times10\ 000-(10+1+0.5)\times10\ 000-(15\ 000+5\ 000+5\ 000)$$
$$=180\ 000-115\ 000-25\ 000$$
$$=40\ 000(元)$$

3.2.5 多品种的损益方程式

以上公式只适用于生产单一品种产品的企业,生产多种产品的企业运用本量利分析模型,可以使用联合单位法和加权平均贡献毛益率法。

1. 联合单位法

所谓联合单位法，是指企业各种产品之间存在相对稳定的产销量比例关系，这一比例关系的产品组合可以视为一个联合单位，然后确定每一联合单位的售价和单位变动成本，以此来进行多品种的本量利分析。

例如，企业有 A、B、C 三种产品，其销量比为 1：2：3，则这 3 种产品的组合，即 1 件 A 产品、2 件 B 产品和 3 件 C 产品就构成一个联合单位。然后按照这种销量比来计算各种产品共同构成的联合单价和联合单位变动成本，即：

$$联合单价＝A 产品单价×1＋B 产品单价×2＋C 产品单价×3$$
$$联合单位变动成本＝A 产品单位变动成本×1＋B 产品单位变动成本×2＋$$
$$C 产品单位变动成本×3$$

然后就可以得出多品种的损益方程式：

$$税前利润＝联合单价×联合单位销量－联合单位变动成本×$$
$$联合单位销量－固定成本$$

例题 3-9　某企业销售甲、乙、丙 3 种产品，全年预计固定成本总额为 210 000 元，预计销量分别为 8 000 件、5 000 台和 10 000 件，预计单价分别为 25 元、80 元、40 元，单位变动成本分别为 15 元、50 元、28 元。计算该企业全年的预计利润。

确定产品销量比为：甲：乙：丙＝1：0.625：1.25

联合单价＝1×25＋0.625×80＋1.25×40＝125(元/联合单位)

联合单位变动成本＝1×15＋0.625×50＋1.25×28＝81.25(元/联合单位)

税前利润＝125×8 000－81.5×8 000－210 000＝138 000(元)

2. 加权平均贡献毛益率法

生产多种产品的企业运用本量利分析模型，也可以使用加权平均贡献毛益率法。加权平均贡献毛益率，也称综合贡献毛益率，是各产品的贡献毛益率按各产品的销售比重为权数的加权平均数。其计算公式如下。

$$加权平均贡献毛益率＝各产品贡献毛益之和÷各产品销售收入之和×100\%$$
或
$$＝\sum (各产品贡献毛益率×各产品占总销售额的比重)$$
$$税前利润＝销售收入总和×加权平均贡献毛益率－固定成本$$

例题 3-10　某企业销售 A、B、C 三种产品，其固定成本为 11 000 元，其他资料如表 3-1 所示。

表 3-1　产品资料

产品名称	单价/元	销量	单位变动成本/元	销售结构（比重）
A	20	2 000 件	10	20%
B	40	1 500 台	30	30%
C	50	2 000 件	40	50%

计算该企业加权平均贡献毛益率和税前利润。

A 产品贡献毛益率＝(20−10)÷20×100%＝50%
B 产品贡献毛益率＝(40−30)÷40×100%＝25%
C 产品贡献毛益率＝(50−40)÷50×100%＝20%
该企业加权平均贡献毛益率＝50%×20%＋25%×30%＋20%×50%＝27.5%
税前利润＝(20×2 000＋40×1 500＋50×2 000)×27.5%−11 000＝44 000(元)

任务 3.3　保本点分析

任务布置

请根据学习导入中的会宾酒店案例，结合实际对会宾酒店进行保本点分析。

教学组织

运用案例教学法，教师围绕会宾酒店案例，在引导学生列出不同形式的本量利分析方程式的基础上，引导学生进行保本点业务量的确定，分析各因素变化对保本点的影响，绘制本量利关系图。

确定保本点，即盈亏临界点，是进行本量利分析的关键。所谓保本点，就是贡献毛益与固定成本恰好相等时的销售量（销售额）。此时，企业处于不盈不亏的状态。

3.3.1　单一品种的保本点分析

单一品种的保本点有两种表现形式，一是保本点销售量（简称保本量），二是保本点销售额（简称保本额）。可以采用以下两种方法进行计算。

按保本量计算，其公式为：

保本量＝固定成本÷单位产品贡献毛益

式中，单位产品贡献毛益＝单位产品销售收入－单位产品变动成本

按保本额计算，其公式为：

保本额＝固定成本÷贡献毛益率

式中，贡献毛益率＝贡献毛益总额÷销售收入

贡献毛益＝销售收入－变动成本

例题 3-11　某企业生产一种产品，单价 20 元，单位变动成本 12 元，本月计划销售 10 000 件，每月固定成本为 20 000 元。计算该产品的保本量和保本额。

保本量＝20 000÷(20−12)＝2 500(件)
保本额＝20 000÷[(20−12)÷20]＝50 000(元)

3.3.2　多品种的保本点分析

多品种的保本点分析，可以使用联合单位法和加权平均贡献毛益率法。

例题 3-12 承例题 3-9 资料,计算该企业各产品的盈亏临界点。

确定产品销量比为:甲:乙:丙=8 000:5 000:10 000=1:0.625:1.25

联合单价=1×25+0.625×80+1.25×40=125(元/联合单位)

联合单位变动成本=1×15+0.625×50+1.25×28=81.25(元/联合单位)

联合保本量=210 000÷(125-81.25)=4 800(联合单位)

计算各种产品的保本点为:

甲产品保本量=4 800×1=4 800(件)　　甲产品保本额=4 800×25=120 000(元)

乙产品保本量=4 800×0.625=3 000(台)　乙产品保本额=3 000×80=240 000(元)

丙产品保本量=4 800×1.25=6 000(件)　丙产品保本额=6 000×40=240 000(元)

例题 3-13 承例题 3-10 资料,计算该企业各产品的保本点。

A 产品贡献毛益率=(20-10)÷20×100%=50%

B 产品贡献毛益率=(40-30)÷40×100%=25%

C 产品贡献毛益率=(50-40)÷50×100%=20%

该企业加权平均贡献毛益率=50%×20%+25%×30%+20%×50%=27.5%

保本点总销售额=11 000÷27.5%=40 000(元)

A 产品保本额=40 000×20%=8 000(元)　　A 产品保本量=8 000÷20=400(件)

B 产品保本额=40 000×30%=12 000(元)　B 产品保本量=12 000÷40=300(台)

C 产品保本额=40 000×50%=20 000(元)　C 产品保本量=20 000÷50=400(件)

3.3.3 安全边际和保本作业率

1. 安全边际

安全边际是根据实际或预计的销售业务量与保本业务量的差量确定的定量指标。它是指正常销售额超过盈亏临界点销售额的差额,它表明销售量下降了多少企业仍不致亏损。安全边际可以用绝对数和相对数两种形式来表现,安全边际的绝对数又可以用实物量和金额两种形式来表现,具体计算公式为:

安全边际销售量=实际或预计销售量-保本量

安全边际销售额=实际或预计销售额-保本额

安全边际率=安全边际销售量(额)÷实际或预计销售量(额)

因为只有盈亏临界点以上的销售量或销售额(即安全边际部分)才能为企业提供利润,所以销售利润又可按下列公式计算。

销售利润=安全边际销售量×单位产品贡献毛益

=安全边际销售额×贡献毛益率

销售利润率=安全边际率×贡献毛益率

此外,以盈亏临界点为基础,还可得到另一个辅助性指标——达到盈亏临界点的作业率,即保本作业率。保本作业率=1-安全边际率。

当企业作业率低于保本作业率时就会亏损。所以,安全边际销售量或安全边际销售额的数值越大，企业发生亏损的可能性就越小，说明企业的业务经营也就越安全。但是，上述指标属于绝对数指标，不便于不同企业和不同行业之间进行比较。西方企业评价企业安全程度的经验标准如表 3-2 所示。

表 3-2　企业安全程度经验标准

安全边际率	10%以下	11%～20%	21%～30%	31%～40%	41%以上
安全程度	危险	值得注意	比较安全	安全	很安全

例题 3-14　假定某企业的盈亏临界点的销售量为 2 000 件，单价为 10 元，预计的销售量可达到 3 000 件。计算该企业的安全边际。

安全边际销售量＝3 000－2 000＝1 000(件)

安全边际销售额＝3 000×10－2 000×10＝10 000(元)

安全边际率＝1 000÷3 000≈33.33%或＝10 000÷30 000≈33.33%

2. 保本作业率

保本作业率又称危险率或盈亏临界点作业率（记作 dR），是指保本点业务量占现有或预计销售业务量的百分比。保本作业率是一个反指标，保本作业率越小，说明企业经营越安全。

这个比率表明企业保本的业务量在正常业务量中所占的比重。由于多数企业的生产经营能力是按正常销售量来规划的，生产经营能力与正常销售量基本相同，因此保本作业率还表明保本状态下的生产经营能力的利用程度。其计算公式为：

$$保本作业率＝保本量÷实际或预计销售量×100\%$$
$$＝保本额÷实际或预计销售额×100\%$$
$$＝1-安全边际率$$

例题 3-15　已知某企业只生产 A 产品，单价为 10 元，单位变动成本为 6 元，全年固定成本为 30 000 元，当年生产量为 12 000 件。计算保本作业率。

保本量＝30 000÷(10－6)＝7 500(件)

保本作业率＝7 500÷12 000＝62.5%

3.3.4　有关因素变动对保本点的影响

在进行本量利分析时，都是假定各种因素在计划期内是不变的，但是在实际生产经营过程中，企业的销售量、销售单价、单位变动成本、固定成本和品种结构中的一个因素或几个因素都有可能发生变动。为准确进行保本点分析，应明确认识下列基本关系，了解这些因素变动对保本点的影响。

1. 单价的变动对保本点的影响

在销售总成本已定的情况下，盈亏临界点的高低取决于单价的高低。单价越高，盈亏临界点越低；单价越低，盈亏临界点越高。

例题 *3-16* 某企业生产一种产品,单价 20 元,单位变动成本 12 元,每月固定成本为 20 000 元。

保本量和保本额计算如下。

保本量＝20 000÷(20－12)＝2 500(件); 保本额＝20 000÷[(20－12)÷20]＝50 000(元)。若其他条件不变,单价由原来的 20 元提高到 22 元,则保本量＝20 000÷(22－12)＝2 000(件);保本额＝20 000÷[(22－12)÷22]＝44 000(元)。

由此可见,单价由原来的 20 元提高到 22 元,则保本量从 2 500 件降低到 2 000 件,保本额由原来的 50 000 元降低到 44 000 元,从而能提升实现利润的空间。

2. 单位变动成本的变动对保本点的影响

在销售收入和固定成本已定的情况下,盈亏临界点的高低取决于单位变动成本的高低。单位变动成本越高,则盈亏临界点越高;反之,盈亏临界点越低。

例题 *3-17* 某企业生产一种产品,单价 20 元,单位变动成本 12 元,每月固定成本为 20 000 元。

保本量和保本额计算如下:

保本量＝20 000÷(20－12)＝2 500(件); 保本额＝20 000÷[(20－12)÷20]＝50 000(元)。若其他条件不变,单位变动成本由原来的 12 元降低到 10 元,则保本量＝20 000÷(20－10)＝2 000(件); 保本额＝20 000÷[(20－10)÷20]＝40 000(元)。

由此可见,单位变动成本由原来的 12 元降低到 10 元,则保本量从 2 500 件降低到 2 000件,保本额由原来的 50 000 元降低到 40 000 元,从而能提升实现利润的空间。

3. 固定成本的变动对保本点的影响

在销售收入和单位变动成本已定的情况下,盈亏临界点的高低取决于固定成本的高低。固定成本越高,则盈亏临界点越高;反之,盈亏临界点越低。

例题 *3-18* 某企业生产一种产品,单价 20 元,单位变动成本 12 元,每月固定成本为 20 000 元。

保本点销售量和保本点销售额计算如下。

保本点销售量＝20 000÷(20－12)＝2 500(件);保本点销售额＝20 000÷[(20－12)÷20]＝50 000(元)。若其他条件不变,固定成本由原来的 20 000 元降低到 16 000 元,则保本量＝16 000÷(20－12)＝2 000(件); 保本点销售额＝16 000÷[(20－12)÷20]＝40 000(元)。

由此可见,固定成本由原来的 20 000 元降低到 16 000 元,则保本点销量从 2 500 件降低到 2 000 件,保本点销售额由原来的 50 000 元降低到 40 000 元,从而能提升实现利润的空间。

以上 3 个因素的变动举例均为积极性变动,都会导致保本点降低;反之,消极性变动则会导致保本点升高。

值得一提的是,销售量的变动不会影响保本点,但在盈亏临界点不变的前提下,销售量越大,企业实现的利润越多(或亏损越少);销售量越小,企业实现的利润越少(或亏损越多)。在销售量不变的前提下,盈亏临界点越低,企业能实现的利润越多(或亏损越少);盈亏临界点越高,企业能实现的利润越少(或亏损越多)。

3.3.5 本量利关系图

本量利关系图也称盈亏临界图或损益平衡图,是围绕保本点,将影响企业利润的有关因素及其相应关系集中在一张图上,从而形象、具体、直观、简明地表现出来。本量利关系图可以使决策者一目了然地看到有关因素的变动对利润的影响程度和影响方向,从而有助于决策者有预见性和主动性地开展经营管理工作。但因为它是依靠目测绘制而成的,所以不可能非常准确。本量利关系图可依据不同损益方程式而绘制成不同形式的图形,通常有基本式、贡献毛益式、量利式3种。

1. 基本式(见图3-1)

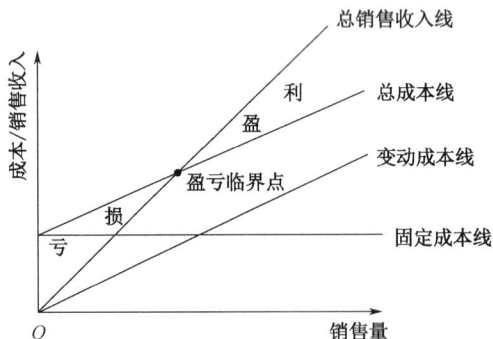

图 3-1　基本式本量利关系

(1)绘制方法

1)在直角坐标系中,横轴表示销售量,纵轴表示成本或销售收入。

2)绘制固定成本线。在纵轴上确定固定成本的数值,并以此为起点,绘制一条平行于横轴的直线,即为固定成本线。

3)绘制总销售收入线。以坐标原点为起点,然后在横轴上任取一个整数销售量,并计算其总销售收入,在坐标上找出与之相对应的纵轴交叉点,连接这两点即可画出总销售收入线。

4)绘制总成本线。在横轴上任取一个整数销售量,并计算其总成本,在坐标上标出该点,然后将纵轴上的固定成本点与该点连接即可画出总成本线。

5)总销售收入线与总成本线的交点即为保本点或盈亏临界点。

(2)基本特点

从图3-1可以看出以下特点。

① 盈亏临界点不变,销售量越大,能实现的利润越多,或亏损越少;销售量越小,能实现的利润也越少,或亏损越多。

② 销售量不变,盈亏临界点越低,能实现的利润就越多,或亏损越少;反之,盈亏临界点越高,能实现的利润就越少,或亏损越多。

③ 在销售总成本既定的条件下,盈亏临界点受单价变动的影响而变动。产品单价越高,

表现为总销售收入线的斜率越大，盈亏临界点就越低；反之，盈亏临界点就越高。

④ 在销售收入既定的条件下，盈亏临界点的高低取决于固定成本和单位变动成本的多少。固定成本越多，或单位变动成本越多，盈亏临界点就越高；反之，盈亏临界点就越低。其中，单位变动成本的变动对于盈亏临界点的影响，是通过变动成本线的斜率的变动而表现出来的。

2. 贡献毛益式（见图 3-2)

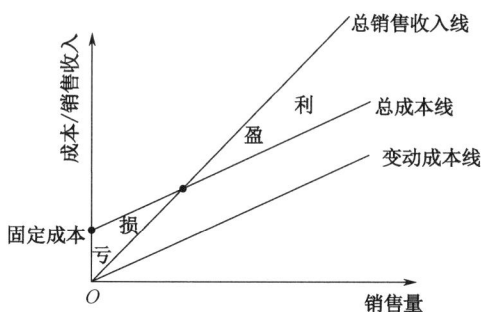

图 3-2　贡献毛益式本量利关系

（1）绘制方法

先确定总销售收入线和变动成本线，然后以（0,固定成本）为起点，再画一条与变动成本线平行的直线，即为总成本线，它与总销售收入线的交点为盈亏临界点。

（2）贡献毛益式与基本式的主要区别

前者将固定成本置于变动成本之上，以便形象地反映贡献毛益的形成过程和构成，即产品的销售收入减去变动成本以后的差额就是贡献毛益，贡献毛益再减去固定成本便是利润。而后者则将固定成本线置于总成本线之下，以便表明固定成本在相关范围内稳定不变的特征。

3. 量利式

量利式本量利关系图纵坐标不表示销售收入及成本等指标，只表示利润指标，整个图形仅反映销售数量与利润之间的依存关系。

（1）单一产品情况下的量利式本量利关系图（见图 3-3）

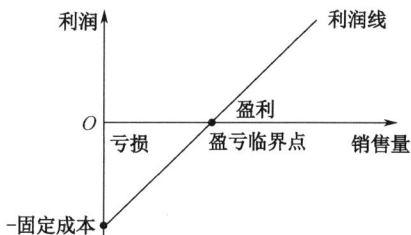

图 3-3　单一产品情况下的量利式本量利关系

① 绘制方法。

1）在直角坐标系中，横轴表示销售量（也可表示销售额），纵轴表示利润和亏损。

2）在纵轴标上点（0,−固定成本），该点即销售量为 0 时的亏损额。

3）在横轴上任取一个整数销售量，然后计算在该销售量水平下的损益数，并依此在坐标图中再确定一点，连接该点与点（0，－固定成本），便可画出利润线。

4）利润线与横轴的交点即为盈亏临界点。

② 基本特点。

● 当销售量为 0 时，企业的亏损额等于固定成本。

● 当产品的单价及成本水平不变时，销售量越大，利润就越多，或亏损越少；反之，销售量越小，利润也越少，或亏损越多。

（2）联合单位的量利式本量利关系图（见图 3-4）

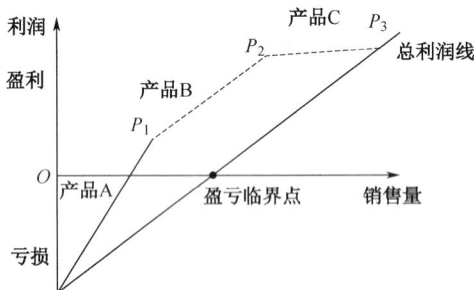

图 3-4　联合单位的量利式本量利关系

这种本量利关系图适用于生产多品种的企业。

绘制方法：其基本的绘图方法与单一产品情况下量利式本量利关系图大体上一致，所不同的是需将各种产品的贡献毛益额，按预定次序逐步累计，逐步计算固定成本的补偿和利润的形成，并在图中按各种产品不同的贡献毛益率依次绘出不同的线段。

可以先假设企业只销售产品 A，根据其销售收入和贡献毛益可确定利润点 P_1，连接纵轴上的固定成本点与 P_1 点即可画出产品 A 的利润线。假设企业又销售产品 B，根据 A,B 的累计销售收入和累计贡献毛益，同理可再确定利润点 P_2，连接 P_1,P_2 两点可画出产品 B 的利润线。以此类推，最后确定产品 C 的利润线。最后，以纵轴上的固定成本点为起点，以 P_3（累计贡献毛益额与累计销售收入的坐标点）为终点，画出一条直线即企业的总利润线。它与横轴的交点即为盈亏临界点。

值得注意的是，总利润线是唯一的，与绘图时各产品的先后顺序无关；其斜率反映企业加权的贡献毛益率，图中各段 OP_1,P_1P_2,P_2P_3 则分别反映 A,B,C 产品不同的贡献毛益率，其斜率各不相同，表明各种产品的盈利能力有所不同。

任务 3.4　保利点分析

【任务布置】

请根据学习导入中的会宾酒店案例，结合实际对会宾酒店进行保利点分析。

教学组织

运用案例教学法，教师围绕会宾酒店案例，在引导学生列出不同形式的本量利分析方程式的基础上，引导学生进行保利点业务量的确定和分析各因素变化对保利点的影响。

保利点是指在单价和成本水平既定的情况下，为确保事先确定的目标利润能够实现而应当达到的销售量。

3.4.1 单一品种的保利点分析

单一品种的保利点表现形式有两种：一是保利点销售量（简称保利量），二是保利点销售额（简称保利额）。其保利点的计算公式如下。

保利量＝(固定成本＋目标利润)÷(单价－单位变动成本)

＝(固定成本＋目标利润)÷单位贡献毛益

＝保本量＋目标利润÷单位贡献毛益

保利额＝单价×保利量

＝(固定成本＋目标利润)÷(1－变动成本率)

＝(固定成本＋目标利润)÷贡献毛益率

例题 3-19 某企业生产一种产品，单价 20 元，单位变动成本 12 元，本月计划实现利润 60 000 元，每月固定成本为 20 000 元。计算该产品的保利量和保利额。

保利量＝(20 000＋60 000)÷(20－12)＝10 000(件)

保利额＝(60 000＋20 000)÷[(20－12)÷20]＝200 000(元)

3.4.2 多品种的保利点分析

多品种的保利点分析，也可以使用联合单位法和加权平均贡献毛益率法。

例题 3-20 某企业销售甲、乙、丙 3 种产品，全年预计固定成本总额为 160 000 元，预计销售量分别为 8 000 件、5 000 台、10 000 件，预计销售单价分别为 25 元、80 元、40 元，单位变动成本分别为 15 元、50 元、28 元。计算该企业预计实现 260 000 元利润时各产品的销售量。

确定产品销量比为：甲∶乙∶丙＝1∶0.625∶1.25

联合单价＝1×25＋0.625×80＋1.25×40＝125(元/联合单位)

联合单位变动成本＝1×15＋0.625×50＋1.25×28＝81.25(元/联合单位)

联合保利量＝(160 000＋260 000)÷(125－81.25)＝9 600(联合单位)

计算各种产品的保利点为：

甲产品保利量＝9 600×1＝9 600(件)   甲产品保利额＝9 600×25＝240 000(元)

乙产品保利量＝9 600×0.625＝6 000(台) 乙产品保利额＝6 000×80＝480 000(元)

丙产品保利量＝9 600×1.25＝12 000(件) 丙产品保利额＝12 000×40＝480 000(元)

例题 3-21 某企业销售 A、B、C 三种产品，其固定成本为 11 000 元，其他资料如表 3-3 所示。

表 3-3 产品资料

产品名称	单价/元	销量	单位变动成本/元	销售结构（比重）
A	20	2 000 件	10	20%
B	40	1 500 台	30	30%
C	50	2 000 件	40	50%

计算该企业要实现 55 000 元的营业利润时，其 3 种产品的销售额和销售量。

A 产品贡献毛益率＝(20－10)÷20×100%＝50%

B 产品贡献毛益率＝(40－30)÷40×100%＝25%

C 产品贡献毛益率＝(50－40)÷50×100%＝20%

该企业加权平均贡献毛益率＝50%×20%＋25%×30%＋20%×50%＝27.5%

保利点总销售额＝(11 000＋55 000)÷27.5%＝240 000(元)

A 产品保利额＝240 000×20%＝48 000(元)　　A 产品保利量＝48 000÷20＝2 400(件)

B 产品保利额＝240 000×30%＝72 000(元)　　B 产品保利量＝72 000÷40＝1 800(台)

C 产品保利额＝240 000×50%＝120 000(元)　C 产品保利量＝120 000÷50＝2 400(件)

3.4.3　有关因素变动对保利点的影响

在进行本量利分析时，都是假定各种因素在计划期内是不变的，但是在实际生产经营过程中，企业的销售量、销售单价、单位变动成本、固定成本和品种结构中的一个因素或几个因素都有可能发生变动，所以影响保利点的这些因素同样也会影响目标利润的实现。

1. 单价的变动对保利点的影响

在其他条件不变的情况下，单价越高，保利点越低；单价越低，保利点越高。

例题 3-22　某企业生产一种产品，单价 20 元，单位变动成本 12 元，每月固定成本为 20 000 元。

要实现 60 000 元利润的销售量和销售额计算如下。

保利量＝(60 000＋20 000)÷(20－12)＝10 000(件)

保利额＝(60 000＋20 000)÷[(20－12)÷20]＝200 000(元)

若其他条件不变，单价由原来的 20 元提高到 22 元，则：

保利量＝(60 000＋20 000)÷(22－12)＝8 000(件)

保利额＝(60 000＋20 000)÷[(22－12)÷22]＝176 000(元)

由此可见，单价由原来的 20 元提高到 22 元，则保利量从 10 000 件降低到 8 000 件，保利额由原来的 200 000 元降低到 176 000 元，从而能提升实现利润的空间。

2. 单位变动成本的变动对保利点的影响

在其他条件不变的情况下，单位变动成本越高，保利点越高；单位变动成本越低，保利点越低。

例题 3-23　某企业生产一种产品，单价 20 元，单位变动成本 12 元，每月固定成本为 20 000 元。

要实现 60 000 元利润的销售量和销售额计算如下。

保利量＝(60 000＋20 000)÷(20－12)＝10 000(件)

保利额＝(60 000＋20 000)÷[(20－12)÷20]＝200 000(元)

若其他条件不变，单位变动成本由原来的 12 元降低到 10 元，则：

保利量＝(60 000＋20 000)÷(20－10)＝8 000(件)

保利额＝(60 000＋20 000)÷[(20－10)÷20]＝160 000(元)

由此可见，单位变动成本由原来的 12 元降低到 10 元，则保利量从 10 000 件降低到 8 000 件，保利额由原来的 200 000 元降低到 160 000 元，从而能提升实现利润的空间。

3. 固定成本的变动对保利点的影响

在其他条件不变的情况下，固定成本越高，保利点越高；固定成本越低，保利点越低。

例题 3-24　某企业生产一种产品，单价 20 元，单位变动成本 12 元，每月固定成本为 20 000 元。

要实现 60 000 元利润的销售量和销售额计算如下。

保利量＝(60 000＋20 000)÷(20－12)＝10 000(件)

保利额＝(60 000＋20 000)÷[(20－12)÷20]＝200 000(元)

若其他条件不变，固定成本由原来的 20 000 元降低到 12 000 元，则：

保利量＝(60 000＋12 000)÷(20－12)＝9 000(件)

保利额＝(60 000＋12 000)÷[(20－12)÷20]＝180 000(元)

由此可见，固定成本由原来的 20 000 元降低到 12 000 元，则保利量从 10 000 件降低到 9 000 件，保利额由原来的 200 000 元降低到 180 000 元，从而能提升实现利润的空间。

以上因素变动均为积极性变动，都会导致保利点降低；反之，消极性变动则会导致保利点升高。

项目小结

本量利分析的基础是本量利基本方程式和贡献毛益方程式及各种变形形式。

单一品种下的本量利分析主要是保本点和保利点分析。保本点是指能使企业达到保本状态时的业务量的总称。单一品种的保本点有两种表现形式：保本量和保本额。保利点是指在单价和成本水平确定的情况下，为确保预先确定的目标利润能够实现而达到的销售量和销售额的总称。单一品种的保利点包括实现目标利润销售量和实现目标利润销售额。

多品种下的本量利分析主要也是保本点和保利点分析。多品种条件下本量利分析主要运用联合单位法和加权平均贡献毛益率法。联合单位法是指企业各种产品之间存在相对稳定的产销量比例关系，这一比例关系的产品组合可以视为一个联合单位，然后确定每一联合单位的售价和单位变动成本，以进行多品种的本量利分析。加权平均贡献毛益率法是指在掌握每种产品本身的贡献毛益率的基础上，按各种产品销售额的比重进行加权平均，据以计算加权平均贡献毛益率，即综合贡献毛益率，进而计算多品种保本点和保利点的一种方法。

职 业 能 力 训 练

一、判断题

1. 其他因素不变的前提下，固定成本的降低额即是目标利润的增加额。（　）
2. 改善品种结构，提高贡献毛益率大的产品销售比重，有利于降低综合保本点。（　）
3. 安全边际中的贡献毛益等于企业利润。（　）
4. 产品单位贡献毛益大，企业获取的利润就多。（　）
5. 安全边际率＝(预计销售量－保本量)÷保本额。（　）
6. 若单位产品单价与单位变动成本同方向同比例变动，则盈亏平衡点不变。（　）
7. 业务量不变，盈亏平衡点越低，则能实现的利润越高。（　）
8. 采用联合单位法计算多品种保本额的关键是要确定加权平均贡献毛益率。（　）
9. 安全边际部分的销售额即是企业的利润。（　）
10. 盈亏临界点的贡献毛益恰好与总成本相等，超过盈亏临界点的贡献毛益可以形成企业的利润。（　）
11. 安全边际额乘以单位贡献毛益等于企业的利润。（　）
12. 安全边际率乘以贡献毛益率等于销售利润率。（　）
13. 安全边际率加保本作业率等于1。（　）
14. 变动成本率加贡献毛益率等于1。（　）
15. 在其他条件不变的情况下，单位变动成本越高，保利量越低；单位变动成本越低，保利量越高。（　）

二、单项选择题

1. 生产单一品种产品的企业，保本额＝（　　）。
　　A．保本量×单位利润
　　B．固定成本总额÷贡献毛益率
　　C．固定成本总额÷（单价－单位变动成本）
　　D．固定成本总额÷贡献毛益

2. 生产多品种产品企业的综合保本销售额＝固定成本总额÷（　　）。
　　A．单位贡献毛益

B．贡献毛益率

C．单价－单位变动成本

D．加权平均贡献毛益率

3．从盈亏临界图可知，对单一产品分析，（　　）。

A．单位变动成本越大，总成本线斜率越大，保本点越高

B．单位变动成本越大，总成本线斜率越小，保本点越高

C．单位变动成本越小，总成本线斜率越小，保本点越高

D．单位变动成本越小，总成本线斜率越大，保本点越低

4．利润＝（实际销售量－保本销售量）×（　　）。

A．贡献毛益率　　　B．单位利润　　　C．单价　　　D．单位贡献毛益

5．某企业只生产一种产品，单价 10 元，单位变动生产成本 6 元，单位销售和管理变动成本 0.5 元，销量为 5 000 件，则其产品贡献毛益为（　　）元。

A．20 000　　　B．17 500　　　C．50 000　　　D．30 000

6．下列因素中导致保本量上升的是（　　）。

A．销售量上升　　　　　　　　　B．产品单价下降

C．固定成本下降　　　　　　　　D．产品单位变动成本下降

7．已知产品销售单价为 24 元，保本量为 150 件，全部销售额可达 4 800 元，则安全边际率为（　　）。

A．33.33%　　　B．25%　　　C．50%　　　D．20%

8．在变动成本法下，其利润表所提供的中间指标是（　　）。

A．贡献毛益　　　B．营业利润　　　C．营业毛利　　　D．期间成本

9．在下列指标中，可据以判断企业经营安全程度的指标是（　　）。

A．保本量　　　B．贡献毛益率　　　C．保本作业率　　　D．保本额

10．销售收入为 20 万元，贡献毛益率为 60%，其变动成本总额为（　　）万元。

A．12　　　B．8　　　C．4　　　D．16

11．如果产品的单价与单位变动成本上升的百分率相同，其他因素不变，则保本量（　　）。

A．上升　　　B．下降　　　C．不变　　　D．不确定

12．保本作业率与安全边际率之间的关系是（　　）。

A．两者相等　　　　　　　　　B．前者一般大于后者

C．后者一般大于前者　　　　　　D．两者之和等于 1

13．某企业只生产一种产品，月计划销售 600 件，单位变动成本 6 元，月固定成本 1 000 元，要实现利润 1 640 元，则单价应为（　　）元。

A．16.40　　　B．14.60　　　C．10.60　　　D．10.40

14．单价单独变动时，会使安全边际（　　）。

A．不变　　　B．不一定变动　　　C．同方向变动　　　D．反方向变动

15．某企业每月固定成本 1 000 元，单价 10 元，计划销售量 600 件，要实现目标利润 800 元，其单位变动成本为（　　）元。

A．10　　　B．9　　　C．8　　　D．7

三、多项选择题

1. 下列两个指标之和为 1 的有（　　　　　）。
   A. 安全边际率与贡献毛益率　　　　B. 安全边际率与保本作业率
   C. 保本作业率与变动成本率　　　　D. 变动成本率与贡献毛益率

2. 本量利分析的基本内容有（　　　　）。
   A. 保本点分析　　　　　　　　　　B. 安全性分析
   C. 保利点分析　　　　　　　　　　D. 成本分析

3. 安全边际率＝（　　　　）。
   A. 安全边际量÷实际销售量　　　　B. 保本量÷实际销售量
   C. 安全边际额÷实际销售额　　　　D. 保本额÷实际销售额

4. 从盈亏临界图可知（　　　　）。
   A. 保本点右边，成本大于收入，是亏损区
   B. 销售量一定的情况下，保本点越高，盈利区越大
   C. 实际销售量超过保本量部分即是安全边际
   D. 安全边际越大，盈利面积越大

5. 贡献毛益率的计算公式可表示为（　　　　）。
   A. 1－变动成本率　　　　　　　　B. 贡献毛益÷销售收入
   C. 单位贡献毛益÷单价　　　　　　D. 固定成本÷保本额

6. 下列各项中，能够同时影响保本点、保利点及保净利点的因素为（　　　　）。
   A. 单位贡献毛益　　　　　　　　　B. 贡献毛益率
   C. 固定成本总额　　　　　　　　　D. 所得税税率

7. 使保本额下降的业务有（　　　　）。
   A. 增加固定成本　　　　　　　　　B. 提高安全边际
   C. 降低单位变动成本　　　　　　　D. 提高贡献毛益率

8. 已知 2016 年企业共计生产销售甲、乙两种产品，销售量分别为 10 万件和 15 万件，单价分别为 20 元和 30 元，单位变动成本分别为 12 元和 15 元，固定成本总额为 100 万元，则下列说法正确的有（　　　　）。
   A. 加权贡献毛益率为 30.77%　　　B. 加权贡献毛益率为 46.92%
   C. 保本额为 213.13 万元　　　　　D. 甲产品保本量为 3.28 万件

9. 以下关于利润的表达式正确的有（　　　　）。
   A. 单价×销量－单位变动成本×销量－固定成本
   B. 销售收入×(1－保本作业率)×贡献毛益率
   C. 安全边际率×贡献毛益
   D. 安全边际率×(销售收入－变动成本)

10. 某企业只生产一种产品，单价 20 元，单位变动成本 12 元，固定成本为 2 400 元，满负荷运转下的正常销售量为 400 件。以下说法中，正确的有（　　　　）。
   A. 在本量利基本关系图中，横轴表示销售量，该企业的变动成本线斜率为 12
   B. 在保本状态下，该企业生产经营能力的利用程度为 75%

C．安全边际中的贡献毛益等于 800 元

D．该企业的生产经营较安全

11．下列等式正确的有（   ）。

A．贡献毛益＝固定成本＋利润

B．贡献毛益率＋变动成本率＝1

C．加权平均贡献毛益率＝∑(各产品贡献毛益率×各产品占总销售的比重)

D．加权平均贡献毛益率＝∑各产品贡献毛益÷∑各产品销售收入×100%

12．下列因素单独变动时，对保利点产生影响的有（   ）。

A．单价   B．目标利润   C．成本水平   D．销售量

13．假定其他因素不变时，与安全边际同方向变动的有（   ）。

A．单价   B．单位变动成本   C．销售量   D．固定成本

14．假定其他因素不变时，与保本量同方向变动的有（   ）。

A．单价   B．单位变动成本   C．销售量   D．固定成本

15．甲企业 2016 年销售收入 2 000 万元，产品变动成本 1 400 万元，销售和管理变动成本 100 万元，固定成本 400 万元，则（   ）。

A．制造贡献毛益为 600 万元   B．产品贡献毛益为 500 万元

C．变动成本率为 75%   D．销售利润为 100 万元

四、实务题

1．已知某企业产销 A、B、C、D 四种产品的有关资料如下表所示。

产品名称	销售量	销售收入总额/元	变动成本总额/元	单位贡献毛益/元	固定成本总额/元	利润（或亏损）/元
A	（1）	40 000	（2）	8	7 000	9 000
B	3 000	60 000	（3）	（4）	10 000	−1 000
C	1 000	60 000	20 000	（5）	9 000	（6）
D	5 000	（7）	25 000	4	（8）	6 000

要求：计算填列表中用数字（1）、（2）、（3）、（4）、（5）、（6）、（7）、（8）表示的项目。

2．已知某企业只产销一种产品，2016 年销售量为 8 000 件，单价为 240 元，单位成本为 180 元，其中单位变动成本为 150 元，该企业计划 2017 年利润比 2016 年增加 10%。

要求：运用本量利分析原理进行规划，从哪些方面采取措施，才能实现目标利润（假定采取某项措施时，其他条件不变）。

3．已知某公司生产甲、乙、丙 3 种产品，其固定成本总额为 19 800 元，3 种产品的有关资料如下表所示。

品种	单价/元	销售量/件	单位变动成本/（元/件）
甲	2 000	60	1 600
乙	500	30	300
丙	1 000	65	700

要求：

（1）采用加权平均贡献毛益率法计算该厂的综合保本额及各产品的保本量。

（2）计算该公司营业利润。

4．已知某公司 2016 年销售收入为 180 000 元，销售成本为 160 000 元，其中固定成本为 88 000 元，若 2017 年计划增加广告费 3 200 元，产品单价仍为 40 元/件。

要求：

（1）预测 2017 年该公司的保本点。

（2）若 2017 年计划实现目标利润 52 800 元，则目标销售额应为多少。

5．某公司生产销售 A、B、C 三种产品，销售单价分别为 20 元、30 元、40 元；预计销售量分别为 30 000 件、20 000 件、10 000 件；预计各产品的单位变动成本分别为 12 元、24 元、28 元；预计固定成本总额为 180 000 元。

要求：按加权平均贡献毛益率法进行多种产品的保本点分析。

（1）加权平均贡献毛益率。

（2）综合保本额。

（3）各产品保本点。

项目 4

预测分析

职业能力目标

- 掌握销售预测、成本预测、利润预测及资金需要量预测等的方法。
- 能够结合实际融会贯通地应用预测分析的相关内容。
- 能够运用各类指标方法进行预测分析。

学习导入

某企业生产一种产品，2017 年各个月份的销量资料如下表所示。

月　份	1	2	3	4	5	6	7	8	9	10	11	12
销量/吨	10	12	13	11	14	16	17	15	12	16	18	19

假如你是财务经理，请根据以上资料，预测该产品 2018 年度 1 月份的销量。

问题导入

销售预测、成本预测、利润预测及资金需要量预测的方法有哪些？

任务 *4.1* 预测分析概述

了解有关预测分析的概念，理解并掌握预测分析的方法，了解预测分析的一般步骤，能运用各类指标进行预测分析，并能够结合实际融会贯通地应用预测分析的相关内容。

充分调动每一位学生学习的积极性，在教学过程中，采用案例分析、项目决策分析法等教学方法，提升学生的计算分析能力和解决问题的能力。

4.1.1 预测分析的意义

预测是根据研究对象发展变化的实际数据和历史资料，运用现代的科学理论和方法，以及各种经验、判断和知识，对事物在未来一定时期内可能变化的情况进行推测、估计和分析。预测分析的实质就是充分分析、理解事物发展变化的规律，根据事物的过去和现在估计未来，根据已知预测未知，从而减少对未来事物认识的不确定性，以指导我们的决策行动，减少决策的盲目性。

4.1.2 预测分析的方法

现代社会的发展使得企业的经营环境日益复杂，加之市场竞争的加剧以及市场环境的变化增加未来的不确定性，这使我们在企业的组织管理中凭经验直接做出决策并获得成功的可能性大大减小。为了在错综复杂、急剧变化的环境中减少决策失误、提高管理效率，我们应掌握预测分析的理论和方法。

由于预测对象、时间、范围、性质等不同，可以有不同的预测分析方法分类。根据方法本身的性质特点，可以将企业经营管理中的常用预测分析方法分为两类。

1. 定性预测法

定性预测法又称非数量分析法，这种方法主要根据预测人员丰富的实践经验、主观判断和分析推理，对经营预测对象的未来情况及发展趋势做出预测。这种分析方法凭借的是预测人员的经验、判断和直觉。

2. 定量预测法

定量预测法又称数量分析法，是指根据经营预测对象过去和现在比较完整的信息资料，应用数学方法和各种计算工具对企业经营信息进行科学的加工处理，建立预测分析数学模型，揭示各有关变量之间的规律性联系，并做出预测结论的一种分析方法。按照对资料数据的处理方式，定量预测法可分为以下两种类型。

（1）时间序列分析法

时间序列分析法又称趋势预测分析法，是根据经营预测对象随时间变化的历史资料，如统计数据、实验数据和变化趋势等，运用一定的数学方法进行加工、计算，据以预测其未来发展趋势的一种方法。常用的方法有算术平均法、移动平均法、趋势平均法和指数平滑法等。

（2）因果预测分析法

因果预测分析法是根据预测对象与其他相关指标之间存在的某种因果关系，找出影响某种结果的一个或几个因素，建立起它们之间的数学模型，然后根据预测对象的变化预测结果变量的变化的分析方法。具体方法有本量利分析法、投入产出法和回归分析法等。

4.1.3 预测分析的一般程序

预测分析是一种科学预测，是根据过去和现在的资料及信息，运用已有的知识、经验和科学的方法，对事物的未来发展趋势做出估计和推测的认识和分析过程。因此，预测分析应建立在科学的理论基础之上，采用合理的分析、测算，以及评价方法和手段。尽管不同的预测对象、不同的预测方法可能导致不同的预测实施过程，但总体看来，定量预测分析大致可分为以下几个程序。

1. 明确预测目标

在预测工作过程中，首先要在整个决策问题研究的总目标指导下，确定预测对象及具体的要求，包括预测指标、预测期限、可能选用的预测方法，以及需要的基本资料和数据。这是预测分析过程中一项极为重要的准备工作，它实际上保证预测工作有正确的科学理论和方法指导，有的放矢。

2. 搜集、整理资料和数据

根据可能选用的预测方法和预测指标，一方面把有关历史资料、统计数据、试验数据等尽可能搜集齐全，在此基础上进一步分析、整理，形成合格的数据样本；另一方面进行调查、访问以取得最新的数据资料，这一点对定量分析尤其重要。

3. 建立预测模型

根据科学理论指导及所选择的预测方法，用各种有关变量来真实表达预测对象的关系，从而建立起预测所需的数学模型。

4. 模型参数估计

按照各自模型的性质和可能的样本数据，采取科学的统计方法，对模型中的参数进行估计，最终识别和确认所选用的模型形式和结构。

5. 模型检验

检验包括对模型的合理性及有效性验证。模型检验具体有两个方面：一是对有关假设的检验；二是对模型精度，即预测误差的检验。经过检验一旦发现模型不合理，就必须对模型加以修正。

6. 预测实施与结果分析

运用检验的预测模型，使用有关数据，就可以进行预测，并对预测结果进一步进行有关理论、经验方面的分析。必要时还可以对不同方法模型的预测结果加以分析对比，以做出更加可信的判断，为管理决策提供科学依据。

从预测实际工作来看，仅靠上述步骤的实施不可能完全达到目标，有时需要若干次的反复测算和验证，才能完成一个完整的预测分析任务。

任务 4.2 销售预测

任务布置

了解有关销售预测的概念，理解并掌握定性销售预测和定量销售预测的方法，了解预测分析的一般步骤，能运用各类指标进行预测分析，并能够结合实际融会贯通地应用预测分析的相关内容。

教学组织

充分调动每一位学生学习的积极性，在教学过程中，采用案例分析、项目决策分析法等教学方法，提升学生的计算分析能力和解决问题的能力。

在社会主义市场经济条件下，企业被推向市场，企业的生存不再取决于上级主管部门的意志，而是取决于市场对企业的接纳程度，取决于企业能否生产出适销对路、质量合格、满足市场需求的产品，市场决定着企业的生存和发展。

对企业产品销售的预测，可以说是对企业生存和发展的预测；在"以销定产"的方式下，销售预测对其他预测起着决定性作用。销售预测是制定企业经营决策最重要的依据，也是其他预测的前提，只有在做好销售预测的前提下，才能相互衔接地开展好其他各项经营预测。

销售预测的基本方法可分为定性分析和定量分析两大类，这两大类方法同样适用于其他经营预测。下面结合销售预测分别介绍定性分析和定量分析方法的具体运用。

4.2.1 定性销售预测

定性分析法主要依靠预测人员丰富的实践经验和知识，以及主观的分析判断能力。由于经济生活的复杂性，并非所有影响因素都可以通过定量进行分析，某些因素如消费倾向、市场前景、宏观环境的变化等只有定性的特征；再者，定量分析也存在其自身的局限性，任何数学方法都不能概括所有复杂的经济变化情况。如果不结合预测期间的经济、市场及政策方面的变化情况，必然会导致预测结果脱离客观实际。所以，我们必须根据具体情况，把定量分析与定性分析方法结合起来使用，这样才能收到良好的效果。

定性销售预测方法又分为调查分析法和判断分析法两大类。

1. 调查分析法

（1）调查分析法的含义

调查分析法是指通过对有代表性顾客的消费意向的调查，了解市场需求的变化趋势，进行销售预测的一种方法。公司的销售取决于顾客的购买，顾客的消费意向是销售预测中最有价值的信息。如果通过调查，可以了解到顾客明年的购买量，顾客的财务状况和经营成果，顾客的爱好、习惯和购买力的变化，顾客购买本公司产品占其总需要量的比重和选择供应商的标准，对销售预测将更有帮助。

（2）调查分析法的实施

市场调查主要从以下几个方面进行。

① 对消费者基本情况的调查。

② 对产品自身处于寿命周期哪一阶段的调查。

③ 对市场上同类产品竞争情况的调查。

④ 对国际市场的调查。

⑤ 对国内外经济发展趋势的调查。

对上述资料进行加工整理，就可做出销售量预测的判断。凡是顾客数量有限、调查费用不高、顾客意向明确又不会轻易改变的，均可以采用调查分析法进行预测。

提醒

在调查时应当注意：首先，选择的调查对象要具有普遍性和代表性，调查对象应反映市场中不同阶层或行业的需要及购买需要；其次，调查的方法一定要简便易行，使被调查对象乐于接受调查；此外，对调查所取得的数据与资料要进行科学的分析，特别要注意去伪存真、去粗取精。只有这样，所获得的资料才具有真实性、代表性，才能作为预测的依据。

2. 判断分析法

判断分析法就是由本企业有丰富经验的销售管理人员或外界经济专家对计划期间的销售情况进行综合研究，并做出推测和判断的方法。销售管理人员由于接近和了解市场，熟悉自己所负责区域的情况，因此，用这种方法得出的预测数据比较接近实际。另外，采用这种方法，便于确定分配给各销售人员的销售任务，发挥其积极性，激励他们努力完成各自的销售任务。但是，由于受各种因素的影响，销售人员的预测也会出现偏差，对销售人员的预测往往需要进行修正。

具有代表性的判断分析法有以下两种。

（1）德尔菲法

德尔菲法起源于 20 世纪 40 年代末美国著名的兰德公司，后为西方国家广泛采用。德尔菲法有匿名、反馈和统计 3 个特点。要有效运用德尔菲法，关键是选择好专家和设计好调查表。在拟定调查表时要注意所提的问题应引起专家们的研究兴趣，提问措辞要简洁、明确，切忌模棱两可、含糊其词，每一次调查设问不宜过多。

运用德尔菲法具体可分为 3 个步骤：1）制作预测问题调查表，寄给各位专家，分别征求他们的意见；2）把各位专家的判断，以匿名方式汇集于一张纸上，再次寄给各位专家，请各位专家分别在别人意见的基础上修正自己的第一次判断，如此反复 3～5 次；3）采用加权平均法或中位数法，综合归纳各位专家的意见，做出最终的判断。

（2）领导判断法

这是一种最常用的传统方法，即由经理或总工程师、总会计师、总经济师召集有关科室的负责人开会讨论分析，听取各方面的预测意见，然后将各种意见汇总起来得出预测结果。这种预测方法迅速、简便、经济，可以发挥集体的智慧，但主要还是取决于企业领导的经验和判断能力。缺点是有时难免出现片面不准的预测。

例题 4-1 中盛公司有 3 名销售员、一名经理。每个预测者预计其销售量和概率如表 4-1 所示，先用概率计算出每个预测者的期望值，然后用加权平均法加以综合。

表 4-1　预测者预计销售量和概率

	销售量/件	概　率	销售量×概率
甲销售员预测：			
最高	500	0.2	100
最可能	450	0.5	225
最低	400	0.3	120
期望值			445
乙销售员预测：			
最高	550	0.2	110
最可能	500	0.6	300
最低	450	0.2	90
期望值			500
丙销售员预测：			
最高	550	0.2	110
最可能	450	0.5	225
最低	350	0.3	105
期望值			440
经理预测：			
最高	600	0.3	180
最可能	500	0.5	250
最低	300	0.2	60
期望值			490

假设经理的预测更为准确、重要，将其预测的比重确定为 2，而将销售员的预测比重均确定为 1，那么，综合预测结果为：

$$综合预测销售量 = \frac{445 \times 1 + 500 \times 1 + 440 \times 1 + 490 \times 2}{1+1+1+2} = 473 (件)$$

4.2.2　定量销售预测

定量销售预测方法也称数量分析法。它主要是应用数学的方法，对与销售有关的各种经济信息进行科学的加工处理，并建立相应的数学模型，充分揭示各相关变量之间的规律性联系并作出相应的预测结论。其具体方法又可以分为以下几种。

1. 趋势预测分析法

趋势预测分析法是指根据企业历史的、按发生时间的先后顺序排列的一系列销售数据，应用一定的数学方法进行加工处理，按时间数列找出销售随时间而发展变化的趋势，由此推断其未来发展趋势的分析方法。这种方法是假设事物的发展将遵循"延续性原则"，事物的发展是可以预测的。常用的趋势预测分析法有算术平均法、移动加权平均法、趋势平均法和指数平滑法等。

（1）算术平均法

算术平均法，就是把某产品过去若干时期的销售量或销售额作为观察值，求出其简单平均数，并将平均数作为计划期的销售预测值。如果产品的销售额或销售量在选定的历史时期中呈现某种上升或下降的趋势，就不能简单地采用这种方法。

这种方法的假设前提是过去怎样，将来也会怎样发展，即将来的发展是过去的延续。当各历史期的销售值呈现增减趋势时，采用算术平均法进行预测就不妥当了。因为，算术平均法把每个观察值看成同等重要，不能体现这种增减趋势。

算术平均法的模型如下。

$$\overline{X} = \frac{\sum X_i}{n}$$

式中，$\overline{X}$——计划期销售预测值；X_i——第 i 期实际销售值；n——期数。

例题 4-2 根据某企业 1—6 月份销售额的资料（见表 4-2），预测 7 月份的销售额。

表 4-2 销售资料　　　　　　　　　　　　　　　　　　　　万元

月　份	1	2	3	4	5	6
销售额	55	53	54	56	58	57

根据上述资料预测 7 月份销售额如下。

7 月份销售额预测值 $= \dfrac{55 + 53 + 54 + 56 + 58 + 57}{6} = 55.5$（万元）

简单算术平均法是将过去资料的差异平均化，可能会造成较大的误差。一般来说，未来销售情况的预测受最近销售情况的影响最大，时期越远，影响就越小。简单算术平均法不管是近期资料还是远期资料，采用一律平等的态度显然不合理。

（2）移动加权平均法

采用移动加权平均法，是将若干历史时期的销售量或销售额作为观察值，将各个观察值与各自的权数相乘之积加总，然后除以权数之和，求出其加权平均数，并将加权平均数作为销售值的预测值。

按照各个观察值与预测值不同的相关程度分别规定适当的权数，是运用移动加权平均法进行销售预测的关键。当各历史期的销售值呈现增减趋势时，为了体现这种增减趋势，有必要将近期的观察值的权数规定为大一些，远期的观察值的权数规定为小一些，使预测值更为接近近期的观察值。其计算模型如下。

$$\overline{X} = \frac{\sum X_i W_i}{\sum W_i}$$

式中，W_i——权数；X_i——第 i 期实际销售值。

提醒

　　加权原则为近期权数大些，远期权数小些。例如，取 3 个观察值，其权数可取 0.2、0.3、0.5；取 5 个观察值，其权数可取 0.03、0.07、0.15、0.25、0.5。

例题 4-3　仍用例题 4-2 的资料，按移动加权平均法预测 7 月份的销售额。

若令 $\sum W_i = 6$（令 W_1 为 1，W_2 为 2，W_3 为 3），按一般计算公式预测 7 月份的销售额如下。

$$7月份销售额预测值 = \frac{56 \times 1 + 58 \times 2 + 57 \times 3}{1 + 2 + 3} = 57.17(万元)$$

也可令 $\sum W_i = 1$（令 $W_1 = 0.2$，$W_2 = 0.3$，$W_3 = 0.5$），则上述模型可改为：

7月份销售额预测值 $\overline{X} = \sum W_i X_i = 56 \times 0.2 + 58 \times 0.3 + 57 \times 0.5 = 57.1(万元)$

　　移动加权平均法根据历史数据的远近确认不同时期对未来的影响程度，但这一方法仍只代表计划期前一期或几期的实际销售水平。为了反映近期的销售发展趋势，应在上述公式中再加上每月变动趋势值 b，才能作为计划期销售预测值，其计算模型如下。

$$\overline{X} = \frac{\sum X_i W_i}{\sum W_i} + b$$

式中，W_i——权数；X_i——第 i 期实际销售值。

$$b = \frac{本季度每月平均实际销售值 - 上季度每月平均实际销售值}{3}$$

例题 4-4　仍用例题 4-2 的资料，按移动加权平均法预测 7 月份的销售额。

$$第一季度每月平均实际销售额 = \frac{55 + 53 + 54}{3} = 54(万元)$$

$$第二季度每月平均实际销售额 = \frac{56 + 58 + 57}{3} = 57(万元)$$

$$b = \frac{57 - 54}{3} = 1(万元)$$

若令 $\sum W_i = 1$，

则 7 月份的销售额预测值为：$\overline{X} = \dfrac{\sum X_i W_i}{\sum W_i} + b = \dfrac{56 \times 0.2 + 58 \times 0.3 + 57 \times 0.5}{0.2 + 0.3 + 0.5} + 1 = 58.1(万元)$

　　这种方法既根据时期的远近分别加权，同时又考虑到了近期的销售发展趋势，从而消除了各个月份销售差异的平均化，故其预测结果比较接近计划期的实际情况。

　　（3）趋势平均法

　　趋势平均法是从过去各期实际销售量中，观察其增减变动的基本趋势并使其平均化，从而排除了某一个别销售期（尤其是最后一期）可能存在偶然因素的影响的一种销售预测法。

趋势平均法的计算公式如下。

$$销售预测值(\overline{X})=以基期为中心的移动平均销售值+变动趋势平均值\times$$
$$基期至预测期的间隔数$$

例题 4-5　某企业 1—12 月份的实际销售额如表 4-3 所示。

表 4-3　实际销售额　　　　　　　　　　　　　　　　　　　　　　万元

月　份	1	2	3	4	5	6	7	8	9	10	11	12
实际销售额	36	32	35	38	34	39	37	41	42	36	43	40

根据上述资料，计算该企业预测期 1 月份的销售额预测值。

分别计算 5 期移动平均销售值、变动趋势值和 3 期变动趋势平均值如下。

$$3 月份 5 期移动平均销售值=\frac{36+32+35+38+34}{5}=35(万元)$$

$$4 月份 5 期移动平均销售值=\frac{32+35+38+34+39}{5}=35.6(万元)$$

其他月份 5 期移动平均销售值以此类推。

4 月份变动趋势值＝35.6－35＝＋0.6(万元)

其他月份移动趋势值的计算以此类推。

$$5 月份 3 期变动趋势平均值=\frac{+0.6+1.0+1.2}{3}\approx+0.93(万元)$$

其他月份 3 期变动趋势平均值的计算以此类推。

根据计算结果，编制销售变动趋势平均值计算表，如表 4-4 所示。

表 4-4　销售预测值　　　　　　　　　　　　　　　　　　　　　　万元

月份（1）	实际销售额（2）	5 期移动平均销售值（3）	变动趋势值（4）	3 期变动趋势平均值（5）
1	36			
2	32			
3	35	35.0		
4	38	35.6	＋0.6	
5	34	36.6	＋1.0	＋0.93
6	39	37.8	＋1.2	＋1.00
7	37	38.6	＋0.8	＋0.80
8	41	39.0	＋0.4	＋0.67
9	42	39.8	＋0.8	＋0.60
10	36	40.6	＋0.6	
11	43			
12	40			
预测期	42.2			

> **！提醒**
>
> 采用趋势平均法时，计算销售额移动平均数和趋势平均数，应取多少的数据进行平均，这要根据时间数列的项数多少和特点而决定，不宜过长或过短。所取期数较多，反映波动较平滑，其预测结果的准确度相对较高；反之，则与上述相反。

这种方法虽在一定程度上考虑到了预计期近期的实际销售量对预计期销售值的影响较大的问题，并尽可能排除偶然因素对销售预测值的影响，但在利用前期的平均数和趋势平均数时，把各期的变化平均了，即把近期的变化和远期的变化"等量齐观"了。实际上近期实际值和远期实际值对预测未来的影响程度是不同的，因而，所计算的预测值仍不可避免会出现误差。

（4）指数平滑法

指数平滑法是指对过去不同时期的实际销售量取不同的权数加以平均，来预测未来期销售量的一种方法。由于加权平均数的曲线呈指数曲线形状，所以称为指数平滑法。在这种方法下，近期和远期的实际销售量对预测未来的影响程度是不同的。指数平滑法是以 α 和 $1-\alpha$ 为权数的一种特殊的加权平均法。

计算公式是：

$$F_t = \alpha X_{t-1} + (1-\alpha) F_{t-1}$$

式中，F_t——预测期销售预测值；F_{t-1}——基期销售预测值；X_{t-1}——基期销售实际值；α——平滑系数（或加权因子），$0 < \alpha < 1$。

指数平滑系数 α 取值越大，则近期实际销售量对预测结果的影响也越大；指数平滑系数 α 取值越小，则近期实际销售量对预测结果的影响也越小。

例题4-6 某企业全年12月份实际产品销售量为35吨，而且该月份的销售预测值为33吨，设平滑系数 $\alpha = 0.4$，按指数平滑法计算该企业未来1月份的销售预测值。

由公式 $F_t = \alpha X_{t-1} + (1-\alpha) F_{t-1}$ 可知：

$$F_t = \alpha X_{t-1} + (1-\alpha) F_{t-1} = 0.4 \times 35 + (1-0.4) \times 33 = 33.8 (吨)$$

这种方法与移动加权平均法没有什么实质性区别。采用这种方法可排除在实际销售中所包含的偶然因素的影响，使预测结果更符合实际。

平滑系数根据经验而定，带有一定的主观性，但可通过平滑系数的调整，满足实际预测的需要。若采用较小的平滑系数，以该法所求的预测值能反映观察值长期的变动趋势；若采用较大的平滑系数，则预测值能反映观察值新近的变动趋势。

2. 因果预测分析法

因果预测分析法是根据事物之间的因果关系来预测事物的发展和变化，通过对需求预测目标有直接或间接影响因素的分析找出其变化的规律，并根据这种变化规律来确定预测值。例如，苹果手机的销量与其广告预算、价格、竞争对手的价格等影响因素有关。这里，手机的销量是因变量，其他变量则称为自变量。由于反映需求及其影响因素之间因果关系的数学模型不同，因果预测模型又分为回归模型、经济计量模型、投入产出模型等。在此重点介绍一元线性回归分析预测法。

一元线性回归分析预测法是分析一个因变量与一个自变量之间的线性关系的预测方法。一元线性回归分析预测法，是根据自变量 x 和因变量 y 的相关关系，建立 x 与 y 的线性回归方程进行预测的方法。由于市场现象一般是受多种因素的影响，而并不是仅仅受一个因素的影响，所以应用一元线性回归分析预测法，必须对影响市场现象的多种因素作全面分析。只有当诸多的影响因素中，确实存在一个对因变量影响作用明显高于其他因素的变量，才能将它作为自变量，应用一元线性回归分析预测法进行预测。

一元线性回归分析预测法的预测模型为：

$$y = a + bx$$

整理得：

$$a = \frac{\sum y - b\sum x}{n}; b = \frac{n\sum xy - \sum x\sum y}{n\sum x^2 - (\sum x)^2}$$

根据未来自变量 x 的数值，将其代入 $y = a + bx$，计算预测对象 y 的销售预测值。

例题 4-7 某公司主要生产汽车轮胎，决定汽车轮胎销售量的主要因素是汽车的销售量。该地区近 5 年的汽车和轮胎实际销售量如表 4-5 所示。

表 4-5 近 5 年汽车与汽车轮胎销售量

年　度	2013 年	2014 年	2015 年	2016 年	2017 年
汽车/万辆	3	4	5	6	7
汽车轮胎/万只	15	19	23	25	30

预计该地区 2018 年的汽车销售量为 10 万辆，本公司的汽车轮胎在本地区的市场占有率为 60%，用一元线性回归分析预测法预测该公司 2018 年的汽车轮胎的销售量。

1）计算汽车轮胎销售预测数据，如表 4-6 所示。

表 4-6 汽车轮胎销售预测数据计算

年　度	汽车销量 x_i/万辆	轮胎销量 y_i/万只	x_iy_i	x_i^2
2013	3	19	57	9
2014	4	25	100	16
2015	5	30	150	25
2016	6	36	216	36
2017	7	42	294	49
$n = 5$	$\sum x = 25$	$\sum y = 152$	$\sum xy = 817$	$\sum x^2 = 135$

2）将表中有关数据代入 a、b 方程公式得：

$$b = \frac{n\sum xy - \sum x\sum y}{n\sum x^2 - (\sum x)^2} = \frac{5 \times 817 - 25 \times 152}{5 \times 135 - 625} = 5.7$$

$$a = \frac{\sum y - b\sum x}{n} = \frac{152 - 5.7 \times 25}{5} = \frac{152 - 142.5}{5} = 1.9$$

3）写出轮胎的预测模型：$y = 1.9 + 5.7x$

4）预测2018年汽车轮胎的销售量。

该地区2018年汽车轮胎的预计销售量＝$1.9 + 5.7 \times 10 = 58.9$(万只)

该企业轮胎的市场占有率为60%，则2018年该企业汽车轮胎的预计销售量为$58.9 \times 60\% = 35.34$(万只)。

任务4.3　成本预测

任务布置

了解有关成本预测的概念，理解并掌握成本预测的方法，了解预测分析的分类和一般程序，能运用各类指标进行预测分析，并能够结合实际融会贯通地应用预测分析的相关内容。

教学组织

充分调动每一位学生学习的积极性，在教学过程中，采用案例分析、项目决策分析法等教学方法，提升学生的计算分析能力和解决问题的能力。

4.3.1　成本预测的意义

成本预测是成本管理的重要环节。它是在编制成本预算之前，根据企业的经营目标和预测期可能发生的各个影响因素，采用定量和定性分析方法，确定目标，预计成本水平和变动趋势的一种管理活动。

科学的预测是进行正确决策的依据。成本预测是企业进行生产经营决策的基础。通过成本预测，可以掌握未来的成本水平及其变动的趋势，为编制成本计划，进行成本控制、成本分析和成本考核提供依据。

为了保证成本预测达到预期的目标，成本预测应该服从企业总的经营目标，各部门、单位的成本预测应该以企业经营目标为基准进行协调，以保证整个企业的成本决策系统的协调性、一致性；成本预测的方案应该切实可行，包括技术上是否可行，产品质量能否保证，是否符合国家有关法律及社会道德的约束等；成本预测方案应该具有应变能力，必须考虑可能发生的因素变化，并拟定应变措施，使成本预测、决策方案具有一定的弹性。

4.3.2　成本预测的分类

1. 按预测分析时间的长短分类

成本预测可以分为近期预测（月、季、年）和远期预测（3年、5年、10年）。

（1）近期预测

近期预测着重分析影响成本的各个因素的变动，测算各种方案的成本指标，从中选择最优方案据以确定计划成本指标。在近期预测中，成本预测的侧重点是年度成本预测。

（2）远期预测

远期预测通常用于分析宏观经济变动对企业成本的影响（如生产力布局变动、经济结构变动、价格变动等），为企业确定中长期预算和年度预算提供资料。

2. 按产品类别进行预测分析分类

成本预测按产品的不同可分为可比产品成本预测和不可比产品成本预测。

（1）可比产品成本预测

可比产品成本预测是指以往年度正常生产过的产品，其过去的成本资料比较健全和稳定的产品的预测分析。

（2）不可比产品成本预测

不可比产品成本预测是指企业以往年度没有正式生产过的产品，其成本水平无法与过去进行比较的产品的成本预测。

4.3.3 成本预测的程序

一般来说，成本预测的程序如下。

1）根据企业的经营总目标，提出初选的目标成本。

2）初步预测在当前生产经营条件下成本可能达到的水平，并找出与初选目标成本的差距。

3）提出各种降低成本方案，对比、分析各种成本方案的经济效果。

4）选择成本最优方案，并确定正式目标成本。

4.3.4 可比产品成本预测

可比产品是指以往年度正常生产过的产品，其过去的成本资料比较健全和稳定。下面结合成本预测的步骤介绍可比产品成本预测。

1. 确定初选目标成本

目标成本是指企业为实现经营目标所应达到的成本水平，也是企业未来期间成本管理所应达到的目标。选择可比产品的初选目标成本主要有两种方法。

（1）选择某一先进的成本水平作为初选目标成本

它可以根据本企业上年实际平均单位成本和上级下达的成本降低率来计算，可以是国内外同种产品的先进成本、本企业历史上先进水平的实际成本，也可以是按本企业平均先进的消耗定额制定的定额成本或计划成本。

（2）根据企业预测期的目标利润来测算目标成本

首先确定目标利润，然后从销售收入中减去目标利润和应纳税金，余额就是确定的初选目标成本。用公式表示如下：

按市场可接受价格计算的销售收入－企业测算的目标利润－应纳税金＝目标成本

按上述方法测算的目标成本，仅仅是个初步要求。因此，还要进一步进行成本初步测算并选择最优方案，根据成本可能降低的程度最后确定预测期目标成本。

2. 成本初步预测

成本初步预测是指在当前生产条件下不采取任何新的降低成本措施确定预测期可比产品能否达到初选目标成本要求的一种预测。初步预测是根据历史资料来推算的。

3. 提出各种成本降低方案

成本降低方案的提出主要可以从改进产品设计、改善生产经营管理、控制管理费用 3 个方面着手。这些方案应该既能降低成本，又能保证生产和产品质量的需要。

（1）改进产品设计，开展价值分析，努力节约原材料、燃料和人力等消耗

产品结构设计是否先进合理，是决定产品设计成本水平高低的重要环节和先决条件。产品结构设计不先进合理，不仅会影响产品的性能、质量，而且会连锁反应到成本上，造成较大的浪费。因为，产品的体积、质量和样式基本上决定了产品投产后的原材料、燃料、动力和人工的消耗程度。

产品功能与成本预测分析的目的就是以最低的成本实现产品的必要功能。它不是单纯强调功能，也不盲目追求降低成本，而是辩证地处理两者的关系，力图实现它们之间的合理结合，以提高产品功能与成本的比值，实现价廉物美的要求，提高企业经济效益。

（2）改善生产经营管理，合理组织生产

生产经营管理的好坏，与产品成本的高低有着密切的关系，如劳动力的合理组织、车间的合理设置、工艺方案的选择、零部件的外购或自制决策、新设备增加等都会影响产品成本。因此，企业应积极从合理组织生产中挖掘降低产品成本的潜力，针对生产经营管理中存在的问题，提出不同的改进方案，并对比分析不同方案的经济效果，从中选择最优的成本降低方案。

（3）严格控制费用开支，努力降低管理费用

管理费用在产品成本中占有相当的比重，因此，控制和节约车间经费和企业管理费，也是降低产品成本不可忽视的重要方面。为了节约管理费用，减少非生产性支出，企业各部门、车间应实行严格的费用控制制度，其实际费用支出应与其费用预算进行比较，以便确定责任、进行奖赏，达到降低成本的目的。

4. 正式确定目标成本

企业的成本降低措施和方案确定后，应进一步测算各项措施对产品成本的影响程度，据以修订初选目标成本，正确确定企业预测期的目标成本。

在测算各项措施对产品成本的影响程度时，应抓住影响成本的重点因素进行测算。一般可以从节约原材料消耗、提高劳动生产率、合理利用设备、节约管理费用、减少废品损失等方面进行测算。

4.3.5　不可比产品成本预测

不可比产品是指企业以往年度没有正式生产过的产品，其成本水平无法与过去进行比较，因而就不能像可比产品那样通过采用下达成本降低指标的方法来控制成本支出。但在新技术高速发展、产品更新换代加快的情况下，不可比产品的比重在不断上升，因此，为

了全面控制企业费用支出，加强成本管理，除了对可比产品成本进行预测外，还应就不可比产品成本进行预测。预测时主要采用以下几种方法。

1. 高低点法

高低点法是指根据企业一定期间资金占用的历史资料，按照资金习性原理和 $y=a+bx$ 直线方程式，选用最高收入期和最低收入期的资金占用量之差，同这两个收入期的销售额之差进行对比，先求 b 的值，然后再代入原直线方程，求出 a 的值，从而估计推测资金发展趋势的预测方法。

高低点法的计算方法。高低点法是利用代数式 $y=a+bx$，选用一定历史资料中的最高业务量与最低业务量的总成本（或总费用）之差 Δy，与两者业务量之差 Δx 进行对比，求出 b，然后再求出 a 的方法。

具体计算过程如下。

设以 y 代表一定期间某项半变动成本总额，x 代表业务量，a 代表半变动成本中的固定部分，b 代表半变动成本中依一定比率随业务量变动的部分（单位变动成本）。则：

$$y=a+bx$$

最高业务量与最低业务量之间的半变动成本差额，只能与变动成本有关，因而单位变动成本可按如下公式计算：

$$b=\frac{\Delta y}{\Delta x}$$

即：

$$单位变动成本(b)=\frac{最高业务量成本-最低业务量成本}{最高业务量-最低业务量}=\frac{高低点成本之差}{高低点业务量之差}$$

知道了 b，可根据公式 $y=a+bx$ 用最高业务量或最低业务量有关数据代入，求解 a。

$$a=最高(低)产量成本-b\times最高(低)产量$$

用高低点法分解半变动成本简便易算，只要有两个不同时期的业务量和成本，就可求解，使用较为广泛。但这种方法只根据最高、最低两点资料，而不考虑两点之间业务量和成本的变化，计算结果往往不够精确。

例题 4-8　某公司生产甲产品，最近 5 年的产量及成本数据如表 4-7 所示。

表 4-7　甲产品历年成本资料

年　度	产量 x/台	单位变动成本 b/（元/台）	固定成本总额 a/元
2012	20	600	4 000
2013	75	300	5 200
2014	60	450	5 400
2015	45	550	4 800
2016	100	400	6 000

若计划年度 2017 年产量为 120 台。要求采用高低点法预测计划年度产品总成本和单位成本。

1）确定产量最高与最低年度的产量与总成本数。

$$y_{2016}=a+bx_{2016}=6\,000+400\times100=46\,000(元)$$

$$y_{2012} = a + bx_{2012} = 4\ 000 + 600 \times 20 = 16\ 000\ (元)$$

通过分析可以确定高点为（100,46 000），低点为（20,16 000）

$$单位变动成本(b) = \frac{最高业务量成本 - 最低业务量成本}{最高业务量 - 最低业务量}$$

$$= \frac{高低点成本之差}{高低点业务量之差}$$

$$= \frac{46\ 000 - 16\ 000}{100 - 20} = 375\ (元)$$

$$a = y_{高} - bx_{高} = 46\ 000 - 375 \times 100 = 8\ 500\ (元)$$

2）计算计划年度总成本和单位成本。

2017 年甲产品的成本预测值 $y = a + bx = 8\ 500 + 375 \times 120 = 53\ 500(元)$

2017 年甲产品的单位成本预测值 $= \frac{y}{x} = \frac{53\ 500}{120} = 445.83(元/台)$

2. 加权平均法

加权平均法是根据过去若干期的单位变动成本（b）和固定成本（a）的历史资料，按其距离计划期的远近，按照近大远小的原则，确定各期的权数，用加权平均数计算计划期的产品成本的方法。其计算公式为：

$$y = \sum a_i w_i + x \sum b_i w_i$$
$$\sum w_i = 1$$
$$单位成本预测值 = \frac{y}{x}$$

例题 4-9 依例题 4-8 的资料，用加权平均法预测计划年度 2017 年甲产品的总成本和单位成本。令 w_i 依次为 0.03、0.07、0.15、0.25、0.5。

由加权平均法的计算公式，得：

2017 年甲产品的成本预测值 $y = \sum a_i w_i + x \sum b_i w_i = (4\ 000 \times 0.03 + 5\ 200 \times 0.07 + 5\ 400 \times 0.15 + 4\ 800 \times 0.25 + 6\ 000 \times 0.5) + 120 \times (600 \times 0.03 + 300 \times 0.07 + 450 \times 0.15 + 550 \times 0.25 + 400 \times 0.5)$

$= 58\ 774(元)$

2017 年甲产品的单位成本预测值 $= \frac{y}{x} = \frac{58\ 774}{120} = 489.78(元)$

3. 回归分析法

回归分析法在任务 4.2 中已经做了阐述。当在企业预测产品成本的历史成本资料中单位变动成本忽高忽低，变动幅度较大时可以采用回归分析法。

例题 4-10 某公司生产的甲产品，最近 5 年的产量和成本数据如表 4-8 所示。该公司预测年度的甲产品产量为 10 万件，用回归分析法预测其 2018 年的总成本和单位成本。

表 4-8　甲产品近 5 年的产量及成本资料

年　度	产量/万件	单位变动成本/万元	固定成本总额/万元	总成本/万元
2012	2	7	10	24
2013	6	4	10	34
2014	4	4	12	28
2015	8	2.5	14	34
2016	12	2.5	16	46
2017	10	2.4	14	38

1）甲产品成本预测数据计算如表 4-9 所示。

表 4-9　甲产品成本预测数据计算

年　度	产量 x_i/万件	成本 y_i/万元	$x_i y_i$	x_i^2
2012	2	24	48	4
2013	6	34	204	36
2014	4	28	112	16
2015	8	34	272	64
2016	12	46	552	144
2017	10	38	380	100
$\sum n = 6$	$\sum x = 42$	$\sum y = 204$	$\sum xy = 1\,568$	$\sum x^2 = 364$

2）将表中有关数据代入 a、b 方程式得：

$$b = \frac{n\sum xy - \sum x \sum y}{n\sum x^2 - (\sum x)^2} = \frac{6 \times 1\,568 - 42 \times 204}{6 \times 364 - 42^2} = 2$$

$$a = \frac{\sum y - b\sum x}{n} = \frac{204 - 2 \times 42}{6} = 20$$

3）写出甲产品总成本的预测模型： $y = 20 + 2x$

4）预测 2018 年的总成本和单位成本：

总成本 $= 20 + 2 \times 10 = 40$(万元)

单位成本 $= \dfrac{总成本}{产量} = \dfrac{40}{10} = 4$(元 / 件)

4. 技术测定法

技术测定法是指在充分挖掘生产潜力的基础上，根据产品设计结构、生产技术条件和工艺方法，对影响人力、物力消耗的各项因素进行技术测试和分析计算，从而确定产品成本的一种方法。该方法比较科学，但工作量较大，对品种少、技术资料比较齐全的产品可以采用。

5. 产值成本法

产值成本法是指按工业总产值的一定比例确定产品成本的一种方法。产品的生产过程同时也是生产的耗费过程，在这一过程中，产品成本体现生产过程中的资金耗费，而产值则以货币形式反映生产过程中的成果。产品成本与产品产值之间客观存在着一定的比例关系，比例越大说明消耗越大，成本越高；比例越小说明消耗越小，成本越低。这样，企业进行预测时，就可以参照同类企业相似产品的实际产值成本率，加以分析确定。其计算公式为：

$$某种不可比产品的预测单位成本＝\frac{某种产品的总产值×预计产值成本率}{预计产品产量}$$

该方法不太准确，但工作量小，比较简便、易行。

6. 目标成本法

目标成本法是指根据产品的价格构成来制定产品目标成本的一种方法。产品价格包括产品成本、销售税金和利润 3 个部分。在企业实行目标管理的过程中，先确定单位产品价格和目标利润，然后就可以按下列公式计算单位产品的目标成本。

单位产品目标成本＝预测单位售价－单位产品销售税金－单位产品目标利润

或

$$单位产品目标成本＝预测单位售价×(1－税率)－\frac{目标利润总额}{预测产量}$$

任务 4.4   利润预测

任务布置

了解有关利润预测的概念，理解并掌握利润预测的方法，了解利润预测分析的意义，能运用各类指标进行预测分析，并能够结合实际融会贯通地应用预测分析的相关内容。

教学组织

充分调动每一位学生学习的积极性，在教学过程中，采用案例分析、项目决策分析法等教学方法，提升学生的计算分析能力和解决问题的能力。

4.4.1   利润预测的意义

利润是企业在一定会计期间进行经营活动的结果，是营业收入减去与之相配比的费用后的余额。利润预测是按照企业经营目标的要求，通过对影响利润变化的成本、产销量等因素的综合分析，对未来一定时间内可能达到的利润水平和变化趋势所进行的科学预计和推测。利润预测是在销售预测和成本预测的基础上进行的。

4.4.2   利润预测的方法

企业在利润预测时，通常根据销售预测中预计预测期产品的销售量和销售单价，以及成本预测中成本水平等相关资料，运用本量利分析法中成本、业务量与利润的相互关系，贡献毛益、经营杠杆、安全边际等指标来建立相应的数学模型进行预测分析。具体的预测方法在项目 3 已经做了阐述，在此不再重复，此外还可以对企业利润的预测采用直接预测法和因素分析法两种方法。

1. 直接预测法

直接预测法根据本期的有关数据，直接推算出预测期的利润数额，可根据利润的构成方式进行预测，即：

$$利润总额＝营业利润＋投资净收益＋营业外收支净额$$

先分别预测营业利润、投资净收益、营业外收支净额，然后将各部分预测数相加，即为利润预测数额。营业利润是由产品销售利润和其他业务利润组成的，这两部分预测利润的公式分别为：

$$预测产品销售利润＝预计产品销售收入－预计产品销售成本－预计产品销售税金$$
$$＝预计产品销售数量×(预计产品销售单价－预计单位产品成本$$
$$－预计单位产品销售税金)$$

$$预计其他业务利润＝预计其他业务收入－预计其他业务成本－预计其他业务税金$$

预测企业的投资净收益是根据预计企业向外投资收入减去预计投资损失后的数额得出的。预测营业外收支净额是用预计营业外收入减去预计营业外支出后的差额。

最后，将所求出的各项预测数额加总，便可计算出下一期间的预测利润总额。

例题 4-11　某公司生产甲乙丙 3 种产品，其有关销售价格、单位成本及预测期产品预计销售量如表 4-10 所示。预测下期其他业务利润的资料为：其他业务收入为 20 000 元，其他业务成本为 14 000 元，其他业务税金为 4 000 元。

表 4-10　销售价格、单位成本及预测期产品预计销售量　　　　　元

产　品	销售单价 p	单位产品		预计下期产品销售量 x/万件
		销售成本 c	销售税金 t	
甲	100	50	20	50
乙	240	170	40	20
丙	80	50	12	80

根据资料，预测下一会计期间的营业利润。

计算预测产品销售利润，如表 4-11 所示。

表 4-11　预测产品销售利润计算　　　　　万元

产　品	预计销售利润 $P=(p-c-t)×x$	预计销售利润 P
甲	(100－50－20)×50	1 500
乙	(240－170－40)×20	600
丙	(80－50－12)×80	1 440
合计		3 540

预测其他业务利润＝20 000－14 000－4 000＝2 000(元)

因此预测下一会计期间的营业利润为：

预测营业利润＝预测产品销售利润＋预测其他业务利润＝3 540＋0.2＝3 540.2(万元)

2. 因素分析法

因素分析法是在本期已实现的利润水平基础上，充分估计预测期影响产品销售利润的各因素增减变动的可能，来预测企业下期产品销售利润的数额。影响产品销售利润的主要因素有产品销售数量、产品品种结构、产品销售成本、产品销售价格及产品销售税金等。在预测企业下一会计期间的产品销售利润额时，应首先计算本期的成本利润率。其计算公式为：

$$本期成本利润率 = \frac{本期产品销售利润额}{本期产品销售成本} \times 100\%$$

计算出本期成本利润率后，就可以进一步预测下期各相关因素变动对产品销售利润的影响。

（1）预测产品销售量变动对利润的影响

在其他因素不变的情况下，预测期产品销售量增加，利润额也会随之增加；反之，预测期产品销售量减少，利润额也会随之下降。

因为在对下期的产品销售成本进行测算时，已将由于销售量变动而使生产量变动的因素考虑在内了，由产品销售数量变动而使利润增加或减少的数额，可用本期的销售成本与下期预测销售成本相比较，再根据本期的成本利润率求得。其计算公式为：

因销售量变动而增减的利润额 ＝(预测下期产品销售成本－本期产品销售成本)×
本期成本利润率

（2）预测产品品种结构变动对利润的影响

产品品种结构变动对利润的影响是由于各个不同品种的产品利润率是不同的，而预测下期利润时，是以本期各种产品的平均利润率为依据的，如果预测期不同利润率产品在全部产品中所占的销售比重发生变化，就会引起全部产品平均利润率发生变动，从而使利润额增加或减少。所以，应根据预测的下期产品品种结构变动情况，确定出下期平均利润率，然后通过比较本期和下期利润率的差异，计算出预测期由于品种结构变动而增加或减少的利润数额。其影响可按下列公式计算：

由于产品品种结构变动而增减的利润 ＝ 按本期成本计算的下期成本总额×
(预测期平均利润率－本期平均利润率)

$$预测期平均利润率 = \sum (各产品本期利润率 \times 该产品下期销售比重)$$

（3）预测产品成本降低对利润的影响

在产品价格不变的情况下，降低产品成本会使利润相应增加。由于成本降低而增加的利润，可根据经预测确定的产品成本降低率来求得。其计算公式为：

由于成本降低而增加的利润 ＝ 按本期成本计算的预测期成本总额×产品成本降低率

（4）预测产品价格变动对利润的影响

如果在预测期产品销售价格比上期提高，则销售收入也会增多，从而使利润额增加；反之，如果产品销售价格降低，则会导致利润额减少。销售价格增加或减少同样会使销售税金相应地随之增减，这一因素同样要考虑进去。其计算公式为：

由于产品销售价格变动而增减的利润 ＝ 预测期产品销售数量×
变动前售价×价格变动率×(1－税率)

（5）预测产品销售税率变动对利润的影响

产品销售税率变动直接影响利润额。如果税率提高，则使利润额减少；如果税率降低，则使利润额增加。其计算公式为：

由于产品销售税率变动而增减的利润＝预测期产品销售收入×

(1±价格变动率)×(原税率－变动后税率)

例题4-12　某公司报告期甲产品产销量为 5 000 件，单位售价 100 元，单位变动成本 40 元，固定成本总额 70 000 元。该公司采用新工艺新设备等技术改造后，甲产品的生产能力增加至 6 000 件，单位售价降低至 80 元，单位变动成本降低至 30 元，固定成本总额增加至 100 000 元。计算该公司预测期使目标利润增加 100% 的目标销售量。

报告期的销售利润$(P)=(p-b)\times x-a=(100-40)\times 5\,000-70\,000=230\,000$（元）

预测期的目标利润＝报告期利润×200%＝230 000×2＝460 000(元)

$$目标销售量=\frac{固定成本总额＋目标利润}{单位售价－单位变动成本}=\frac{100\,000+460\,000}{80-30}=11\,200(件)$$

计算结果显示，该公司经过技术改进后，单位售价和单位变动成本降低，固定成本总额增加，其目标利润从 23 万元增至 46 万元时，目标销售量由报告期的 5 000 件增至 11 200 件。

任务 4.5　资金需要量预测

任务布置

了解有关资金需要量预测的概念，理解并掌握资金需要量预测的方法，了解资金需要量预测分析的一般步骤，能运用各类指标进行预测分析，并能够结合实际融会贯通地应用预测分析的相关内容。

教学组织

充分调动每一位学生学习的积极性，在教学过程中，采用案例分析、项目决策分析法等教学方法，提升学生的计算分析能力和解决问题的能力。

4.5.1　资金需要量预测的意义

资金需要量的预测，就是以预测期企业生产经营规模的发展和资金利用效果的提高等为依据，在分析有关历史资料、技术经济条件和发展规划的基础上，运用数学方法，对预测期资金需要量进行科学的预计和测算。

资金需要量的预测在提高企业经营管理水平和企业经济效益方面有着十分重要的意义。资金需要量的预测是进行经营决策的主要依据；资金需要量的预测是提高经济效益的重要手段；资金需要量的预测是编制资金预算的必要步骤。

4.5.2 资金需要量预测的方法

在资金需要量预测中，常用的方法有资金增长趋势预测法和销售百分比法。

1. 资金增长趋势预测法

资金增长趋势预测法，就是运用回归分析法原理对过去若干期间销售收入（或销售量）及资金需要量的历史资料进行分析、计量后，确定反映销售收入与资金需要量之间的回归直线（$y=a+bx$），并据以推算未来期间资金需要量的一种方法。

虽然影响资金总量变动的因素很多，但从短期经营决策角度看，引起资金发生增减变动的最直接、最重要的因素是销售收入。在其他因素不变的情况下，销售收入增加，往往意味着企业生产规模扩大，从而需要更多的资金；相反，销售收入减少，往往意味着企业生产规模缩小，于是所需要资金也就随之减少。因此，资金需要量与销售收入之间存在着内在的相互联系，利用这种相互联系可以建立数学模型，预测未来期间销售收入一定水平时的资金需要量。

2. 销售百分比法

销售百分比法是通过编制预计资产负债表来预计预测期资产、负债和留用利润，是将反映生产经营规模的销售因素与反映资金占用的资产因素连接起来，根据销售与资产之间的数量比例关系，从而测算外部资金需要量的一种方法。

资产负债表是反映企业某一时点资金占用（资产）和资金来源（负债和所有者权益之和）平衡状况的会计报表。企业要增加资产，必然是通过增加负债或所有者权益的途径予以解决的。因此，通过预计资产的增减，可以确定需要从外部筹措的资金数额。

销售百分比法首先假设某些资产与销售额存在稳定的百分比关系，根据销售与资产的比例关系预计资产额，再根据资产额预计相应的负债和所有者权益，进而确定资金需要量。销售百分比法预测的基本步骤如下。

1）确定基期随销售额变动而变动的资产（称为敏感性资产，记为 A）和负债项目（称为敏感性负债，记为 B），一般是作为已知条件给出。

经营性资产与经营性负债的差额通常与销售额保持稳定的比例关系。经营性资产项目：现金、应收账款、存货等项目；经营性负债项目：应付费用、应付账款等项目，不包括短期借款、长期负债等筹资性负债。

2）计算敏感性项目的销售百分比。

$\dfrac{A}{S_1}$ 为敏感性资产与销售额的关系百分比；$\dfrac{B}{S_1}$ 为敏感性负债与销售额的关系百分比。

3）确定需要增加的资金量。

$$需要增加的资金量＝增加的资产－增加的负债$$

$$增加的资产＝增量收入×基期敏感性资产占基期销售额的百分比\dfrac{A}{S_1}$$

$$增加的负债＝增量收入×基期敏感性负债占基期销售额的百分比\dfrac{B}{S_1}$$

4）计算外部资金需要量。

$$外部资金需要量＝增加的资产－增加的负债－增加的留存收益$$

$$增加的留存收益＝预计销售收入×销售净利率×利润留存率$$

$$外部资金需要量＝\frac{A}{S_1}\Delta S-\frac{B}{S_1}\Delta S-S_2×P×E=(\frac{A}{S_1}-\frac{B}{S_1})\Delta S-S_2×P×E$$

式中，A——随销售变化的资产（敏感性资产）；B——随销售变化的负债（敏感性负债）；S_1——基期销售额；S_2——预测期销售额；ΔS——销售的变动额；P——销售净利率；E——利润留存比率；$\frac{A}{S_1}$——敏感性资产占基期销售额的百分比；$\frac{B}{S_1}$——敏感性负债占基期销售额的百分比。

对销售百分比法的评价：优点是能为筹资管理提供短期预计的财务报表，以适应外部筹资的需要，且易于使用。但在有关因素发生变动的情况下，必须相应地调整原有的销售百分比。

例题4-13 某公司2016年12月31日的资产负债表及有关项目与销售额之间的变动关系如表4-12所示。

表4-12 资产负债表（简表）

2016年12月31日   万元

资　产	期末数	负债及所有者权益	期末数
现金	5 000	应付费用	10 000
应收账款	15 000	应付账款	5 000
存货	30 000	短期借款	25 000
固定资产	30 000	公司债券	10 000
		实收资本	20 000
		留存收益	10 000
资产合计	80 000	负债及所有者权益合计	80 000

假设该公司2016年的销售收入为100 000万元，销售净利率为10%，股东支付率为60%，公司现有生产能力尚未饱和，增加销售无须追加固定资产投资。经预测，2017年销售收入将提高到120 000万元，企业销售净利率和利润分配政策不变。

经过分析，公司流动资产各项目随销售额的变动而变动，流动负债中应付费用和应付账款随销售额的变动而变动。

要求运用销售百分比法预测该公司2017年的外部资金需要量。

1）计算敏感性资产和敏感性负债占基期销售额的比率，如表4-13所示。

表4-13 销售额比率

资　产	占销售收入百分比/%	负债及所有者权益	占销售收入/%
现金	5	应付费用	10
应收账款	15	应付账款	5
存货	30	短期借款	不变动
固定资产	不变动	公司债券	不变动
		实收资本	不变动
		留存收益	不变动
合计	50	合计	15

2）确定需要增加的资金数额。

从表 4-13 可以看出，销售收入每增加 100 元，需要增加 50 元的资金占用，但同时增加 15 元的资金来源。从 50% 的资金需要量中减去 15% 自动产生的资金来源，还剩下 35% 的资金需要量。销售收入从 100 000 万元增加到 120 000 万元，增加了 20 000 万元，按照 35% 的比率可预测将增加 7 000 万元的资金需要量。

资金需要量＝20 000×(50%−15%)＝7 000(万元)

3）根据有关财务指标的约束条件，确定外部资金需要量。

2017 年的净利润＝销售收入×销售净利率＝120 000×10%＝12 000(万元)

2017 年的留存收益＝净利润×(1−股利支付率)＝12 000×(1−60%)＝4 800(万元)

上面 7 000 万元的资金需要量有些可能通过企业内部来筹资。该公司 2017 年净利润为 12 000 万元，公司股利支付率为 60%，则将有 40% 的利润，即 4 800 万元，从 2017 年的资金需要量 7 000 万元中减去 4 800 万元的留存收益，则还有 2 200 万元的资金需要向企业外部筹资。

根据上述资料，通过公式计算可以求得 2017 年该公司外部资金需要量为：

$$外部资金需要量 = (\frac{A}{S_1} - \frac{B}{S_1}) \Delta S - S_2 \times P \times E$$
$$= (50\% - 15\%) \times 20\ 000 - 120\ 000 \times 10\% \times 40\% = 2\ 200(万元)$$

项目小结

销售预测的基本方法可分为定性分析和定量分析两大类，这两类方法同样适用于其他经营预测。定性销售预测方法又分为判断分析法和调查分析法两类。定量分析法中常用的趋势预测分析法有算术平均法、移动加权平均法、趋势平均法、指数平滑法和回归分析法等。

成本预测是成本管理的重要环节。它是在编制成本预算之前，根据企业的经营目标和预测期可能发生的各个影响因素，采用定量和定性分析方法，确定目标，预计成本水平和变动趋势的一种管理活动。

利润预测是按照企业经营目标的要求，通过对影响利润变化的成本、产销量等因素的综合分析，对未来一定时间内可能达到的利润水平和变化趋势所进行的科学预计和推测。利润预测是在销售预测和成本预测的基础上进行的。对企业利润的预测可采用直接预测法和因素分析法两种方法。

在资金需要量预测中，常用的方法有资金增长趋势预测法和销售百分比法。销售百分比法首先假设某些资产与销售额存在稳定的百分比关系，根据销售与资产的比例关系预计资产额，再根据资产额预计相应的负债和所有者权益，进而确定筹资需要量。

<u>职 业 能 力 训 练</u>

一、判断题

1．对销售进行预测时，企业必须具备有关销售的各期历史统计资料，否则无法进行预测。　　　　　　　　　　　　　　　　　　　　　　　（　　）

2．预测就是对不确定的或不知道的事件做出叙述和描述。　　　　（　　）

3．预测是为决策服务的，有时候也可以代替决策。　　　　　　　（　　）

4．定性分析法与定量分析法在实际应用中是相互排斥的。　　　　（　　）

5．销售预测中的加权平均法与移动加权平均法没有任何共同之处。（　　）

6．趋势平均法对历史上各期资料同等对待，权数相同。　　　　　（　　）

7．成本预测是其他各项预测的前提。　　　　　　　　　　　　　（　　）

8．销售预测中的算术平均法适用于销售量略有波动的产品的预测。（　　）

9．因果预测分析法就是回归分析法。　　　　　　　　　　　　　（　　）

10．销售预测的定量分析方法主要包括趋势预测分析法和因果预测分析法两种类型。　　　　　　　　　　　　　　　　　　　　　　　　　　　（　　）

11．根据统计规律性假设，经营预测可以把未来作为过去和现在的延伸进行推测。　　　　　　　　　　　　　　　　　　　　　　　　　　　　　（　　）

12．在企业的所有预测中，销售预测处于先导地位，是其他各项预测的前提。　　　　　　　　　　　　　　　　　　　　　　　　　　　　　　　（　　）

13．当各历史期的销售量呈现增减趋势时，为了体现这种增减趋势，有必要将近期的观察值的权数规定得大一些，远期的观察值的权数规定得小一些，使预测值更为接近近期的观察值。　　　　　　　　　　　　　　　　　　　　　　　（　　）

14．因果预测分析法下用于建立预测模型的回归分析法与趋势预测分析法所采用的修正的时间序列回归法的回归系数计算公式完全相同。　　　　　　　　（　　）

15．用销售百分比法进行资金需要量预测时，在计算随销售额变动的资产项目基期金额中一定要包括固定资产项目。　　　　　　　　　　　　　　　　　（　　）

二、单项选择题

1．下列属于管理会计定性分析方法的是（　　　）。

　　A．算术平均法　　　B．平滑指数法　　　C．回归分析法　　　D．判断分析法

2．（　　　）是根据人们的主观分析判断确定未来的估计值。

　　A．定性分析法　　　B．因果预测法　　　C．定量分析法　　　D．回归分析法

3．下列属于定性分析法的是（　　　）。

　　A．趋势分析法　　　B．调查分析法　　　C．因果分析法　　　D．高低点法

4．采用加权平均法预测销售量时，确定各期权数的数值应满足的要求是（　　　）。

A．近小远大　　　B．前后一致　　　C．近大远小　　　D．逐期递减

5．某公司 2017 年 10 月的预测销售量为 40 000 件，实际销售量为 42 000 件，若公司选用 0.7 的平滑系数进行销售预测，则 11 月份的预测销售量为（　　　）。

A．39 400 件　　　B．414 000 件　　　C．40 600 件　　　D．57 400 件

6．某汽车厂今年销售汽车的历史资料如下表所示。

季　　度	1	2	3	4
销量/万辆	13.5	13.2	13.8	14

利用算术平均法预测明年 1 月份的汽车销售量为（　　　）万辆。

A．13.6　　　　B．13.625　　　　C．13.2　　　　D．13.375

7．销售百分比法比较适用于（　　　）的预测。

A．长期筹资量　　B．目标利润　　　C．近期筹资量　　D．以上都不是

8．资金需要量预测常用的方法是（　　　）。

A．销售百分比法　　B．趋势分析法　　C．回归分析法　　D．高低点法

9．南方机械厂过去 5 年的产量和历史成本数据如下表所示。若 2018 年度计划产量为420 台，请利用高低点法预测 2018 年总成本为（　　　）元。

年　　度	产量/台	单位变动成本/（元/台）	固定成本总额/元
2013	200	600	52 000
2014	300	610	52 000
2015	350	605	54 000
2016	400	610	56 000
2017	380	600	54 000

A．300 600　　　B．320 600　　　C．320 040　　　D．314 000

10．假设某企业测算出其未来年度的销售额为 400 000 元，每增加一元销售额需要筹资 0.5 元，若该企业当年未分配利润为 100 000 元，则来年企业预测需要增加的筹资额为（　　　）元。

A．100 000　　　B．150 000　　　C．110 000　　　D．200 000

11．按照各个观察值与预测值不同的相关程度分别规定适当的权数，是运用（　　　）进行预测销售的关键。

A．算术平均法　　B．对数直线法　　C．回归直线法　　D．加权平均法

12．采用函询调查的方法向有关专家征询意见，然后将专家意见进行综合、整理后，通过匿名方式反馈给各位专家，再次征询意见，如此反复综合、反馈，直至得出基本一致的意见为止的预测方法是（　　　）。

A．德尔菲法　　　　　　　　　　B．专家个人意见集合法

C．专家会议法　　　　　　　　　D．调查分析法

13．在采用平滑指数法进行近期销售预测时，应选择（　　　）。

A．固定的平滑指数　　　　　　　B．较小的平滑指数

C．较大的平滑指数　　　　　　　D．任意数值的平滑指数

14.（　　）是根据市场现象的历史资料，运用科学的数学方法建立预测模型，使市场现象的数量向未来延伸，预测市场现象未来的发展变化趋势，预计或估计市场现象未来表现的数量。

  A．因果预测法
      B．趋势预测法（时间序列分析法）

  C．定性预测法
      D．定量预测法

15．下列各种销售预测方法中，属于没有考虑远近期销售业务量对未来销售状况会产生不同影响的方法是（　　）。

  A．移动平均法　　B．算术平均法　　C．加权平均法　　D．季节预测分析法

三、多项选择题

1．在资金需要量的预测中，下列随着销售额变动而变动的项目是（　　　　）。

  A．应收账款　　　B．存货　　　　　C．固定资产　　　D．递延资产

2．下列属于定性分析法的是（　　）。

  A．高低点法　　B．判断分析法　　C．趋势预测分析法

  D．直接调查法　　E．集体思考法

3．下列可用于预测未来销售量的是（　　　　）。

  A．算术平均法　　B．趋势平均法　　C．指数平滑法　　D．直线回归预测法

4．下列可用于利润预测的是（　　　）。

  A．本量利分析法
      B．盈亏临界图分析法

  C．销售百分比法
      D．因素分析法

5．下列属于因果预测分析方法的有（　　　）。

  A．对数直线法　　B．趋势平均法　　C．指数平滑法　　D．回归分析法

6．目标成本确定的方法有（　　　）。

  A．选择往年的成本水平作为目标成本

  B．选择某一先进成本水平作为目标成本

  C．先确定目标成本，然后从产品的销量收入中减去销售税金和目标利润，余额为目标成本

  D．利用往年的成本数据来推算目标成本

7．销售预测常用方法有（　　　）。

  A．趋势分析法　　B．销售费用变动法　C．算术平均法　　D．指数平滑法

8．下列说法正确的有（　　　）。

  A．在销售量不变的情况下，单位变动成本或固定成本越高，则保本点越低

  B．在销售量不变的情况下，单位变动成本或固定成本越小，则保本点越低

  C．在销售量不变的情况下，保本点越低，则能实现更多的利润或更少的亏损

  D．在销售量不变的情况下，保本点越高，则能实现更多的利润或更少的亏损

9．下列不属于定性分析法的有（　　　　）。

  A．趋势分析法　　B．集体思考法　　C．经验分析法　　D．因果预测法

10．通过成本预测，掌握未来的成本水平和变动趋势，（　　　　）。

  A．有助于提高经营管理工作中的可预见性，减少盲目性

B．可以为科学经营决策提供依据

C．有利于控制成本，促进成本降低，提高企业生产经营的经济效益

D．有助于预测未来目标利润，提高利润水平

11．预测分析的原则或特征有（　　　　　）。

A．依据的客观性　　B．方法的灵活性　　C．资料的充分性

D．成本效益性　　E．时间的相对性

12．下列属于定性分析法的有（　　　　　）。

A．判断分析法　　B．指数平滑法　　C．回归分析法

D．调查分析法　　E．移动平均法

13．下列关于销售预测的定量分析法的说法正确的有（　　　　　）。

A．指数平滑法实质上是一种加权平均法

B．加权平均法权数的选取应遵循"近小远大"的原则

C．加权平均法比算术平均法更适合在实践中应用

D．算术平均法适用于每月销售量波动不大的产品的销售预测

14．成本降低方案的提出主要可以从（　　　　　）3个方面着手，这些方案应该既能降低成本，又能保证生产和产品质量的需要。

A．改进产品设计　　B．改善生产经营管理

C．增加销售量　　D．控制管理费用　　E．提高销售单价

15．下列可以采用回归分析法进行预测的有（　　　　　）。

A．销售预测　　B．利润预测　　C．成本预测

D．资金成本预测　　E．资金需要量预测

四、实务题

1．已知：某企业生产一种产品，2017年1—12月份的销售量资料如下表所示。

月 份	1	2	3	4	5	6	7	8	9	10	11	12
销量/吨	10	12	13	11	14	16	17	15	12	16	18	19

要求：按指数平滑法（假设2017年12月份销售量预测数为16吨，平滑指数为0.3）预测2018年1月份销售量。

2．已知：某企业生产一种产品，最近半年的平均总成本资料如下表所示。

万元

月 份	固定成本	单位变动成本
1	12 000	14
2	12 500	13
3	13 000	12
4	14 000	12
5	14 500	10
6	15 000	9

要求：当7月份产量为500件时，采用加权平均法预测7月份产品的总成本和单位

成本。

3．某公司今年上半年各月份甲产品的销售情况如下表所示。各月份的实际销售量的权数分别为 0.01、0.09、0.15、0.2、0.25 和 0.3。

月　份	1	2	3	4	5	6
甲产品/吨	722	745	739	765	751	778

要求：用移动加权平均法预测 7 月份的甲产品销售量。

4．某公司生产 A 产品，最近 5 年的产量及成本数据如下表所示。

元

年　度	产量 x/件	单位变动成本 b/（元/件）	固定成本总额 a
1	50	776	23 000
2	70	780	21 000
3	60	765	24 000
4	90	770	22 000
5	100	750	25 000

要求：若计划年度年产量为 125 件，用高低点法预测其总成本及单位成本。

5．某机械厂生产车床，2014—2017 年的销售量如下表所示。

年　份	2014	2015	2016	2017
销售量/万台	31	50	70	125

要求：预测 2018 年的销售量。

项目 *5*

短期经营决策分析

职业能力目标

- 能区分决策的相关成本和无关成本。
- 能应用决策分析的常用方法进行生产决策。
- 掌握产品定价决策的方法。
- 能利用一定的方法进行存货决策。

学习
导入

盛华公司事业部生产 3 种产品：A、B 和 C，其预计销售单价、销售量和单位变动成本资料如下表所示。

产　品	A	B	C
销售单价/（元/件）	10	15	5
单位变动成本/（元/件）	5	5	3
月销售量/件	10 000	2 000	2 500

公司把每月 60 000 元的制造费用通过平均分配的方法分配到各种产品，结果导致：先是亏损的 C 产品停产，然后是 B 停产，最后 A 也因亏损停产，最终该事业部关闭。

请分析事业部关闭的原因。

问题导入

什么叫短期经营决策？在决策中应掌握哪些基本概念？

任务 *5.1*　经营决策分析概述

了解有关成本的概念，熟练掌握各种经营决策方法的应用程序和内容，并能够结合实际融会贯通地应用经营决策的相关内容。

充分调动每一位学生学习的积极性，在教学过程中，采用多种多样的教学方法，提升学生的数字应用能力和解决问题的能力。

5.1.1　决策分析的意义

决策是指人们为了实现一定的目标，借助科学的理论和方法，进行必要的计算、分析和判断，从若干个可供选择的方案中，选择并决定采用一个最优方案的过程。

经营决策就是在若干备选方案中选择最优方案的过程，而择优的标准主要是看各方案的经济效益。成本是影响和衡量经济效益的主要指标之一。

现代管理理论认为，管理的中心在经营，经营的重心在决策。决策的正确与否，直接关系到企业的兴衰成败。同时，企业经营目标的实现依赖企业各个职能部门的协调配合，而正确的决策可以充分调动全体员工的积极性。

5.1.2　决策分析的种类

1. 按决策时间长短进行分类

（1）短期决策

短期决策是指企业为有效地组织现在的生产经营活动，合理利用经济资源，以期取得最佳的经济效益而进行的决策。其影响一般只涉及一年内的收支和盈亏，主要包括生产决策、销售决策、定价决策等。它的主要特点是充分利用现有资源进行决策，一般不涉及大量资金的投入，且见效快，因此又称为短期经营决策。

（2）长期决策

长期决策是指为改变或扩大企业的生产能力或服务能力而进行的决策。它一般需要投入大量的资金，并对企业生产经营产生较长时间的影响，又称长期投资决策或资本性支出决策。例如，固定资产更新改造决策，是否需要增加固定资产生产设备的决策等。

2. 按决策的确定性程度进行分类

（1）确定型决策

确定型决策是指与决策相关的那些客观条件或自然状态是肯定的、明确的，并且可用具体的数字表示出来的决策。决策者可直接根据完全确定的情况，从中选择最有利的方案。

（2）风险型决策

风险型决策是指与决策相关的因素的未来状况不能完全肯定，只能预计大概情况，无论选择哪一种方案都带有一定的风险的决策。这种决策一般以概率表示其可能性的大小，尽可能做到近似地符合实际情况。

（3）不确定型决策

不确定型决策是指影响这类决策的因素不仅不能肯定，而且连出现这种可能结果的概率也无法较确切地进行预计的决策。这种决策只能依靠决策者的实践经验和判断能力或采用模糊的数学方法来解决。

3. 按决策的重要程度进行分类

（1）战略决策

战略决策是指对影响企业未来发展、关系整个企业的重大问题所进行的决策。这类决策取决于企业的长远发展规划和外部市场环境对企业的影响，它的正确与否，对企业的成败有着决定性的意义。

（2）战术决策

战术决策是指对企业日常经营管理活动进行的决策。这类决策主要考虑如何使现有的资源得到合理充分的利用，并产生最大的经济效益。

4. 按决策的性质进行分类

（1）采纳与否决策

只需对一个备选方案做出接受或拒绝的决策，所以也称接受与否的决策。例如，亏损产品是否停产的决策，是否接受追加订货的决策。

（2）互斥方案决策

互斥方案决策是指在一定的决策条件下，存在几个相互排斥的备选方案，通过计算、分析、对比，最终选出最优方案而排斥其他方案的决策。例如，零部件是自制还是外购的决策，半成品或联产品是否进一步加工的决策，开发哪种新产品的决策等。

（3）最优组合决策

最优组合决策是指有几个不同方案同时并举，但是在其资源总量受到一定限制的情况下，如何将这些方案进行优化组合，使其综合经济效益达到最优的决策。例如，在几种约束条件下生产不同产品的最优组合决策，在资本总量一定的情况下不同投资项目的最优组合决策。

5.1.3 决策分析的程序

为了达到决策的目的，必须尽力实现决策过程的科学化，严格遵照决策的科学程序进行。决策分析的科学程序，一般应包括以下几个基本步骤。

1. 提出决策问题，确定决策目标

因为决策是为了实现某项预期目标，所以，首先要弄清楚一项决策究竟要解决什么问题，达到什么目的。例如，是否接受某一特殊的客户订单，生产何种产品，亏损产品是否

停产等。在一项决策做出之前，必须明确该问题。

2. 搜集相关资料并制定备选方案

对决策问题明确之后，应该搜集相关资料，了解决策问题的相关数据，设计制定各种可能实现目标的备选方案。备选方案的制定要集思广益，充分考虑各种可能的情况，各备选方案要尽可能详细，以有利于分析各方案的优劣。

3. 评价方案

评价方案应以决策目标为出发点，运用科学的决策分析方法，对形成的各种备选方案进行可行性研究、论证。在评价过程中，既要采用定量的分析方法，也要采用定性的分析方法，要从不同侧面分析评价各个方案在技术、经济、组织等方面的先进性、合理性和可能性。

4. 选择方案

选择方案，是整个决策过程中最关键的环节。选择方案是指在对各个备选方案综合评价的基础上，全面权衡利弊得失，按照一定原则确定择优的标准及方法，不断比较、筛选，最终选出较为满意的行动方案的过程。

5. 组织和监督决策方案的实施，进行反馈控制

行动方案选定后，就应纳入计划，组织力量，全力以赴地加以实施。在实施过程中，要对方案的执行情况进行跟踪、检查、监督，并且将实施结果与决策目标的要求不断地进行比较，找出偏离目标的差异及其原因，做好信息反馈，及时采取有效措施，以保证方案的实施，在不断的修正、调整、补充的过程中，使决策的结果更加符合客观实际。

任务 5.2　短期经营决策中的相关问题

任务布置

了解短期经营决策中的相关成本和无关成本各有哪几类，掌握有关成本的定义。

教学组织

运用对比分析法，引导学生学会区分相关成本和无关成本。

5.2.1　短期经营决策的含义

短期经营决策是指企业为有效地组织现在的生产经营活动，合理利用经济资源，以期在不远的将来取得最佳的经济效益而进行的决策。短期经营决策分析的决策结果只影响或决定企业一年或一个经营周期的经营实践的方向、方法和策略，侧重于从资金、成本、利润等方面做到充分利用企业现有资源和经营环境，以取得尽可能大的经济效益。从短期经营决策分析的定义中可以看出，在其他条件不变的情况下，判定某决策方案优劣的主要标

志是看该方案能否使企业在一年内获得更多的利润。

5.2.2　短期经营决策分析的相关概念

成本是衡量经济效益的重要指标，也是影响决策的关键因素。同短期经营决策分析相关的成本概念，是指在决策分析的过程中，对不同备选方案进行调查研究和评价分析时必须加以考虑的重要因素，故也称决策成本概念。

1.　相关成本

相关成本是指在决策分析中必须加以考虑并且同方案选择有关的未来成本。

（1）差量成本

它是指两个备选方案的预期成本之差。不同备选方案的经济效益的高低一般可通过差量成本的计算明显地反映出来。因此，计算差量成本有助于我们进行决策分析，确定最优方案。例如，某企业利用现有生产能力既可以生产甲产品，也可以生产乙产品。经测算，生产甲产品的预计成本为 8 000 元，生产乙产品的预计成本为 7 000 元，二者相差 1 000 元，即是甲、乙两种产品之间的差量成本。因此，通过比较有关备选方案的差量成本，可以评价它们的优劣，从中选出最优方案。

（2）机会成本

它是指在使用资源的决策分析过程中，选取某个方案而放弃其他方案所丧失的潜在收益。在决策过程中，必须考虑机会成本的原因在于：每项资源往往有多种用途，即有多种使用的机会，但用于某一方面就不能同时用于另一方面。这就是说，在某方面的所得正是由于放弃另一方面的机会而产生的。因此，在决策分析中，只有把已放弃方案可能获得的潜在收益作为被选用方案的机会成本，才能对该方案的经济效益做出全面地、合理的评价，最后正确判断被选用的方案是否真正最优。例如，某企业拥有一笔资金准备投入一个新项目，有 A、B 两种备选方案：A 方案可获利 50 万元，B 方案可获利 60 万元，企业最终选择了 B 方案。由于企业选择了 B 方案，就必须放弃 A 方案所能带来的 50 万元收益，则 50 万元就是选择 B 方案的机会成本。

（3）边际成本

边际成本是指在企业的生产能力的相关范围内，每增加或减少一个单位产量而引起的成本变动。从这个意义上来说，管理会计中的单位变动成本和差量成本，都是边际成本这个理论概念的具体表现形式。

（4）重置成本

一项资产的重置成本，是指目前从市场上购置同一项原有资产所需支付的成本，又称为现时成本或现行成本。财务会计是以历史成本作为资产入账的基础，但历史成本对于目前的许多决策往往意义不大。例如，企业有一项资产，其历史成本是 500 元，重置成本是 800 元。此时，如果我们以历史成本为依据，那我们将此资产以 600 元售出，企业仍获利 100 元，但其实这只是一个假象，因为此时如果将同类资产购入，企业需支付 800 元，则企业实亏 200 元。可见重置成本是企业在短期经营决策中不可忽视的一个重要因素。

（5）付现成本

付现成本是指那些由于未来某项决策所引起的需要在将来动用现金支付的成本。企业的任何决策活动，不仅要力求达到经济效益最佳，而且必须立足现实，充分考虑方案实施的可能性。当企业财务状况吃紧，现金储备不足时，付现成本的大小成为方案选优的重要标准。企业往往会选择付现成本最小的方案来替代总成本最低的方案。

（6）专属成本

专属成本是指那些能够明确归属于某种产品、某批产品或某个部门的固定成本，它往往是为了弥补生产能力不足的缺陷，增加有关装置、设备、工具等长期资产而发生的。例如，专门为生产某种零件或某批产品而使用的机床的折旧费、保险费等，都属于专属成本。

（7）可避免成本

可避免成本是指通过管理当局的决策行动可改变其数额的成本。它是同某一备选方案直接相关联的成本。酌量性固定成本，如培训费、广告费等均属可避免成本。一般而言，与某一方案相关的变动成本都是可避免成本。例如，某企业准备开发新产品，如果实施该方案，必须以 10 000 元的价格购置一台新设备，那么这 10 000 元的设备款就属于可避免成本，它是否发生完全取决于企业是否开发新产品这一决策。

（8）可延缓成本

可延缓成本是指与已选定但可延缓实施的某方案相关联的有关成本。该方案的延缓实施，不会对企业的经营活动带来重大不利影响。当方案延缓实施时，与之相关联的成本则随之延迟发生。由于可延缓成本的发生时间具有一定的弹性，因此，在决策中，特别是在资金不太充足的情况下，应予以考虑。

2. 无关成本

无关成本是指在决策分析中无须考虑、对未来没有影响的成本，或是指在各个备选方案中，项目相同、金额相等的未来成本。

（1）沉没成本

沉没成本也称历史成本，是指由过去的决策所引起并且已经发生的实际支出，不能由现在或将来的决策所改变的成本。企业大多数固定成本（固定资产的折旧、无形资产的摊销费），属于沉没成本。

（2）不可避免成本

不可避免成本是指不论管理当局做出何种决策，都不能改变其发生数额的成本。也就是说，这种成本的发生与特定的决策方案无关，不管决策方案是否被采纳，其金额都会发生，因此是无关成本。

（3）共同成本

共同成本是指由多个方案共同拥有的固定成本，如各方案共同分享的设施和服务成本，包括车间管理人员工资，车间中的照明、取暖、空调等费用。不论采用哪种方案，其发生金额都相同，因此，属于无关成本。

（4）联合成本

联合成本是指联产品或半成品在进一步加工前所发生的变动成本和固定成本。通常在对联产品或半成品是否需要进一步加工的决策分析中，联合成本属于不必考虑的无关成本。

任务 *5.3* 生产决策

任务布置

熟悉掌握生产决策的分析方法，能够实际运用生产决策方法。

教学组织

在教学过程中，运用案例教学，培养学生的数字应用能力和解决问题的能力。

5.3.1 生产决策的分析方法

1. 差量分析法

差量收入是指两个备选方案预期收入之差，差量成本是指两个备选方案预期成本之差。

差量分析法是根据两个备选方案的差量收入与差量成本所确定的差量损益进行决策分析的方法。若差量损益为正值，则前一个方案较优；若差量损益为负值，则后一个方案较优。应该注意，计算差量收入和差量成本的方案排列顺序必须保持一致。

$$差量损益＝差量收入－差量成本$$

例题 *5-1* 华信公司用一台设备既可生产 A 产品，也可生产 B 产品，其预计销售单价、销售量和单位变动成本资料如表 5-1 所示。

表 5-1 资料

产 品	A	B
销售单价/（元/件）	25	15
单位变动成本/（元/件）	20	12
销售量/件	600	800

要求做出该公司生产哪种产品较为有利的决策分析。

1）计算两种产品的差量收入：

差量收入＝25×600－15×800＝3 000(元)

2）计算两种产品的差量成本：

差量成本＝20×600－12×800＝2 400(元)

3）计算两种产品的差量损益：

差量损益＝3 000－2 400＝600(元)

计算表明，A 产品与 B 产品的差量损益为 600 元，为正值，因此选择生产 A 产品。

2. 贡献毛益分析法

贡献毛益分析法，就是通过对比备选方案所提供的贡献毛益总额来确定最优方案的方法。

注意：须以备选方案提供的贡献毛益总额的大小，或单位工时所创造的贡献毛益的大小作为选优标准，而不能以产品提供的单位贡献毛益的大小来判断方案的优劣。

例题 5-2　承例题 5-1 的资料，采用贡献毛益分析法进行决策分析。

用同一台设备生产 A 产品或 B 产品，不论选择哪一种方案，固定成本都是相同的，属于决策分析中的无关成本，无须加以考虑。

A 产品贡献毛益总额＝(25－20)×600＝3 000(元)

B 产品贡献毛益总额＝(15－12)×800＝2 400(元)

计算表明，生产 A 产品的贡献毛益总额 3 000 元大于生产 B 产品的贡献毛益总额 2 400 元，所以应选择生产 A 产品。

！提醒

> 贡献毛益分析法是通过对比各备选方案所提供的贡献毛益总额大小来确定最优方案的。

3. 成本平衡点法

成本平衡点法是两个备选方案的预期成本在相等情况下的业务量。根据成本平衡点，就可以确定在什么业务量范围内哪个方案较优。

成本平衡点法的关键在于：确定成本平衡点（或成本分界点）。

例题 5-3　甲企业需用的 A 配件既可以自制，也可以从市场上购买，购买单价为 15 元/件，每年自制 A 配件需增加专属成本 20 000 元，单位变动成本为 10 元/件。

试用成本平衡点法做出需求量在什么范围内 A 配件自制或外购的决策分析。

设 A 配件的需要量为 x，则外购的相关成本 $y_1＝15x$，自制的相关成本 $y_2＝20\,000＋10x$。

令 $y_1＝y_2$，则 $15x＝20\,000＋10x$，成本平衡点 $x＝4\,000$(件)。

计算表明，若需要量为 4 000 件时，两方案成本相同，均属于可行方案；若需要量小于 4 000 件时，外购方案的相关成本小于自制方案的相关成本，外购方案较优；若需要量大于 4 000 件时，自制方案的相关成本小于外购方案的相关成本，自制方案较优。

5.3.2　生产决策方法的应用

1. 开发新产品的决策

（1）生产何种产品的决策

例题 5-4　某企业现有生产能力 10 000 机器小时，可用于生产甲产品，也可用于生产乙产品，有关资料如表 5-2 所示。

表 5-2 资料

项 目	甲产品	乙产品
工时定额/件	25	20
销售单价/（元/件）	28	16
单位变动成本/（元/件）：		
直接材料/（元/件）	9	6
直接人工/（元/件）	7	4
变动制造费用/（元/件）	8	3
固定成本总额/元	12 000	12 000

要求做出该企业生产哪种产品较为有利的决策分析。

本例中企业现有能力为 10 000 机器小时，由于甲、乙两种产品的定额工时各不相同，首先需要确定它们各自的最大产量。本例中的相关成本只包括变动的生产成本，不论在哪种方案下，固定成本总额都是相同的，在决策分析中属于无关成本，可不考虑。

此类决策可以采用差量分析法。

1）根据机器的最大生产能力计算出两种产品的最大产量。

甲产品的最大产量＝10 000/25＝400(件)

乙产品的最大产量＝10 000/20＝500(件)

2）计算甲、乙两种产品的差量收入、差量成本与差量损益。

差量收入＝28×400－16×500＝3 200(元)

差量成本＝(9＋7＋8)×400－(6＋4＋3)×500＝3 100(元)

差量损益＝3 200－3 100＝100(元)

计算表明，生产甲产品比生产乙产品多获利 100 元，所以选择生产甲产品。

（2）开发新产品的决策

① 不追加专属成本的决策分析

各备选方案只是利用现有剩余生产能力，原有固定成本都是相同的。一般应选择提供贡献毛益总额最多的方案。

例题 5-5　某企业原计划生产能力为 10 000 机器小时，但实际开工率只有原生产能力的 60%，现准备将剩余生产能力用来开发新产品 A 和 B，有关资料如表 5-3 所示。

表 5-3 资料

项 目	新产品 A（预计数）	新产品 B（预计数）
工时定额/件	100	50
销售单价/（元/件）	80	65
单位变动成本/（元/件）	60	50
固定成本总额/元	20 000	20 000

要求做出该企业开发何种新产品较为有利的决策分析。

此类决策可采用贡献毛益分析法。根据有关资料，编制贡献毛益分析表，如表 5-4 所示。

表 5-4 贡献毛益分析

项　目	新产品 A	新产品 B
剩余生产能力/机器小时	10 000×（1－60%）＝4 000	
工时定额/（机器小时/件）	100	50
最大产量/件	4 000/100＝40	4 000/50＝80
销售单价/（元/件）	80	65
单位变动成本/（元/件）	60	50
单位贡献毛益/（元/件）	80－60＝20	65－50＝15
贡献毛益总额/元	20×40＝800	15×80＝1 200

计算表明，开发新产品 B 比开发新产品 A 多获利 400 元，所以开发新产品 B 较为有利。

② 追加专属成本的决策分析

产品开发的品种决策方案涉及追加专属成本，应以各种产品的剩余贡献毛益额作为判断方案优劣的标准。

例题 5-6 承例题 5-5 的资料，假设制造新产品 A 需支付专属固定成本 100 元，制造新产品 B 需支付专属固定成本 600 元。则企业开发何种新产品较为有利？

此类决策可采用贡献毛益分析法。根据有关资料，编制贡献毛益分析表，如表 5-5 所示。

表 5-5 贡献毛益分析

项　目	新产品 A	新产品 B
剩余生产能力/机器小时	10 000×（1－60%）＝4 000	
工时定额/（机器小时/件）	100	50
最大产量/件	4 000/100＝40	4 000/50＝80
销售单价/（元/件）	80	65
单位变动成本/（元/件）	60	50
单位贡献毛益/（元/件）	80－60＝20	65－50＝15
贡献毛益总额/元	20×40＝800	15×80＝1 200
专属固定成本/元	100	600
剩余贡献毛益总额/元	700	600

计算表明，开发新产品 A 的剩余贡献毛益总额比开发新产品 B 多 100 元，所以开发新产品 A 较为有利。

2. 特殊价格追加订货的决策

接受追加订货的决策，是指根据目前的生产状况，企业还有剩余生产能力，除了开发新产品外，还可考虑是否接受客户的追加订货的决策。

（1）追加订货量小于或等于剩余生产能力

当追加订货量小于或等于剩余生产能力时，接受追加订货不追加专属成本，只要特殊订货的单价大于单位变动成本，就可以接受追加订货。

（2）追加订货量大于剩余生产能力

当追加订货量大于剩余生产能力时，应将追加订货而减少的正常收入作为追加订货的机会成本，将追加订货需要增加专门的固定成本作为专属成本。

例题5-7 华信公司原来生产 A 产品，年生产能力 5 000 件，每年有 20% 的剩余生产能力，正常销售单价为 35 元，有关成本数据如表 5-6 所示。

表5-6　A产品单位成本资料　　　　　　　　　　　　元

项　目	金　额
直接材料	10
直接人工	6
制造费用	
其中：变动制造费用	4
固定制造费用	5
单位产品成本	25

① 现有一客户提出订货 900 件，每件定价 21 元，剩余生产能力无法转移，追加订货不需要增加专属成本。

② 现有一客户提出订货 1 000 件，每件定价 22 元，但该订货还有些特殊要求，需购买一台专用设备，年增加固定成本 1 000 元。

③ 现有一客户提出订货 1 300 件，每件定价 23 元，剩余生产能力无法转移，追加订货不需要增加专属成本。

要求就以上 3 种情况做出是否接受特殊价格追加订货的决策分析。

① 该公司每年有 20% 的剩余生产能力，即每年有 1 000 件的剩余生产能力，客户提出的订货量只有 900 件，小于该公司的剩余生产能力。在这种情况下，只要定价大于该产品的单位变动成本就可以接受订货。特殊定价 21 元大于该产品的单位变动成本 20(10＋6＋4) 元，所以接受追加订货。

② 可采用差量分析法进行分析，如表 5-7 所示。

表5-7　差量分析　　　　　　　　　　　　元

项　目	接受追加订货	拒绝追加订货	差量（接受－拒绝）
相关收入	1 000×22＝22 000	0	22 000
相关成本	21 000	0	21 000
其中：增量成本	1 000×20＝20 000	0	
专属成本	1 000	0	
差量损益			1 000

计算表明，接受订货比拒绝订货可多获利 1 000 元，所以应接受订货。

③ 订货 1 300 件，超过了该公司的剩余生产能力 1 000 件，如果接受订货，将减少正常销售量 300 件，此 300 件的正常销售收入应作为接受追加订货方案的机会成本。具体分析如表 5-8 所示。

表5-8　差量分析　　　　　　　　　　　　　　　　　　　　　元

项　　目	接受追加订货	拒绝追加订货	差量（接受－拒绝）
相关收入	1 300×23＝29 900	0	29 900
相关成本	30 500	0	30 500
其中：增量成本	1 000×20＝20 000	0	
专属成本	300×35＝10 500	0	
差量损益			－600

计算表明，接受订货比拒绝订货少获利600元，所以应拒绝订货。

3. 亏损产品是否停产的决策

对于亏损产品，不能简单地予以停产，而必须综合考虑企业各种产品的经营状况、生产能力的利用及有关因素的影响，采用变动成本法进行分析后，做出停产、继续生产、转产或出租等最优选择。

生产能力无法转移时，只要亏损产品的贡献毛益大于0，就不应该停产。因为亏损产品停产后只能减少变动成本，并不能减少固定成本，如果继续生产，亏损产品提供的贡献毛益可以弥补部分固定成本。可采用贡献毛益分析法进行决策。

亏损产品能够提供贡献毛益，并不意味着该亏损产品一定要继续生产。如果存在更加有利可图的机会（如转产其他产品或将设备对外出租），能够使企业获得更多的贡献毛益，那么该亏损产品就该停产。

（1）亏损产品停产决策

例题5-8　某公司产销甲、乙、丙3种产品，其中，甲、乙两种产品盈利，丙产品亏损，有关资料如表5-9所示。

表5-9　某公司产品产销情况　　　　　　　　　　　　　　　　元

项　　目	甲产品	乙产品	丙产品
销售收入总额	6 000	8 000	4 000
变动成本总额	3 000	4 000	3 000
固定成本总额	5 400（按各产品销售收入比重分配）		

要求做出丙产品是否停产的决策（假设丙产品停产后生产能力无法转移）。

根据上述资料，计算各种产品的贡献毛益和利润，如表5-10所示。

表5-10　贡献毛益和利润计算　　　　　　　　　　　　　　　元

项　　目	甲产品	乙产品	丙产品	合　计
销售收入总额	6 000	8 000	4 000	18 000
变动成本总额	3 000	4 000	3 000	10 000
贡献毛益总额	3 000	4 000	1 000	8 000
固定成本总额	1 800	2 400	1 200	5 400
净利润	1 200	1 600	－200	2 600

从计算结果可以看出，丙产品是亏损产品，但如果停产，则企业可减少亏损 200 元，即丙产品停产后，该公司的利润将是 2 800 (1 200＋1 600)元，而不是现在的 2 600 元。表面看来停产丙产品对企业有利，但实际情况并非如此。因为丙产品之所以亏损 200 元，是因为它负担了公司分摊的固定成本 1 200 元。但固定成本是一种已经存在的，不可避免的成本，与丙产品是否停产这一决策无关。如果丙产品停产，这部分固定成本会转移到甲、乙产品来分担，则该公司的利润由 2 600 元减少为 1 600 元（见表 5-11）。

表 5-11 亏损产品停产后贡献毛益和利润计算　　　　　　　　　　元

项　目	甲产品	乙产品	合　计
销售收入总额	6 000	8 000	14 000
变动成本总额	3 000	4 000	7 000
贡献毛益总额	3 000	4 000	7 000
固定成本总额	2 314	3 086	5 400
净利润	686	914	1 600

因此，丙产品虽然亏损了，但不应该停产。因为它提供了 1 000 元的贡献毛益。

（2）亏损产品的转产决策

如果亏损产品的生产能力可以转移，那么就要在继续生产亏损产品和转产其他产品之间做出抉择。

例题 5-9　承例题 5-8，如果丙产品停产后，其生产能力可以用于生产丁产品 100件，不需追加专属固定成本，丁产品的单价为 50 元/件，单位变动成本 35 元/件。试分析该企业是否应该转产。

根据上述资料编制贡献毛益分析表，如表 5-12 所示。

表 5-12 贡献毛益分析　　　　　　　　　　元

项　目	丙产品	丁产品
销售收入总额	4 000	5 000
变动成本总额	3 000	3 500
贡献毛益总额	1 000	1 500

从表 5-12 可知，由于丁产品创造的贡献毛益大于丙产品，并使企业利润增加 500 元，所以转移生产丁产品对企业较为有利。

4. 产品是直接出售还是深加工的决策

（1）半成品是否进一步加工的决策

某些制造企业生产的产品，在一定的加工阶段完成后，可以作为半成品出售，也可以继续加工后再出售。继续加工后出售一般售价会较高，但需追加一定的继续加工成本，因此就产生了是直接出售半成品还是进一步加工后再出售的决策问题。半成品是否进一步加工的决策常采用差量分析法来完成。

例题 5-10　某厂每年可生产半成品 4 000 件，如果直接出售单价为 22 元。其单位成本资料为：单位直接材料成本 7 元/件，单位直接人工成本 5 元/件，单位变动制造费用 2 元/件，单位固定制造费用 2 元/件，合计 16 元/件。现在该厂的生产能力还有一定剩余，可以将半成品继续加工后再出售，这样单价可提高到 27 元/件，但每件需追加变动成本 4 元，还需购置一台价值 5 000 元的专用设备。

要求做出该厂是否需要进一步加工产品的决策分析。

由于已经发生的半成品是与决策无关的沉没成本，因此相关成本只有追加的变动成本和专属固定成本。该项决策可采用差量分析法，分析结果如表 5-13 所示。

表 5-13　差量损益分析　　　　　　　　　　　　　　　　　　　　　　　　　元

项　目	进一步加工	直接出售	差　量
相关收入	27×4 000＝108 000	22×4 000＝88 000	20 000
相关成本	21 000	0	21 000
其中：变动成本	4×4 000＝16 000	0	
专属固定成本	5 000	0	
差量损益			−1 000

计算表明，继续加工再出售比直接出售少获利 1 000 元，因此应选择直接出售半成品的方案。

（2）联产品是否进一步加工的决策

联产品是同一生产过程中生产出来的若干经济价值较大的产品。例如，炼油厂对原油裂化加工后可生产出汽油、柴油、重油等联产品。这些联产品都是企业的主要产品，有些联产品既可以在分离后立即出售，也可以继续加工后再进行出售。联合成本是联产品自身产生的成本，属于无关成本；可分成本是联产品进一步加工时产生的变动加工成本，属于相关成本。

通常可采用差量分析法。在决策时应按下列原则选择方案：

进一步加工后的销售收入－分离后直接出售的销售收入＞可分成本，应进一步加工；

进一步加工后的销售收入－分离后直接出售的销售收入＜可分成本，应分离后直接出售。

例题 5-11　某厂在同一生产过程中生产出甲、乙两种联产品，有关资料如表 5-14 所示。试分别对甲、乙两种联产品做出是否进一步加工的决策。

表 5-14　联产品资料

项目\产品	产量/千克	联合成本/元	分离后立即出售的价格/（元/千克）	分离后进一步加工的成本/元	加工后售价/（元/千克）
甲	600	21 000	150	15 000	180
乙	200	8 600	150	5 400	165
合　计	800	29 600	—	20 400	—

根据题意，分别编制甲、乙两种产品差量损益分析表，如表 5-15、表 5-16 所示。

表 5-15　甲产品差量损益分析　　　　　　　　　　　　　　　　元

方案 项目	进一步加工	分离后即出售	合　计
差量收入	180×600＝108 000	150×600＝90 000	18 000
差量成本	15 000	0	15 000
差量损益			3 000

表 5-16　乙产品差量损益分析　　　　　　　　　　　　　　　　元

方案 项目	进一步加工	分离后即出售	合　计
差量收入	165×200＝33 000	150×200＝30 000	3 000
差量成本	5 400	0	5 400
差量损益			－2 400

从以上差量分析表可知，甲产品继续加工后出售比分离后即出售多获利 3 000 元，所以，该公司应选择对甲产品进一步加工的方案；乙产品分离后即出售比继续加工后再出售多获利 2 400 元，所以，该公司应选择将乙产品分离后即出售的方案。

5. 零部件自制还是外购的决策

零部件自制或外购的决策是指围绕既可自制又可外购的零部件的取得方式而开展的决策，又叫零部件取得方式的决策。通常涉及自制零部件和外购零部件两个备选方案，这些方案不涉及相关收入，只需要考虑相关成本因素。我们在进行这类决策时应遵循成本最小化的原则。在零部件需要量事先确定的情况下，一般可采用差量分析法；当需要量无法确定时，则需采用成本平衡点法进行决策。

（1）零部件需要量确定时自制或外购的决策

一般可采用差量分析法，并从中选择成本较低的方案作为较优方案。

例题 5-12　某企业需用 A 零件 1 000 个，如从市场购买，每个价格为 35 元。若该厂利用加工车间剩余生产能力加工，制造一个 A 零件的单位变动成本为：直接材料 16 元，直接人工 13 元，变动制造费用 4 元，固定制造费用总额 6 000 元。加工车间若不制造该零件，生产设备没有其他用途。

①该企业 A 零件是自制还是外购？

②若企业自制 A 零件时需另增加一台专用检测设备，价值 3 800 元，企业应做何决策？

③假设外购零件时，原生产 A 零件的设备可出租，年租金收入净额为 1 500 元，如何决策？

①自制相关成本＝直接材料＋直接人工＋变动制造费用

　　　　　　　＝16×1 000＋13×1 000＋4×1 000＝33 000(元)

外购相关成本＝35×1 000＝35 000(元)

因此应选自制方案。

② 自制相关成本＝16×1 000＋13×1 000＋4×1 000＋3 500＝36 500(元)

外购相关成本＝35×1 000＝35 000(元)

因此应选外购方案。

③ 自制相关成本＝16×1 000＋13×1 000＋4×1 000＋1 500＝34 500(元)

外购相关成本＝35×1 000＝35 000(元)

因此应选自制方案。

（2）零部件需要量不确定时自制或外购的决策

在零件、部件、配件全年需要量不确定的情况下的决策分析，可以应用成本平衡点法。

例题 5-13　某企业需用的 A 配件既可以自制，也可以从市场上购买，购买单价为 35 元/件，每年自制 A 配件需增加专属成本 30 000 元，单位变动成本为 20 元/件。

要求做出企业所需的 A 配件是自制还是外购的决策分析。

设 A 配件的需要量为 x，则外购的相关成本 $y_1=35x$，自制的相关成本 $y_2=30\,000+20x$。

令 $y_1=y_2$，则 $35x=30\,000+20x$，成本平衡点 $x=2\,000$(件)。

计算表明，若需要量为 2 000 件时，两方案成本相同，均属于可行方案；若需要量小于 2 000 件时，外购方案的相关成本小于自制方案的相关成本，外购方案较优；若需要量大于 2 000 件时，自制方案的相关成本小于外购方案的相关成本，自制方案较优。

6. 不同生产工艺技术方案的决策

企业对同一种产品或零件采用不同的工艺方案进行加工，其成本往往相差悬殊。采用先进的工艺方案，产量、质量肯定会大大提高。但是，由于使用高精度的专用设备，其单位变动成本可能会降低，而固定成本较高。采用较为落后的工艺方案，往往只需使用普通的设备，其单位变动成本可能较高，而固定成本较低。如何降低单位固定成本，要看产品的批量。因此，生产工艺的决策分析与产品的批量有直接关系。所以，应先确定其成本平衡点的业务量，然后再作出正确的决策。对生产工艺的方案选择，可采用成本平衡点法进行分析。

例题 5-14　某企业生产某种型号的齿轮，可以选用普通机床加工或数控机床加工。这两种机床加工时所需要的不同成本资料如表 5-17 所示。

表 5-17　某企业加工所用机床的有关资料

机床类型	每个齿轮加工费/（元/个）（变动成本）	每次调整准备费/元（固定成本）
普通机床	1.60	40
数控机床	0.80	100

根据上述资料确定：为了使该齿轮的生产成本最低，应选用哪一种机床对其进行加工。

设普通机床和数控机床的成本分界点为 x 个齿轮，则：

普通机床加工成本为：$y_1=40+1.6x$

数控机床加工成本为：$y_2 = 100 + 0.8x$

令 $y_1 = y_2$，即 $40 + 1.6x = 100 + 0.8x$

成本分界点为：$x = 75$(个)

结论：当齿轮需要量小于 75 个时，采用普通机床进行加工较优；当齿轮需要量等于 75 个时，两种方案均可；当齿轮需求量大于 75 个时，采用数控机床进行加工较优。

任务 5.4　存货决策

任务布置

了解存货决策中的成本，掌握经济批量法的计算。

教学组织

在教学过程中，运用案例教学，提高学生的计算能力和分析能力。

存货是指企业在日常活动中持有以备出售的产成品或商品、处在生产过程中的在产品、在生产过程或提供劳务过程中耗用的材料、物料等。存货是企业赖以生存和发展的基本要素，是企业重要的流动资产。

存货水平的高低对企业的获利能力有着至关重要的影响。如果存货水平过高，必然增加许多储存费用和资金占用的利息支出。存货水平过低又会影响生产，导致停工损失而减少利润。进行存货决策的目的就是通过采用科学的方法，使存货既能保证销售和生产的需要，又能使企业的资金占用得到最经济合理的安排。

5.4.1　存货成本

在存货决策中，通常需要考虑以下几项成本。

1. 采购成本

采购成本又称购置成本，是指由购买存货而发生的买价（购买价格或发票价格）和运杂费（运输费用和装卸费用）构成的成本。采购成本的总额取决于采购数量和单位采购成本。由于单位采购成本一般不随采购数量的变动而变动，因此，在采购批量决策中，存货的采购成本通常属于无关成本，但当供应商为扩大销售而采用数量折扣等优惠方法时，采购成本就成为与决策相关的成本了。

2. 订货成本

订货成本是指企业为了组织进货而发生的费用，即取得订单的成本，如与存货采购有关的办公费、差旅费、邮费、电话费、运输费、检验费和入库搬运费等。订货成本可以分为两大部分：为维持一定的采购能力而发生的各期金额比较稳定的成本，称为固定订货成本，如折旧费、水电费和办公费等；随订货次数的变动而成比例变动的成本，称为变动订货成本，如差旅费和检验费等。

3. 储存成本

储存成本是指企业因持有存货而发生的费用，包括存货的资金占用费（以贷款购买存货的利息成本）或机会成本（以现金购买存货而损失的其他投资收益）、仓储费用、保险费用、存货残损与霉变损失等。储存成本可以根据是否随储存数额的变化而变化分为变动储存成本和固定储存成本。固定储存成本与存货数量的多少无关，如仓库折旧、仓库职工的固定月工资等；变动储存成本与存货的数量有关，如存货资金的应计利息、存货的破损和变质损失、存货的保险费用等。

4. 缺货成本

缺货成本是指因存货不足而给企业造成的损失，包括由于材料供应中断造成的停工损失、产成品供应中断导致延误发货的信誉损失，以及丧失销售机会的经济损失等。

缺货成本能否作为决策的相关成本，应视企业是否允许出现存货短缺的不同情形而定。若允许缺货，则缺货成本便与存货数量反向相关，即属于决策相关成本；反之，若企业不允许发生缺货情形，此时缺货成本为 0，也就无须加以考虑。

5.4.2　存货决策分析

1. 经济批量法

存货决策的目的是：找出使订货成本和储存成本合计数最低的订购批量，即经济订购批量。

所谓订购批量，是指每次订购货物的数量。某种存货在全年需要量已定的情况下，降低订购批量，必然增加订购批次。一方面，使存货的储存成本（变动储存成本）随平均储存量的下降而下降；另一方面，使订货成本（变动订货成本）随订购批次的增加而增加。反之，减少订购批次必然要增加订购批量，在减少订货成本的同时，储存成本将会增加。可见，存货决策的目的就是确定使这两种成本合计数最低时的订购批量，即经济订购批量，如图 5-1 所示。

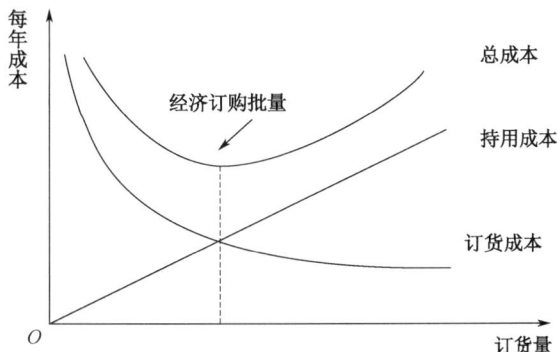

图 5-1　经济订购批量的基本模型

经济订购批量的推导及公式为：

$$T = C \times Q/2 + P \times A/Q$$

$$\text{经济订购批量} Q^* = \sqrt{\frac{2AP}{C}}$$

$$\text{最低全年总成本} T^* = \sqrt{2APC}$$

式中，A——全年需要量；Q——每次订货量；P——每次订货成本；C——单位存货的每年平均储存成本；T_C——存货的全年总成本。

例题 5-15 假设某厂全年耗用 A 材料 1 200 千克，每次订货成本 10 元，每千克材料的年储存成本为 0.6 元。

要求计算经济订购批量 Q^*、最低年成本 T^*、最佳订货次数 A/Q^*。

$$Q^* = \sqrt{\frac{2 \times 1\,200 \times 10}{0.6}} = 200(\text{千克})$$

$$T^* = \sqrt{2 \times 1\,200 \times 10 \times 0.6} = 120(\text{元})$$

$$A/Q^* = 1\,200/200 = 6(\text{次})$$

2. ABC 库存分类管理法

ABC 库存分类管理法就是按照一定的标准，将企业的存货划分为 A、B、C 三类，分别实行分品种重点管理、分类别一般控制和按总额灵活掌握的存货决策方法。

A 类存货的特点是金额很大，但品种数量较少；B 类存货金额一般，品种数量相对较多；C 类存货品种数量繁多，但价值金额却很小。例如，超市，高档皮货、珠宝首饰、名烟名酒、家用电器、家具、摩托车、大型健身器械等商品的品种数量并不很多，但价值金额却相当大，属 A 类存货。大众化的服装、鞋帽、床上用品、布匹、文具用具等商品品种数量比较多，但价值金额相对 A 类存货要小得多，属 B 类存货。至于各种百货，如针线、纽扣、化妆品、日常卫生用品及其他日杂用品等品种数量则非常多，单位价值却很小，属 C 类存货。

任务 5.5 定价决策

任务布置

了解定价决策应考虑的因素，掌握定价决策的分析方法，能够实际运用定价决策分析方法。

教学组织

充分调动学生学习的积极性，在教学过程中，运用案例教学，培养学生的数字应用能力和解决问题的能力。

在市场经济中，市场是决定企业成败兴衰的生命线。在企业的经营决策中，定价决策是一项重要内容。定价是决定产品销路的重要因素之一。一种产品价格确定的适当与否，往往决定了该种产品能否为市场所接受，直接影响该种产品在市场中的竞争地位和市场占有率。产品定价太高，会减少市场份额；定价太低，不能保证企业实现理想的利润。因此，定价决策对企业的生存和发展具有特别重要的作用。

5.5.1 定价决策应考虑的因素

1. 产品成本

一般来说，成本是影响定价的最基本因素。从长期来看，产品价格应等于总成本加上合理的利润，如果企业无利可图，将会停止生产；从短期来看，企业应根据成本结构确定产品价格，即产品价格必须高于平均变动成本，以便掌握盈亏情况，减少经营风险。

2. 定价目标

定价目标是定价决策的重要影响因素。若企业的定价目标是提高产品的市场占有率，其通常会制定较低的产品价格以促使销量迅速上升。

3. 市场需求

市场需求与价格的关系可以简单地用市场需求潜力与需求价格弹性来反映。市场需求潜力是指在一定的价格水平下，市场需求可能达到的最高水平。需求价格弹性是指其他条件不变的情况下，某种商品的需求量随其价格的升降而变动的程度，它是用需求量变化率与价格变化率之比来表示的。需求价格弹性大的商品，其价格的制定和调整对市场需求影响大；需求价格弹性小的商品，其价格的制定和调整对市场需求的影响小。例如，消费用品中的日常生活的必需品，如粮食、食用油、日用小商品等，由于日常需求量大，而价格弹性较小，可采用较低的定价和薄利多销的策略；对消费品中的奢侈品和耐用消费品，如高档化妆品、名贵首饰等，由于需求量小，价格弹性也较小，则可采用优质高价的策略，因为对购买者来说，看中的是商品的品质，价格则属于次要问题。

4. 市场竞争

产品竞争的激烈程度不同，对定价的影响也不同。竞争越剧烈，对价格的影响也越大。制定价格时，企业还要关注市场的竞争状况。当市场中的同业竞争者调整价格时，企业为了维持其原有的市场份额，就需决定是否调整价格及调整范围。

5. 产品所处的生命周期

产品的市场生命周期包括 4 个阶段，即投入期、成长期、成熟期、衰退期。在不同阶段，定价策略应有所不同。投入期的价格，既要补偿高成本，又要为市场所接受；成长期和成熟期正是产品大量销售、扩大市场占有率的时机，要求稳定价格以利于开拓市场；进入衰退期后，一般应采取降价措施，以便充分发掘老产品的经济效益。

5.5.2 以成本为导向的定价决策分析方法

成本是企业生产和销售产品所发生的各项费用的总和，是构成产品价格的基本因素，也是价格的最低经济界限。以成本为基础制定产品价格，不仅能保证生产中的耗费得到补偿，而且能保证企业必要的利润。凡是新产品的价格制定，都可以采用以成本为基础的定价决策方法。

1. 完全成本加成定价法

完全成本加成定价法是指在单位完全成本的基础上加上一定比率的利润，来制定产品价格的一种方法。其计算公式为：

$$产品价格＝产品预计单位完全成本×(1＋利润加成率)$$

例题 5-16 某公司计划产销 A 产品 5 000 件。该产品预计单位变动成本为：直接材料 15 元/件，直接人工 11 元/件，变动制造费用 4 元/件。固定成本总额 10 000 元，利润率为 10%。该公司采用完全成本加成定价法，计算该产品的单位价格。

产品价格＝(15＋11＋4＋10 000/5 000)×(1＋10%)＝35.2(元/件)

完全成本加成定价法是大多数公司所采用的方法。它的优点是计算简单，简便易行。在正常情况下，按此方法定价可使企业获取预期盈利。其缺点是很难适应市场需求的变化，往往导致定价过高或过低。企业生产多种产品时，难以准确分摊间接费用，从而导致定价不准确。

2. 变动成本加成定价法

在一定条件下，企业产品的单位变动成本具有不变性，企业可根据变动成本及贡献毛益率指标进行单位产品价格的计算，这种方法即变动成本加成定价法。其计算公式为：

$$产品价格＝单位产品的变动成本÷(1－贡献毛益率)$$

例题 5-17 某公司生产 A 产品，单位产品成本为 29 元/件，其中直接材料 10 元/件，直接人工 6 元/件，变动制造费用 4 元/件，固定制造费用 9 元/件。贡献毛益率为 20%。若该公司采用变动成本加成定价法，计算 A 产品的单位价格。

A 产品单位变动成本＝10＋6＋4＝20(元/件)

A 产品单位价格＝20÷(1－20%)＝25(元/件)

变动成本加成定价法是在成本按其特性分类的基础上进行的，可以清楚地了解价格和数量变化对利润的影响，有利于企业选择和接受市场价格。然而，由于这种方法未考虑固定成本，价格往往定得过低，无法补偿所有的成本，从长期来看，会影响公司的生存。

5.5.3 以市场需求为导向的定价决策分析方法

需求导向定价法，即以需求为导向的定价方法，是指在优先考虑市场供求关系和消费者可能对价格的接受程度的基础上，做出定价决策的方法。

1. 弹性定价法

市场供求关系的变化是影响企业产品价格的一个重要因素，因此，企业制定价格最需要考虑的因素是价格弹性。价格弹性，又称需求价格弹性，是指需求数量变动率与价格变动率之比，反映价格变动引起需求变动的方向和程度。需求价格弹性取决于产品的需求程度、可替代性和费用占消费者收入的比重等。必需品的弹性一般小于奢侈品，低档产品的弹性小于高档产品。我们可以通过测定价格弹性进行产品价格的制定。

需求价格弹性可用下列公式计算：

$$E_P = (\Delta Q/Q)/(\Delta P/P)$$

式中，E_P——需求价格弹性系数；Q——基期需求量；ΔQ——需求变动量；P——基期单位产品价格；ΔP——价格变动量。

$E_P > 1$：富有弹性。表示需求量的变化率大于价格的变动率，即需求量对于价格的变动率是比较敏感的。

$E_P < 1$：缺乏弹性。表示需求量的变动率小于价格的变动率，即需求量对于价格的变动率欠敏感。

$E_P = 1$：单一弹性。这是一种巧合的情况，它表示需求量和价格的变动率刚好相等。

例题 5-18　某企业生产销售 C 产品，2017 年前两个季度的销售单价分别为 50 元、55 元；销售数量分别为 210 万件、190 万件。确定第二季度比第一季度的需求价格弹性系数。

$$E_P = [(190-210)/210]/[(55-50)/50] = -0.95$$

2. 反向定价法

反向定价法，又称可销价格倒推法，是指企业根据产品的市场需求状况，通过价格预测和试销、评估，先确定消费者可以接受和理解的零售价格，然后倒推批发价格和出厂价格的定价方法。这种定价方法的依据不是产品的成本，而是市场的需求定价，力求使价格为消费者所接受。分销渠道中的批发商和零售商多采取这种定价方法。

其计算公式为：

$$单位批发价格 = 市场可销售价格 - 批零差价$$

或

$$= 市场可销售价格 \div (1 + 批零差价率)$$

$$单位出厂价格 = 批发价格 - 进销差价$$

或

$$= 批发价格 \div (1 + 进销差价率)$$

$$单位生产成本 = 出厂价格 - 利润 - 税金$$

或

$$= 出厂价格 \times (1 - 税率) \div (1 + 利润率)$$

应用上述公式，关键在于确定市场可销售价格，其他资料可以根据市场同类商品的有关资料确定，或者通过市场调查、分析后确定。

例题 5-19　某企业计划生产甲产品，经市场综合调查，甲产品市场可以接受的单位零售价格为 24 元，批发环节的批零差价率一般为 20%，进销差价率一般为 10%，甲产品销售税率为 10%，利润率要求达到 10%，则

单位批发价格 $= 24 \div (1 + 20\%) = 20(元)$

单位出厂价格 $= 20 \div (1 + 10\%) \approx 18.18(元)$

单位生产成本 $= 18.18 \times (1 - 10\%) \div (1 + 10\%) \approx 14.87(元)$

5.5.4　以特殊要求为导向的定价决策方法

1. 保本定价法

在竞争的形势下，有些企业生产经营的个别产品价格在一定条件下可能定得比较低，只有微利甚至仅仅保本。为了扩大企业的市场占有率，企业应按下式确定保本价格：

保本价格＝单位变动成本＋专属固定成本÷预计销量

2. 保利定价法

保利定价法是利用本量利分析中介绍过的实现目标利润的价格计算公式进行定价的方法。其计算公式为：

保利价格＝单位变动成本＋(专属固定成本＋目标利润)÷预计销量

3. 最低极限价格定价法

企业出于经营上的某种需要或考虑，有时要制定最低的价格作为经销产品售价的下限。在企业生产能力剩余且无法转移时，追加订货的最低极限价格就是单位变动成本。对于那些实在难以找到销路的积压物资和产品，甚至可以规定它们在一定时期内平均负担的仓储保管成本和损耗费，以及有关资金占用成本的合计数作为确定极限价格的依据。只要出售的价格不低于这种极限价格，出售就是有利可图的，或者使损失降到最小。

项 目 小 结

决策是指决策者为实现确定的目标，运用科学理论和方法从若干个可行方案中选择或综合出优化方案并加以实施的活动过程。决策分析是一个提出问题、分析问题和解决问题的过程。

决策的基本程序包括确定决策目标，搜集整理资料、提出备选方案，比较评价方案，选出最优决策，决策方案的实施、跟踪与反馈。

进行决策分析时，必须考虑的一个重要因素就是决策成本。在经营决策中，管理会计的成本概念在按成本习性分类的前提下，进一步按照成本与决策方案的相关性分为相关成本和无关成本两大类。相关成本是指与特定方案密切相关的、在决策中必须考虑的成本。它主要包括差量成本、边际成本、重置成本、专属成本、付现成本、机会成本、可避免成本和可延缓成本。无关成本是指与特定方案没有联系，并不会对决策产生影响的成本。它主要包括历史成本、共同成本、沉没成本、不可避免成本、不可延缓成本、联合成本。

经营决策的内容主要包括生产决策和定价决策。生产决策常用的 3 种基本方法是差量分析法、贡献毛益分析法和成本平衡点法。生产决策是企业经营决策的重要内容之一，主要包括新产品开发决策、亏损产品是否停产决策、半成品是否进一步加工的决策、联产品是否进一步加工的决策、零部件自制或外购的决策、选择加工设备的决策。

为产品定价既是一门科学，也是一门艺术。影响定价决策的基本因素有定价目标、市场需求、市场竞争、产品成本和法律约束。定价决策常用的方法有以成本为导向的定价决策分析方法、以市场需求为导向的定价决策分析方法和以特殊要求为导向的定价决策方法。

职业能力训练

一、判断题

1．短期经营决策主要是利用现有资源，一般不涉及大量资金的投入。　（　　）

2．沉没成本是无关成本，在决策时可以不予考虑。　（　　）

3．采用成本平衡点法进行短期经营决策时通常不需考虑备选方案的收入情况。

（　　）

4．在短期经营决策中，采用贡献毛益分析法在不同备选方案之间进行比较分析时，是以单位贡献毛益的大小作为评价标准的。　（　　）

5．企业在生产决策时，凡是亏损的产品都应当停产。　（　　）

6．企业在进行零件自制或外购的决策分析时，剩余生产能力出租获得的租金收入，应作为自制方案的机会成本考虑。　（　　）

7．在短期经营决策中，所有的固定成本或折旧费都属于沉没成本。　（　　）

8．如果追加订货的单价小于该产品的单位变动生产成本，就应当接受追加订货。

（　　）

9．在生产经营决策中，确定决策方案必须通盘考虑相关业务量、相关收入和相关成本等因素。　（　　）

10．在实际工作中，产品定价决策通常采用完全成本加成定价法和变动成本加成定价法。　（　　）

11．企业存货增多，会增加企业风险或减少利润，因此应力求减少存货，使存货越少越好。　（　　）

12．管理的关键在于经营，经营的关键在于决策。　（　　）

13．长期决策仅对一年内的收支盈亏产生影响。　（　　）

14．共同成本无论采用哪种方案，其发生金额都相等，因此是无关成本。　（　　）

15．设备的租金收入大于产品生产所创造的贡献毛益时，可考虑停产将设备出租。

（　　）

二、单项选择题

1．一般不涉及新的固定资产投资，只涉及一年以内的一次性专门服务，并仅对该时期内的收支盈亏产生影响的决策的是（　　）。

　　A．短期经营决策　　B．长期投资决策　　C．风险决策　　　　D．控制决策

2．短期经营决策不包括（　　）。

　　A．生产决策　　　　　　　　　　B．定价决策

　　C．固定资产投资决策　　　　　　D．成本决策

3．差量收入减去差量成本后的余额是（　　　）。

  A．边际成本   B．增量成本   C．安全边际   D．差量损益

4．（　　　）是指在决策中选择一方案，放弃另一方案而丧失的可能获得的潜在收益。

  A．付现成本   B．产品成本   C．机会成本   D．边际成本

5．贡献毛益分析法通过比较各备选方案的（　　　）进行决策。

  A．贡献毛益总额   B．单位资源贡献毛益

  C．单位产品贡献毛益   D．以上都是

6．在短期经营决策分析中，属于无关成本的是（　　　）。

  A．差量成本   B．沉没成本   C．重置成本   D．可避免成本

7．某企业接到一批特定订货，需购买一台专用设备，价值 2 000 元。在此特定订货决策中，专用设备价值属于（　　　）。

  A．差量成本   B．沉没成本   C．重置成本   D．专属成本

8．在选择备选方案时，对下列哪项成本不予考虑？（　　　）。

  A．不可避免成本 B．付现成本   C．重置成本   D．机会成本

9．某厂加工的半成品直接出售可获利 3 000 元，进一步加工为产成品再出售可获利 3 500 元，则加工为产成品的机会成本是（　　　）元。

  A．3 500   B．6 500   C．3 000   D．500

10．将决策分析区分为短期决策与长期决策所依据的分类标志是（　　　）。

  A．决策的重要程度   B．决策条件的肯定程度

  C 决策规划时期的长短   D．决策解决的问题

11．亏损产品只要符合（　　　）条件，就不应该停产。

  A．贡献毛益总额大于 0   B．单位利润大于 0

  C．利润总额大于 0   D．以上都是

12．在短期经营决策中，企业不接受特殊价格追加订货的原因是买方出价低于（　　　）。

  A．正常价格   B．单位产品成本

  C．单位变动成本   D．单位固定成本

13．在零部件自制或外购的决策中，如果零部件的需要量尚不稳定，应当采用的决策方法是（　　　）。

  A．相关损益分析法   B．差别损益分析法

  C．相关成本分析法   D．成本平衡点法

14．（　　　）是指明确归属于某种、某批或某个部门的固定成本。

  A．付现成本   B．专属成本   C．机会成本   D．边际成本

15．假设某企业剩余生产能力 1 000 机器小时，可生产 4 种产品甲、乙、丙、丁，它们的单位贡献毛益分别为 4 元、6 元、8 元和 10 元，生产一件产品所需的机器小时分别为 4 小时、5 小时、6 小时和 8 小时，则该厂应增产的产品是（　　　）。

  A．甲产品   B．乙产品   C．丙产品   D．丁产品

三、多项选择题

1．下列属于相关成本的有（　　　　　）。

　　A．差量成本　　　B．边际成本　　　C．机会成本　　　D．沉没成本

2．下列属于无关成本的有（　　　　）。

　　A．联合成本　　　B．不可避免成本　　C．不可延缓成本　　D．共同成本

3．下列决策类型中，属于按决策的肯定程度分类的是（　　　　）。

　　A．战术决策　　　B．风险型决策　　　C．确定型决策　　　D．不确定型决策

4．在进行半成品是否继续加工的决策时，下列属于相关成本的是（　　　　）。

　　A．半成品的生产成本　　　　　　　B．追加的专属固定成本

　　C．半成品的售价　　　　　　　　　D．追加的变动成本

5．下列属于短期经营决策内容的有（　　　　）。

　　A．是否接受追加订货的决策　　　　B．亏损产品停产的决策分析

　　C．设备更新改造的决策　　　　　　D．零部件自制或外购的决策

6．商品在进行产品定价时通常要考虑的因素有（　　　　）。

　　A．产品成本　　　B．市场需求　　　C．市场竞争　　　D．国家的价格政策

7．下列各种决策分析中，可按成本平衡点法做出决策结论的有（　　　　）。

　　A．亏损产品的决策　　　　　　　　B．追加订货的决策

　　C．自制或外购的决策　　　　　　　D．生产工艺技术方案的决策

8．在经济订货模型中，存货成本包括（　　　　）。

　　A．采购成本　　　B．订货成本　　　C．储存成本　　　D．缺货成本

9．运用贡献毛益分析法进行决策分析时，必须以（　　　　）判断备选方案的优劣。

　　A．贡献毛益总额　　　　　　　　　B．单位小时贡献毛益

　　C．单位贡献毛益　　　　　　　　　D．机器小时贡献毛益

10．当剩余生产能力无法转移时，亏损产品不应停产的条件有（　　　　）。

　　A．该亏损产品的变动成本率大于 1

　　B．该亏损产品的变动成本率小于 1

　　C．该亏损产品的贡献毛益总额大于 0

　　D．该亏损产品的单位贡献毛益大于 0

11．差量分析法涉及的指标有（　　　　）。

　　A．差量收入　　　B．边际成本　　　C．差量成本　　　D．差量损益

12．零部件是自制还是外购的决策分析中，可采用的分析方法有（　　　　）。

　　A．差量分析法　　　　　　　　　　B．贡献毛益分析法

　　C．本量利分析法　　　　　　　　　D．回归分析法

13．下列各项价格中，符合最优售价条件的有（　　　　）。

　　A．边际收入等于边际成本时的价格　B．边际利润等于 0 时的价格

　　C．收入最多时的价格　　　　　　　D．利润最大时的价格

14．下列属于联产品深加工决策方案可能需要考虑的相关成本有（　　　　）。

　　A．加工成本　　　B．可分成本　　　C．机会成本　　　D．专属成本

15．在是否接受低价追加订货的决策中，如果发生了追加订货冲击正常任务的现象，就意味着（　　　　）。

　　A．不可能完全利用其绝对剩余生产能力来组织追加订货的生产

  B．追加订货量大于正常订货量

  C．追加订货量大于绝对剩余生产能力

  D．因追加订货有特殊要求必须追加专属成本

  E．会因此而带来机会成本

四、实务题

1．甲企业需用的 A 配件既可以自制，也可以从市场上购买，购买单价为 10 元/件，每年自制 A 配件需增加专属成本 5 000 元，单位变动成本为 5 元/件。

  要求：试用成本平衡点法做出需求量在什么范围内 A 配件自制或外购的决策分析。

2．某企业原计划生产能力为 20 000 机器小时，但实际开工率只有原生产能力的 70%，现准备将剩余生产能力用来开发新产品 A 和 B，有关资料如下表所示。

项　目	新产品 A（预计数）	新产品 B（预计数）
定额工时/（机器小时/件）	60	50
销售单价/（元/件）	70	65
单位变动成本/（元/件）	55	52
固定成本总额/元	10 000	10 000

  要求：做出该企业开发何种新产品较为有利的决策分析。

3．某厂生产甲半成品，年产销量为 10 000 件，可销售给其他厂商作为原材料进一步加工，单位售价为 22 元/件，其单位制造成本如下表所示。

元

项　目	金　额
直接材料	4
直接人工	6
制造费用	
其中：变动制造费用	2
固定制造费用	3
单位产品成本	15

  该厂正考虑利用剩余生产能力将甲半成品继续加工，加工后单位售价为 28 元/件，继续加工 10 000 件所增加的单位变动成本为 4 元/件，专属固定成本为 16 000 元。

  要求：分析甲半成品是直接出售还是继续加工后再出售。

4．宏胜公司决定生产 A 产品，现有甲、乙两种不同的工艺方案，有关资料如下表所示。

方　案	单位变动成本/（元/件）	专属固定成本/元
甲	6	800
乙	5	600

  要求：根据上述资料对甲、乙两种不同的工艺方案进行选择。

5．M 公司本年度产销 A、B、C 三种产品，其相关资料如下表所示。

项　目	A 产品	B 产品	C 产品
销售量/件	5 000	3 500	2 000
销售单价/（元/件）	14	40	20
单位变动成本/（元/件）	8	25	11
固定成本总额/元	100 000（按各产品的销售额比例分摊）		

要求：

（1）编制各产品的损益表，试做出 B 产品是否要停产的决策。

（2）若将 B 产品闲置下来的生产能力转产 D 产品，每年可产销 3 800 件，销售单价 65 元/件，单位变动成本 51 元/件。试做出 B 产品是否转产的决策。

項目6

长期投资决策

职业能力目标

- 掌握净现金流量和项目计算期的计算方法。
- 能运用有关指标合理估算各投资的现金流量，能利用长期投资决策的原理，进行决策分析。
- 掌握长期投资决策评价指标的计算和分析。
- 能运用长期投资决策的评价指标方法进行投资决策、多个互斥方案的比较决策分析。

学习
导入

大洋公司拟购买一台设备扩大企业的生产经营能力，现有甲、乙两个方案可供选择，甲、乙方案建设期为0。甲方案需投资30 000元，使用寿命为5年，采用直线法计提折旧，5年后设备无残值；5年中每年营业收入为10 000元，每年的经营成本为2 000元。乙方案需投资20 000元，垫支营运资金10 000元，采用直线法计提折旧，使用寿命为5年，5年后有残值收入5 000元；5年中每年的营业收入为10 000元，经营成本第一年为3 000元，以后随着设备陈旧，逐年将增加修理费500元。假设所得税税率为25%，资金成本率为10%。

如果你是财务经理，做出投资方案的决策分析，甲、乙方案如何决策？

问题导入

什么叫长期投资决策？在决策中应掌握哪些基本概念？

任务 6.1　长期投资决策概述

了解有关净现金流量的概念，熟练掌握长期投资决策评价指标的计算与分析，能运用各类指标进行项目投资决策，并能够结合实际融会贯通地应用投资决策的相关内容。

充分调动每一位学生学习的积极性，在教学过程中，采用案例分析、项目决策分析法等教学方法，提升学生的计算分析能力和解决问题的能力。

6.1.1　长期投资决策的概念

长期投资决策直接影响企业未来的长期效益与发展，有些长期投资决策还会影响国民经济建设，甚至影响全社会的发展。因此长期投资决策必须搞好投资的可行性研究和项目评估，从企业、国民经济和社会的角度进行研究论证，分析其经济、技术和财务的可行性。

长期投资决策是指拟定长期投资方案，用科学的方法对长期投资方案进行分析、评价，选择最佳决策方案的过程。长期投资决策属于企业战略性决策，因此，我们必须树立科学的资金时间价值和投资风险观念，利用长期投资决策评价指标对备选方案进行可行性分析，使投资方案达到经济、技术效益的最优化，提高企业总体经营能力和获利能力。因此，长期投资决策的评价与分析，有助于企业生产经营长远规划的实现。

6.1.2　长期投资决策的特点

长期投资是企业为了适应今后若干年生产经营上的长远需要而投入大量资金，期望获得更大收益，实现企业目标，增加股东财富，提高企业价值的投资。长期投资的投资资金大、投资回收期长、投资风险大，对企业的生产和发展具有重大影响。长期投资决策是以长期投资项目为决策对象所作出的决策分析，长期投资决策具有以下特点。

1. 投资数额大

长期投资决策的资金使用量需要根据项目的具体需要而定，但是一般情况下，项目投资所需要的投资资金较多、数额较大，尤其是以固定资产投资为主的项目投资。因此，长期投资对企业现金流量有很大影响，也是企业生产经营中很重要的决策内容。

2. 变现能力差

长期投资主要投资在固定资产、无形资产和长期有价证券等方面。固定资产和无形资产等长期投资属于企业的非流动资产，非流动资产具有变现能力差、流动性弱等特点。

3. 投资回收期长

长期投资的投资期限大于一年，投资收益需要几年甚至十几年的投资期才能收回。例如固定资产投资，固定资产的使用寿命决定了投资额的收回需要经过很长一段时期。企业长期投资会对企业盈利能力、资本结构、偿债能力、经济效益等产生比较长远和重大的影响，甚至对企业的命运有着决定作用。

4. 投资风险大

在市场不确定的情况下，长期投资决策会增加企业的经营风险和财务风险，在以负债方式满足企业长期投资决策资金需求的情况下，将会增加企业的财务风险和经营风险。长期投资的投资期越长，投资风险越大，一旦投资决策失误，企业的损失将不可估量。

6.1.3 长期投资决策的分类

1. 按影响的范围分类

（1）战略性投资决策

战略性投资决策是指对整个企业的业务经营发生重大影响的投资决策，它关系企业发展的全局性、长远性和根本性问题，如新建项目投资、更新改造项目投资等。

（2）战术性投资决策

战术性投资决策是指对整个企业的业务、经营方面并不发生重大影响的投资决策，如产品生产工艺的选择、开发新产品、组合产品生产、亏损产品是否停产等生产经营问题。

2. 按投资内容的不同分类

长期投资决策按其内容的不同，可分为项目投资决策和证券投资决策。

（1）项目投资决策

项目投资决策是以特定项目为对象，直接与新建项目或更新改造项目有关的长期投资决策行为。

（2）证券投资决策

证券投资决策是以国家或企业公开发行的有价证券为投资对象而进行的投资决策行为。

3. 按投资项目之间的相互关系不同分类

（1）独立项目

独立项目的决策不会对其他项目产生影响，如新产品的研发决策项目。

（2）互斥项目

互斥项目的决策将对其他项目产生相反影响。互斥项目具有排他性，若一个项目被采纳，另外的项目必然被放弃，如在现有的生产能力条件下生产甲产品还是生产乙产品的项目决策。

（3）互补项目

互补项目是指某一项目的存在必须依赖于其他项目的实施，两个项目是相互关联、相互配套的投资项目，如医院的建筑投资项目和医疗设备投资项目就属于互补投资项目。

任务 *6.2*　长期投资决策中的相关问题

任务布置

了解有关现金流量的概念及现金流量的假设，掌握项目计算期的计算，熟练掌握现金流入量、现金流出量、净现金流量的计算与分析，能运用各类指标进行净现金流量的计算分析，并能够结合实际融会贯通地应用长期投资决策的相关内容。

教学组织

充分调动每一位学生学习的积极性，在教学过程中，采用案例分析、项目决策分析法等教学方法，提升学生的计算分析能力和解决问题的能力。

6.2.1　现金流量

1. 含义

现金流量是指企业在一定会计期间按照现金收付实现制，通过一定经济活动，包括经营活动、投资活动、筹资活动和非经常性项目等而产生的现金流入、现金流出及其总量情况的总称，即企业一定时期的现金和现金等价物的流入和流出的数量。现金流入量与现金流出量的差，称为净现金流量。

2. 作用

在现代企业的发展过程中，决定企业兴衰存亡的是现金流量，最能反映企业本质的是现金流量，在众多价值评价指标中基于现金流量的评价是最具权威性的。

现金流量在长期投资决策中具有十分重要的作用：它能动态地反映一项长期投资项目现金的流向与回收之间的投入产出关系；现金流量指标可以弥补利润指标在反映公司真实盈利能力上的缺陷，现金流量比传统的利润指标更能说明企业的盈利质量；现金流量指标是计算长期投资决策评价指标的重要依据。

3. 内容及计算

（1）现金流入量

现金流入量是指投资项目增加的现金收入额或现金支出节约额。现金流入量的内容主要包括如下几项。

① 营业收入，即长期投资项目投产后每年实现的全部收入，包括主营业务收入和其他业务收入。

② 回收固定资产折余价值，是指长期投资项目经营期终止后报废清理时所回收的价值。

③ 垫支流动资金的收回，主要指项目完全终止时因不再发生新的替代投资而回收的原垫付的全部流动资金额。

固定资产折余价值和垫支流动资金的回收统称为回收额。

④ 其他现金流入量，指以上 3 项内容以外的现金流入项目。

现金流入量的估算包括如下几项。

① 营业收入的估算

应按项目在经营期内有关产品的各年预计单价和预测销售量进行估算。在总价法核算现金折扣和销售折扣的情况下，营业收入是指不包括折扣和折让的净额。其计算公式为：

$$营业收入＝年预计销售量×计划销售单价$$

② 回收固定资产折余价值的估算

假设固定资产的折旧年限等于生产经营期，因此，对建设项目来说，只要按固定资产的原值乘以其法定净残值率就可估算出在终结点发生的回收固定资产折余价值。其计算公式为：

$$回收折余价值＝固定资产原值－已提折旧额$$
$$回收净残值＝固定资产原值×预计净残值率$$

③ 回收垫支流动资金的估算

假定在经营期内不发生提前回收流动资金，则在终结点一次回收的流动资金应等于各年垫支的流动资金投资额的合计数。其计算公式为：

$$回收垫支的流动资金＝流动资金投资额$$

（2）现金流出量

现金流出量是指投资项目增加的现金支出额，包括如下几项。

① 固定资产投资支出，即厂房、建筑物的造价，设备的买价，运费，设备基础设施及安装费等。

② 垫支流动资金，是指项目投产前后分次或一次投放于流动资产上的资金增加额。

③ 付现成本费用，是指与投资项目有关的以现金支付的各种成本费用。

④ 各种税金支出。

现金流出量的估算：现金流出量应按项目规模和投资计划所确定的各项建筑工程费用、设备购置费用、安装工程费用和其他费用来估算，主要包括建设投资、流动资金投资、经营成本、各项税款等。

① 建设投资的估算

建设投资是指长期投资项目中的固定资产投资、无形资产投资和其他投资（如生产准备和开办费投资）。原始总投资包括建设投资和流动资金投资。其计算公式为：

$$建设投资＝固定资产投资＋无形资产投资＋其他投资$$
$$固定资产原值＝固定资产投资＋资本化利息$$

！提醒

在估算构成固定资产原值的资本化利息时，可根据长期借款本金、建设期年数和借款利息率按复利计算，且假定建设期资本化利息只计入固定资产的原值。注意固定资产投资与固定资产原值不同，固定资产投资不考虑资本化利息。

② 流动资金投资的估算

$$流动资金投资额＝流动资金－流动负债$$

③ 经营成本的估算

经营成本是指长期投资项目中为维持正常生产经营而支付的现金，也称付现成本。经营成本是营业成本的主要组成部分。营业成本也称为总成本，它由经营成本和非付现成本组成。长期投资决策中的非付现成本是指折旧费和各种摊销额（如无形资产摊销、开办费摊销等）。因此，经营成本的计算公式为：

$$经营成本＝营业成本-非付现成本＝营业成本-折旧额(或摊销额)$$
$$＝总成本－利息－折旧额(摊销额)$$

④ 各种税款

各种税款是指长期投资项目投产后，依法缴纳的税费。在长期投资决策中主要是指所得税。其计算公式为：

$$所得税＝(营业收入－营业成本)×所得税税率$$
$$净利润＝(营业收入－经营成本－折旧)×(1－所得税税率)$$

（3）净现金流量

净现金流量又称现金净流量（NCF），是指在项目计算期内由建设项目每年现金流入量与同年现金流出量之间的差额所形成的序列指标。在数额上它是以收付实现制为原则的现金流入量和现金流出量的差额。其基本计算公式为：

$$净现金流量＝现金流入量(CI)－现金流出量(CO)$$

其具体计算公式为：

某年净现金流量 $NCF_t＝$ 该年现金流入量 $CI_t－$ 该年现金流出量 CO_t $(t=0,1,2,\cdots,n)$

净现金流量的计算如下。

① 完整工业投资项目的现金流量

建设期某年的净现金流量＝－该年发生的原始投资＝－(建设投资＋流动资金投资)

$$经营期营业净现金流量＝营业收入－经营成本－所得税$$
$$＝营业收入－(营业成本－折旧及摊销额)－所得税$$
$$＝净利润＋折旧及摊销额$$

$$经营期终结年现金流量＝营业净现金流量＋回收额$$

② 单纯固定资产项目的现金流量

$$建设期某年的净现金流量＝－该年发生的固定资产投资$$

经营期某年净现金流量＝该年因使用该固定资产新增加的净利润＋

该年因使用该固定资产新增加的折旧＋该年回收的固定资产净残值

例题 6-1　大洋公司拟购买一台设备扩大企业的生产经营能力，现有甲、乙两个方案可供选择，甲、乙方案建设期为 0。甲方案需投资 16 000 元，使用寿命为 4 年，采用直线法计提折旧，4 年后设备无残值；4 年中每年营业收入为 10 000 元，每年的经营成本为 3 000 元。乙方案需投资 12 000 元，垫支营运资金 3 000 元，采用直线法计提折旧，使用寿命为 4 年，4 年后有残值收入 2 000 元；4 年中每年的营业收入为 9 000 元，经营成本第一年为 2 500 元，以后随着设备陈旧，逐年将增加修理费 500 元。假设所得税税率为25%，资金成本率为 10%。试计算甲、乙方案的现金流量。

$$甲方案的年折旧额 = \frac{16\,000}{4} = 4\,000(元)$$

$$乙方案的年折旧额 = \frac{12\,000 - 2\,000}{4} = 2\,500(元)$$

甲、乙方案的现金流量计算如表 6-1 所示。

表 6-1 现金流量计算 元

方 案	项 目	0	1	2	3	4
甲方案	销售收入		10 000	10 000	10 000	10 000
	经营成本		3 000	3 000	3 000	3 000
	折旧		4 000	4 000	4 000	4 000
	税前利润		3 000	3 000	3 000	3 000
	所得税		750	750	750	750
	税后净利		2 250	2 250	2 250	2 250
	营业现金流量	−16 000	6 250	6 250	6 250	6 250
乙方案	销售收入		9 000	9 000	9 000	9 000
	经营成本		2 500	3 000	3 500	4 000
	折旧		2 500	2 500	2 500	2 500
	税前利润		4 000	3 500	3 000	2 500
	所得税		1 000	875	750	625
	税后净利		3 000	2 625	2 250	1 875
	营业现金流量	−15 000	5 500	5 125	4 750	4 375

4. 假设

在现实生活中，不同投资项目的投资构成内容、投资方式、投资主体等都存在较大的差异性，这给现金流量的估算带来了困难和不便。为便于确定现金流量的具体内容，简化现金流量的估算过程，将做出以下几点假设。

（1）财务可行性分析假设

投资方案是否可行，不仅要从企业财务方面进行评估分析，还应该从技术、宏观经济以及对国民经济的影响等角度分析。为了简化分析，这里假设投资决策是从投资者立场考虑的，本项目仅从财务层面的可行性分析，不考虑国民经济和技术可行性，从而假定其他方面都是可行的。

（2）现金流量时点假设

在现实经济生活中，现金流量可能在某一时间点集中发生，也有可能在某一时期陆续发生。为了简化核算，便于分析，现假设各年投资都在年初发生，各年的营业现金流量都在各年年末一次实现。营运资金投资发生在试产期的每年的年初，从建设完成的年度末开始投入。试产期为 0，则营运资金投资全部在建设结束时投入。在终结点上一次回收的流动资金等于各年垫支的营运资金投资额的合计数。回收营运资金和回收固定资产折余价值统称为回收额，假定新建项目的回收额发生在终结点。

为便于利用资金时间价值的形式，不论现金流量具体内容所涉及的价值指标实际上是时点指标还是时期指标，均假设按照年初或年末的时点指标处理。

（3）自有资金假设

项目投资的主体可能是所有者，也有可能是债权人，不同投资主体对现金流量会有不同的结论。为了避免现金流量评估的差异性，现假设全部投资均为自有资金。在投资决策阶段，我们认为所有的投资资金都是自有资金，从而忽略利息的影响。

（4）建设期全投资假设

项目的原始总投资不论是一次投入还是分次投入，均假设是在建设期内投入的。

（5）确定性因素假设

假设与项目现金流量有关的投资额、价格水平、产销量、成本费用额、所得税税率等因素是可以预测确定的，均为已知常数。

6.2.2　项目投资

1. 项目计算期

（1）构成

项目计算期，是指投资项目从投资建设开始到最终清理结束整个过程的全部时间，包括建设期和运营期。

建设期，是指项目资金正式投入开始到项目建成投产为止所需要的时间。建设期的第一年初称为建设起点（记作第 0 年），建设期的最后一年末称为投产日（记作第 s 年）。

项目计算期的最后一年年末称为终结点（记作第 n 年），假定项目最终报废或清理均发生在终结点（更新改造项目除外），从投产日到终结点之间的时间间隔称为运营期。

（2）计算

项目计算期、建设期和运营期之间的关系如下：

$$项目计算期(n)＝建设期(s)＋生产经营期(p)$$

2. 项目投资

（1）含义

项目投资是一种以特定项目为对象，直接与新建项目或更新改造项目有关的长期投资行为。

（2）类型

① 按照投资时间，项目投资可分为短期投资和长期投资。

短期投资又称流动资产投资，是指在一年内能收回的投资。

长期投资则是指一年以上才能收回的投资。由于长期投资中固定资产所占的比重最大，所以长期投资有时专指固定资产投资。

② 从决策的角度看，可把投资分为采纳与否投资和互斥选择投资。采纳与否投资是指决定是否投资于某一独立项目的决策。在两个或两个以上的项目中，只能选择其中之一的

决策叫作互斥选择投资决策。

项目投资按其涉及内容还可进一步细分为单纯固定资产投资和完整工业投资项目。单纯固定资产投资项目特点在于：在投资中，只包括为取得固定资产而发生的垫支资本投入而不涉及周转资本的投入。完整工业投资项目则不仅包括固定资产投资，而且还涉及流动资金投资，甚至包括其他长期资产项目（如无形资产、长期待摊费用等）的投资。

（3）意义

① 从宏观的角度看，项目投资有以下两个方面积极意义。

● 项目投资是实现社会资本积累功能的主要途径，也是扩大社会再生产的重要手段，有助于促进社会经济的长期可持续发展。

● 增加项目投资，能够为社会提供更多的就业机会，提高社会总供给量，不仅可以满足社会需求的不断增长，而且会最终拉动社会消费的增长。

② 从微观的角度看，项目投资有以下3个方面积极意义。

● 增强投资者技术经济实力。投资者通过项目投资，扩大其资本积累规模，提高其收益能力，增强其抵御风险的能力。

● 提高投资者创新能力。投资者通过自主研发和购买知识产权，结合投资项目的实施，实现科技成果的商品化和产业化，不仅可以不断地获得技术创新和利润，而且能够为科技转化为生产力提供更好的业务操作平台。

● 提升投资者市场竞争能力。市场竞争不仅是人才的竞争、产品的竞争，而且从根本上说是投资项目的竞争。一个不具备核心竞争能力的投资项目，是注定要失败的。因而，无论是投资实践的成功经验还是失败的教训，都有助于促进投资者自觉按市场规律办事，不断提升其市场竞争力。

任务 6.3　长期投资决策评价指标

任务布置

了解有关长期投资决策评价指标的分类，熟练掌握长期投资决策评价指标的计算与分析，能运用各类指标进行项目投资决策分析，并能够结合实际融会贯通地应用投资决策的相关内容。

教学组织

充分调动每一位学生学习的积极性，在教学过程中，采用案例分析、项目决策分析法等教学方法，提升学生的计算分析能力和解决问题的能力。

6.3.1　长期投资决策评价指标及分类

1. 含义

长期投资决策评价指标用于衡量和比较投资项目可行性优劣，以便据以进行方案决策的定量化标准与尺度，它是由一系列综合反映长期投资效益的量化指标构成的指标体系。

2. 分类

长期投资决策评价指标的类型有以下几种。

（1）按指标计算过程中是否考虑货币时间价值分类

非折现评价指标：是指在计算过程中不考虑货币时间价值因素的指标，又称为静态指标，包括投资利润率、年平均投资利润率、原始投资回收率和静态投资回收期。

折现评价指标：是指在计算过程中必须充分考虑和利用货币时间价值的指标，又称为动态指标，包括净现值、净现值率、获利指数和内部收益率。

（2）按指标的性质不同分类

正指标：是指在一定范围内，指标数越大越好的指标。投资利润率、年平均投资利润率、原始投资回收率、净现值、净现值率、获利指数和内部收益率属于正指标。

反指标：是指在一定范围内，指标数越小越好的指标。静态投资回收期属于反指标。

（3）按指标本身的数量特征不同分类

绝对量指标：是指以绝对量的形式表现的指标。静态投资回收期、净现值属于绝对量指标。

相对量指标：是指以相对量的形式表现的指标。投资利润率、年平均投资利润率、原始投资回收率、净现值率、获利指数、内部收益率属于相对量指标。

（4）按指标在决策中所处的地位不同分类

主要指标：净现值、内部收益率等为主要指标。

次要指标：静态投资回收期为次要指标。

辅助指标：投资利润率、年平均投资利润率和原始投资回收率为辅助指标。

从财务评价的角度，长期投资决策评价指标主要包括静态投资回收期、投资收益率、净现值、净现值率、获利指数、内部收益率。

6.3.2　非折现评价指标及计算方法

1. 投资利润率

投资利润率又称为投资报酬率，是指项目在正常生产年份内所获得的年利润总额或年平均利润总额与项目全部投资的比率。

（1）投资利润率的特点

投资利润率的特点是具有很大的综合性，但是投资利润率也有不足之处。克服的办法有：用剩余利润指标和补充考核其他的指标来综合评价。

（2）投资利润率的计算公式

$$投资利润率 = \frac{年利润总额(或年平均利润总额)}{投资总额} \times 100\%$$

$$投资总额 = 原始投资 + 资本化利息$$

例题6-2　承例题6-1，计算甲、乙方案的投资利润率。

大洋公司甲、乙方案的投资利润率为：

$$甲方案的投资利润率 = \frac{2\,250}{16\,000} \times 100\% = 14.06\%$$

$$乙方案的投资利润率 = \frac{\dfrac{3\,000 + 2\,625 + 2\,250 + 1\,875}{4}}{15\,000} \times 100\% = \frac{2\,437.5}{15\,000} \times 100\% = 16.25\%$$

决策：通过计算分析，甲方案和乙方案的投资利润率都大于企业的资金成本率10%，两个方案都可行，但乙方案的指标大于甲方案的指标，因此乙方案是最优方案。

（3）对投资利润率指标的评价

优点：计算公式最为简单。

缺点：没有考虑资金时间价值因素，不能正确反映建设期长短及投资方式不同和回收额的有无对项目的影响，分子、分母计算口径的可比性较差，无法直接利用净现金流量信息。

（4）决策准则

只有投资利润率指标大于或等于无风险投资利润率的投资项目才具有财务可行性。

2. 静态投资回收期

静态投资回收期，简称回收期，是指以投资项目经营净现金流量抵偿原始投资所需要的全部时间。有"包括建设期的投资回收期（PP）"和"不包括建设期的投资回收期（PP'）"两种形式。其单位通常用"年"表示。

静态投资回收期是在不考虑资金的时间价值时，收回初始投资所需要的时间，应满足以下公式：

$$\sum_{t=1}^{n}(CI - CO)_t = 0$$

式中，CI——现金流入，CO——现金流出；t——第 t 年的净收益，$t = 1, 2, \cdots, n$。

（1）计算方法

① 公式法

如果某一项目的投资均集中发生在建设期内，投产后一定期间内每年经营净现金流量相等，且其合计大于或等于原始投资额，可按以下简化公式直接求出不包括建设期的投资回收期：

$$不包括建设期的投资回收期(PP') = \frac{原始投资额}{年净现金流量}$$

② 列表法

所谓列表法，是指通过列表计算累计净现金流量的方式，来确定包括建设期的投资回收期，进而再推算出不包括建设期的投资回收期的方法。因为不论在什么情况下，都可以通过这种方法来确定静态投资回收期，所以此法又称为一般方法。

该法的原理是：按照回收期的定义，包括建设期的投资回收期满足以下关系式，即：

$$包括建设期的投资回收期(PP) = 不包括建设期的投资回收期(PP') + 建设期$$

这表明在财务现金流量表的"累计净现金流量"一栏中，包括建设期的投资回收期恰好是累计净现金流量为 0 的年限。如果无法在"累计净现金流量"栏上找到 0，则必须按下式计算包括建设期的投资回收期：

包括建设期的投资回收期(PP)＝最后一项为负值的累计净现金流量对应的年数＋

$$\frac{最后一项为负值的累计净现金流量绝对值}{下年净现金流量}$$

例题6-3 承例题6-2，试计算大洋公司甲、乙方案的投资回收期。

甲方案的投资回收期$=\dfrac{16\,000}{6\,250}=2.56$

乙方案的累计净现金流量如表 6-2 所示。

表 6-2 乙方案的累计净现金流量   元

年　　度	0	1	2	3	4
净现金流量	−15 000	5 500	5 125	4 750	4 375
累计净现金流量	−15 000	−9 500	−4 375	375	4 750

乙方案的投资回收期$=2+\dfrac{4\,375}{4\,750}=2.92$

（2）对静态投资回收期的评价

优点：能够直观地反映原始总投资的返本期限，便于理解，计算也比较简单，可以直接利用回收期之前的净现金流量信息。

缺点：没有考虑资金时间价值因素和回收期满后继续发生的现金流量，不能正确反映投资方式不同对项目的影响。

（3）决策准则

只有静态投资回收期指标≤基准投资回收期，投资项目才具有财务可行性；反之，则不可行。

6.3.3 折现评价指标及计算方法

1. 净现值

净现值是指投资方案所产生的净现金流量以资金成本为贴现率折现之后与原始投资额现值的差额。净现值法就是按净现值大小来评价方案优劣的一种方法。净现值大于 0 则方案可行，且净现值越大，方案越优，投资效益越好。

（1）计算方法

基本计算公式：

$$净现值=\sum 投资收益的现值-\sum 原始投资的现值$$

净现值指标的计算方法因为各年净现金流量是否相同而有所不同，具体有以下两种情况。

① 每年净现金流量相同

$$\text{NPV}=\text{NCF}\cdot(P/A,i,\text{n})+D\cdot(1+i)^{-n}-\sum_{t=0}^{m}P_t\cdot(1+i)^{-n}$$

式中，NPV——净现值；NCF——经营期等额净现金流量，相当于年金 A；D——经营期终止时收回的固定资产折余价值和垫支的流动资金；P_t——分次投资的原始投资；t——投资次数；m——建设期；n——经营期。

假设长期投资项目为单纯固定资产投资，且不考虑残值，则 $D \cdot (1+i)^{-n} = 0$；假设长期投资项目采用一次性投资，且建设期=0，则 $\sum_{t=0}^{m} P_t \cdot (1+i)^{-t} = P$。

上述公式可以简化为：

$$NPV = NCF \cdot (P/A, i, n) - P$$

② 每年净现金流量不相同

$$NPV = \sum_{t=1}^{n} NCF_t \cdot (1+i)^{-t} - \sum_{t=0}^{m} P_t \cdot (1+i)^{-t}$$

假若建设期 $m=0$，一次投资，则 $\sum_{t=0}^{m} P_t \cdot (1+i)^{-t} = P$

上式简化为：$NPV = \sum_{t=1}^{n} NCF_t \cdot (1+i)^{-t} - P$

例题 6-4 承例题 6-3，假设大洋公司设定的折现率为 10%，试计算甲、乙方案的 NPV。

$$NPV_{甲} = NCF \cdot (P/A, i, n) - P = 6\,250\,(P/A, 10\%, 4) - 16\,000$$
$$= 6\,250 \times 3.169\,9 - 16\,000 = 3\,811.875$$

$$NPV_{乙} = \sum_{t=1}^{n} NCF_t \cdot (1+i)^{-t} - P = 5\,500 \times (P/F, 10\%, 1) + 5\,125 (P/F, 10\%, 2) +$$
$$4\,750 \times (P/F, 10\%, 3) + 4\,375 \times (P/F, 10\%, 4) - 15\,000$$
$$= 5\,500 \times (1+10\%)^{-1} + 5\,125 \times (1+10\%)^{-2} + 4\,750 \times (1+10\%)^{-3} +$$
$$4\,375 \times (1+10\%)^{-4} - 15\,000$$
$$= 792.15$$

（2）净现值的运用

净现值≥0 方案可行；净现值<0 方案不可行；净现值均>0，净现值最大的方案为最优方案。

（3）对净现值指标的评价

优点：考虑了资金时间价值，增强了投资经济性的评价；考虑了全过程的净现金流量，体现了流动性与收益性的统一；考虑了投资风险，风险大则采用高折现率，风险小则采用低折现率。

缺点：净现值的计算较麻烦，较难掌握；净现金流量的测量和折现率较难确定；不能从动态角度直接反映投资项目的实际收益水平；项目投资额不等时，无法准确判断方案的优劣。

2. 净现值率

净现值率（NPVR）又称净现值比、净现值指数，是指项目净现值与原始投资现值的比率。净现值率是一种动态投资收益指标，用于衡量不同投资方案的获利能力大小，说明某项目单位投资现值所能实现的净现值大小。净现值率小，单位投资的收益就低；净现值率大，单位投资的收益就高。

净现值比率的计算公式为：

$$NPVR = \frac{NPV}{P} \times 100\%$$

式中，P——原始投资的现值；$NPVR$——项目净现值率。

例题 6-5 承例题 6-4，试计算甲、乙方案的净现值率。

$$NPVR_{甲} = \frac{NPV}{I_P} = \frac{3\,811.875}{16\,000} = 23.82\%$$

$$NPVR_{乙} = \frac{NPV}{I_P} = \frac{792.15}{15\,000} = 5.28\%$$

净现值率的经济含义是单位投资现值所能带来的净现值，是一个考察项目单位投资盈利能力的指标，常作为净现值的辅助评价指标。净现值率是一个相对数，所以采用净现值率进行决策时，只有该指标大于或等于 0，投资项目才具有可行性。因此，对于单一方案的项目来说，净现值率大于或等于 0，是项目可行的必要条件。当有多个投资项目可供选择时，由于净现值率越大，企业的投资报酬水平就越高，所以应采用净现值率大于 0 中的最大者。

3. 获利指数

获利指数又称为现值指数，是投资方案未来净现金流量现值与原始投资额现值的比值。现值指数法就是使用现值指数作为评价方案优劣的一种方法。现值指数大于 1，方案可行，且现值指数越大，方案越优。

获利指数（PI），是指投产后按基准收益率或设定折现率折算的各年现金流入量的现值合计与原始投资的现值合计之比。

计算公式：

$$获利指数(PI) = \frac{\sum 经营期各年净现金流量现值}{原始投资的现值} = 1 + 净现值率$$

判断标准：

只有获利指数大于 1 或等于 1 的投资项目才具有财务可行性。

例题 6-6 承例题 6-5，试计算甲、乙方案的净现值率。

甲方案：

$$PI = \frac{\sum 经营期各年净现金流量现值}{原始投资的现值} = \frac{6\,250 \times (P/A,10\%,4)}{16\,000} = 1.24$$

乙方案：

$$PI = \frac{5\,500 \times (P/F,10\%,1) + 5\,125(P/F,10\%,2) + 4\,750 \times (P/F,10\%,3) + 4\,375 \times (P/F,10\%,4)}{15\,000}$$

$$= 1.05$$

4. 内部收益率

内部收益率（IRR），又称内含报酬率，是指资金流入现值总额与资金流出现值总额相等、净现值等于 0 时的折现率。

内部收益率，是一项投资期望达到的报酬率，是能使投资项目净现值等于 0 时的折现率。该指标越大越好。一般情况下，内部收益率大于等于基准收益率时，该项目是可行的。

投资项目各年现金流量之和为项目的净现值，净现值为 0 时的折现率就是项目的内部收益率。内部收益率的基本表达式为：

$$净现值 = 投资收益的现值 - 原始投资现值 = 0$$

内部收益率公式可以表述为：

$$经营期每年相等的净现金流量\, NCF \times 年金现值系数(P/A,IRR,t) - 原始投资总额现值 = 0$$

内部收益率的计算方法，因每年净现金流量是否相同而有所不同。为简化计算，本书仅介绍建设期为 0，原始投资为一次性投入，不考虑残值的长期投资项目的内部收益率。

（1）每年净现金流量相同时内部收益率的计算

其具体的步骤如下。

1）计算年金现值系数 $(P/A,IRR,t)$，设为 f。

由净现值 $= NCF \cdot (P/A,IRR,n) - P = 0$，得：$(P/A,IRR,n) = \dfrac{P}{NCF} = f$（IRR 表示所求的内部收益率）

2）根据上一步计算所得的年金现值数，查年金现值表。

3）将内含收益率插入相邻的折现率之间，运用插值比例法，求解，公式如下：

$$\frac{IRR - a}{b - a} = \frac{f_b - f}{f_b - f_a}$$

式中，a——较小的折现率；b——较大的折现率，$b > a$；f——上一步所求的年金现值系数；f_b——较大年金现值系数；f_a——较小年金现值系数。计算中分子、分母以大减小，保证数值为正数，相邻折现率两者之差不大于 5%。

（2）每年净现金流量不相同时内部收益率的计算采用逐次测试法

其具体的步骤如下。

1）估计一个折现率，计算净现值。

$$NPV = \sum_{t=1}^{n} NCF_t (1+i)^{-t} - P$$

如果净现值为正数，表示所求的内部收益率大于估计折现率，应该提高估计折现率，再计算净现值；如果净现值为负数，表示所求的内部收益率小于估计折现率，应该降低估计折现率，再计算净现值；经过多次测试，最终测试出使净现值由正数到负数或者由负数到正数相邻的净现值及其对应的估计折现率。

2）根据上述两个折现率采用插值比例法计算该方案的内部收益率。计算公式如下：

$$\frac{IRR-a}{b-a}=\frac{0-NPV_a}{NPV_b-NPV_a}$$

式中，a——较小的折现率；b——较大的折现率；$b>a$；NPV_b——较大年金净现值；NPV_a——较小年金净现值。计算中分子、分母以大减小，保证数值为正数，相邻近折现率两者差不大于 5%。

例题 6-7　承例题 6-6，计算大洋公司甲、乙方案的内部收益率。

甲方案的计算如下。

计算年金现值系数 $(P/A, IRR, 4) = \dfrac{16\,000}{6\,250} = 2.56$

查年金现值系数表：$(P/A, 20\%, 4) = 2.588\,7$，$(P/A, 22\%, 4) = 2.493\,6$

用插值比例法计算内部收益率：$\dfrac{IRR-20\%}{22\%-20\%} = \dfrac{2.588\,7-2.56}{2.588\,7-2.493\,6}$

$$IRR_甲 = 20.6\%$$

乙方案的计算如下。

乙方案内部收益率测试计算如表 6-3 所示。

表 6-3　乙方案内部收益率测试计算　　　　　　　　　　　　　　　　元

年　度	每年 NCF	测试 13%		测试 12%		测试 14%	
		复利现值系数	现　值	复利现值系数	现　值	复利现值系数	现　值
0	−15 000	1.000 0	−15 000	1.000 0	−15 000	1.000 0	−15 000
1	5 500	0.885	4 867.5	0.892 9	4 910.95	0.877 2	4 824.6
2	5 125	0.783 1	4 103.39	0.797 2	4 085.65	0.769 5	3 943.69
3	4 750	0.693 1	3 292.23	0.711 8	3 381.05	0.675	3 206.25
4	4 375	0.613 3	2 683.19	0.635 5	2 780.31	0.592 1	2 590.44
NPV	—	—	−53.69	—	157.96	—	−435.02

用插值比例法计算乙方案的内部收益率：

$\dfrac{IRR-12\%}{14\%-12\%} = \dfrac{0-157.96}{435.02-157.96}$

$IRR_乙 = 13.14\%$

6.3.4　长期投资决策评价指标运用

1. 长期投资决策评价指标运用的原则

一般说来，长期投资决策评价指标的运用应遵循 4 个原则：具体问题具体分析原则；

确保财务可行性原则；分清主次指标原则；讲求效益原则。

2. 单一独立投资方案的投资决策

单一独立投资方案是相互分离、互不排斥的方案，即一组方案中选择某一方案并不影响其他方案的选择。例如，在人财物充足的条件下，建造一栋办公楼与生产车间新产品的研发之间并无联系，这两个投资方案均为独立投资方案。

对于单一的独立投资项目的财务可行性的评价，一般可以参考以下标准：净现值$\geqslant 0$；净现值率$\geqslant 0$；获利指数$\geqslant 1$；内部收益率$\geqslant$行业基准折现率；包括建设期在内的静态回收期$\leqslant \dfrac{n}{2}$。

例题 6-8 大洋公司拟新建一条生产线，投资额为 110 万元，第一年年初投入 70 万元，第二年年初投入 40 万元，该项目垫支流动资金 20 万元，项目建设期为 2 年，经营期为 10 年，净残值为 10 万元，采用直线法计提折旧。项目投产后每年增加营业收入 60 万元，增加营业成本 45 万元。假定企业预期的投资利润率为 10%，所得税税率为 25%。计算该项目的净现值、内部收益率，并判断该项目的可行性。

$$NCF_0 = -70(万元)，\ NCF_1 = -40(万元)，\ NCF_2 = -20(万元)$$

$$年折旧额 = \frac{110-10}{10} = 10(万元)$$

$$NCF_{3-11} = 营业收入 - 营业成本 + 折旧 = 60 - 45 + 10 = 25(万元)$$

$$NCF_{12} = 25 + (10+20) = 55(万元)$$

$$
\begin{aligned}
NPV &= \sum_{t=1}^{n} NCF_t \cdot (1+i)^{-t} - P \\
&= 25 \times \left[(P/A,10\%,11) - (P/A,10\%2)(P/F,10\%,1) \right] + \\
&\quad 55 \times (P/F,10\%,12) - \left[70 + 40 \times (P/F,10\%,1) + 20 \times (P/F,10\%,2) \right] \\
&= 25 \times (6.4951 - 1.7355) + 55 \times 0.3186 - (70 + 40 \times 0.9091 + 20 \times 0.8264) \\
&= 13.621(万元)
\end{aligned}
$$

$i = 12\%$ 时，测算$NPV = -1.3515(万元)$

用插值比例法计算内部收益率。

$$\frac{IRR - a}{b - a} = \frac{0 - NPV_a}{NPV_b - NPV_a}$$

$$\frac{IRR - 10\%}{12\% - 10\%} = \frac{-13.621}{-1.3515 - 13.621}，\ IRR = 10\% + \frac{13.621 \times 0.02}{14.9725}$$

解之：$IRR = 11.82\%$

经分析，该项目的净现值为 13.621 万元，大于 0；内部收益率为 11.82%，大于预期投资利润率 10%，因此该项目是可行的。

3. 多个互斥投资方案的决策分析

（1）原始投资额相同，投资期相同

原始投资额相同、投资期也相同的多个互斥投资项目的决策，一般可以采用净现值法。在净现值大于 0 的多个可行性投资方案中，选择净现值最大的方案。因为在相同投资额和投资期情况下，净现值、净现值率、现值指数和内部收益率指标之间存在着以下数量关系，即：

当 NPV＞0 时，NPVR＞0，PI＞1，IRR＞i（i 为行业基准折现率）。

当 NPV＝0 时，NPVR＝0，PI＝1，IRR＝i（i 为行业基准折现率）。

当 NPV＜0 时，NPVR＜0，PI＜1，IRR＜i（i 为行业基准折现率）。

（2）原始投资不同，投资期相同

原始投资不同、投资期相同的多个互斥投资项目的决策，一般可以采用净现值率法或差量内部收益率法。

净现值率法是在净现值大于 0 的多个可行性互斥方案的决策中，结合各方案的投资额，计算净现值率，剔除因为原始投资不同而产生的比较因素，从中选择净现值率最大的方案的评价方法。

差量内部收益率法是在差量净现金流量的基础上，计算差量内部收益率来判断投资方案优劣的评价方法。该方法的决策标准是：如果差量内部收益率＞行业基准折现率，应选择原始投资额最大的方案；反之，选择原始投资额最小的方案；如果二者刚好相等，可行性方案中可任选其一。

例题 6-9　大洋公司有闲置资金 3 000 万元，可用于高新技术产品的扩大再生产，现有两种方案可供选择，为两种方案做出决策分析。

方案一：进口设备。购置价值 3 000 万元（含运费、保险费及设备的安装调试费等），使用寿命 10 年，预计净残值率 10%，无建设期，一次性投资，投资后每年增加营业收入 1 060 万元，每年增加营业成本 200 万元。

方案二：购买国产设备。购置价值 2 000 万元（含运费、保险费及设备的安装调试费等），使用寿命 10 年，预计净残值率 10%，无建设期，一次性投资，投资后每年增加营业收入 800 万元，每年增加营业成本 200 万元。

方案一：进口设备。

年折旧额 $= \dfrac{3\,000 \times (1-10\%)}{10} = 270$（万元）

年净利润 $= (1\,060-200-270) \times (1-25\%) = 442.5$（万元）

投资期终止回收残值 $= 3\,000 \times 10\% = 300$（万元）

$NCF_0 = -3\,000$（万元）

$NCF_{1-9} = 442.5 + 270 = 712.5$（万元）

$NCF_{10} = 442.5 + 270 + 300$

$\quad\quad = 1\,012.5$（万元）

$NPV_甲 = \displaystyle\sum_{t=1}^{n} NCF_t \cdot (1+i)^{-t} - P$

$\quad\quad = 712.5 \times (P/A, 16\%, 9) + 1\,012.5 \times (P/F, 16\%, 10) - 3\,000$

$\quad\quad = 712.5 \times 4.606\,5 + 1\,012.5 \times 0.226\,7 - 3\,000$

$\quad\quad = 511.67$（万元）

$$\text{NPVR}_{甲}=\frac{\text{NPV}_{甲}}{P_{甲}}\times100\%=\frac{511.67}{3\ 000}\times100\%=17.06\%$$

方案二：国产设备。

$$年折旧额=\frac{2\ 000\times(1-10\%)}{10}=180(万元)$$

$$年净利润=(800-200-180)\times(1-25\%)=315(万元)$$

$$投资期终止回收残值=2\ 000\times10\%=200(万元)$$

$$\text{NCF}_0=-2\ 000(万元)$$

$$\text{NCF}_{1-9}=315+180=495(万元)$$

$$\text{NCF}_{10}=315+180+200=695(万元)$$

$$\begin{aligned}\text{NPV}_乙&=\sum_{t=1}^{n}NCF_t\cdot(1+i)^{-t}-P\\&=495\times(P/A,16\%,9)+695\times(P/F,16\%,10)-2\ 000\\&=495\times4.606\ 5+695\times0.226\ 7-2\ 000\\&=437.78(万元)\end{aligned}$$

$$\text{NPVR}_乙=\frac{\text{NPV}_乙}{P_乙}\times100\%=\frac{437.78}{2\ 000}\times100\%=21.89\%$$

决策分析：虽然进口设备的净现值 511.67 万元大于国产设备的净现值 437.78 万元，但是由于在进口设备的原始投资大于国产设备的投资的条件下，国产设备的净现值率 21.89% 大于进口设备的净现值率 17.06%，根据净现值率法的判断标准，应选择购置净现值率大的国产设备方案。

（3）原始投资额不同，投资期也不相同

原始投资额和投资期都不同的多个互斥投资项目的决策，一般可以采用年等额净回收额法。计算公式如下：

年等额净回收额＝某项投资项目的净现值÷该项投资的年金现值系数

如果存在多个互斥可行性方案的净现值都大于 0，则选择年等额净回收额最大的方案为最优方案。计算公式如下：

首先，计算各方案的净现值；然后计算各方案的年等额净回收额，设贴现率为 i，项目计算期为 n，则

$$年等额净回收额=\frac{净现值}{年金现值系数}=\frac{\text{NPV}}{(P/A,i,n)}$$

例题 6-10 大洋公司拟进行单一固定资产投资，有甲、乙方案可供选择。甲方案的原始投资额为 200 000 元，经营期为 4 年，每年的净现金流量为 80 000 元；乙方案的原始投资额为 160 000 元，经营期为 3 年，每年的净现金流量第一年为 70 000 元，以后经营年度每年增加 10 000 元，该公司所在行业基准折现率为 10%，请用年等额净回收额法对甲、乙方案做出决策分析。

$$NPV_甲 = NCF \times (P/A, 10\%, 4) - P$$
$$= 80\,000 \times 3.169\,9 - 200\,000$$
$$= 53\,592(元)$$

甲方案年等额净回收额 $= \dfrac{NPV_甲}{(P/A, 10\%, 4)} = \dfrac{53\,592}{3.169\,9} = 16\,906.53(元)$

$$NPV_乙 = \sum_{t=0}^{n} NCF_t \times (P/F, i, t)$$
$$= 70\,000 \times (P/F, 10\%, 1) + 80\,000 \times (P/F, 10\%, 2) + 90\,000 \times (P/F, 10\%, 3) - 160\,000$$
$$= 70\,000 \times 0.909 + 80\,000 \times 0.826 + 90\,000 \times 0.751\,3 - 160\,000$$
$$= 37\,366(元)$$

乙方案年等额净回收额 $= \dfrac{NPV_乙}{(P/A, 10\%, 3)} = \dfrac{37\,366}{2.486\,9} = 15\,025.13(元)$

决策分析：通过计算，甲方案的年等额净回收额为 16 906.53 元，大于乙方案的年等额净回收额，因此甲方案为最优方案。

例题 6-11 大洋公司拟购置一套设备，以满足公司生产规模日益扩大的需求。该设备价款为 1 200 万元，预计使用寿命为 4 年，预计净残值率 10%，采用直线法提折旧，该设备没有建设期；投产后预计能使公司未来的销售收入分别增长 1 000 万元、1 200 万元、1 500 万元和 1 300 万元，同时相应增加经营成本分别为 400 万元、500 万元、600 万元和 700 万元。该公司所得税税率为 25%，预期投资利润率为 10%，要求管理会计部门对此项长期投资决策进行可行性分析。

1）计算净现金流量。

年折旧额 $= \dfrac{1\,200 \times (1 - 10\%)}{4} = 270(万元)$

经营期终止回收额 $= 1\,200 \times 10\% = 120(万元)$

第一年净利润 $= (1\,000 - 400 - 450) \times (1 - 25\%) = 112.5(万元)$

第二年净利润 $= (1\,200 - 500 - 450) \times (1 - 25\%) = 187.5(万元)$

第三年净利润 $= (1\,500 - 600 - 450) \times (1 - 25\%) = 337.5(万元)$

第四年净利润 $= (1\,300 - 700 - 450) \times (1 - 25\%) = 112.5(万元)$

年平均利润 $= \dfrac{112.5 + 187.5 + 337.5 + 112.5}{4} = 187.5(万元)$

净现金流量：$NCF_0 = -1200(万元)$

$NCF_1 = 净利润 + 折旧 = 112.5 + 270 = 382.5(万元)$

$NCF_2 = 187.5 + 270 = 457.5(万元)$

$NCF_3 = 337.5 + 270 = 607.5(万元)$

$NCF_4 = 112.5 + 270 + 120 = 502.5(万元)$

2）投资决策评价指标计算分析。

投资利润率 $= \dfrac{年平均利润}{原始投资} \times 100\% = \dfrac{187.5}{1\,200} \times 100\% = 15.625\%$

静态投资回收期的计算:

该方案的净现金流量计算如表 6-4 所示。

表 6-4　该方案的净现金流量计算　　　　　　　　　　　　　万元

年　　度	0	1	2	3	4
NCF	−1 200	382.5	457.5	607.5	502.5
累计 NCF	—	−817.5	−360	247.5	750

$$静态投资回收期 = 2 + \frac{360}{607.5} = 2.59 (年)$$

$$
\begin{aligned}
净现值(NPV) &= \sum_{t=1}^{n} NCF_t \cdot (1+i)^{-t} - P \\
&= 382.5 \times (P/F,10\%,1) + 457.5 \times (P/F,10\%,2) + 607.5 \times (P/F,10\%,3) + \\
&\quad 502.5 \times (P/F,10\%,4) - 1 200 \\
&= 382.5 \times 0.909\,1 + 457.5 \times 0.826\,4 + 607.5 \times 0.751\,3 + 502.5 \times 0.683 - 1 200 \\
&= 325.43 (万元)
\end{aligned}
$$

$$净现值率(NPVR) = \frac{NPV}{P} = \frac{325.43}{1 200} = 27.12\%$$

$$获利指数(PI) = \frac{\sum_{t=1}^{n} NCF_t \cdot (1+i)^{-t}}{P} = \frac{1 525.43}{1 200} = 1.27$$

内部收益率(IRR)的计算。

该方案内部收益率测试计算如表 6-5 所示。

表 6-5　该方案内部收益率测试计算

年　　度	每年 NCF	测试 16%		测试 20%		测试 23%	
		复利现值系数	现值	复利现值系数	现值	复利现值系数	现值
0	−1200	1.000 0	−1 200	1.000 0	−1200	1.000 0	−1 200
1	382.5	0.862 1	329.75	0.833 3	318.74	0.813	310.97
2	457.5	0.743 2	340.01	0.694 4	317.69	0.661	300.42
3	607.5	0.640 7	389.23	0.578 7	351.56	0.537 4	326.47
4	502.5	0.552 3	277.53	0.482 3	242.36	0.436 9	219.54
NPV	—	—	136.52	—	30.35	—	−42.6

用插值比例法计算方案的内部收益率:

$$\frac{IRR - 20\%}{23\% - 20\%} = \frac{0 - 30.35}{-42.6 - 30.35}$$

$$IRR = \frac{3\% \times 30.35}{71.95} + 20\%$$

解之:　IRR = 21.25%

3）决策分析。该项长期投资项目，投资利润率 15.625%大于期望的投资利润率 10%；项目的静态投资回收期 2.59 年大于该投资项目的项目计算期 4 年；净现值指标 325.43 万元大于 0；净现值率 27.12%大于 0；获利指数 1.27 大于 1；内部收益率 21.25%大于企业期望的投资利润率 10%。6 项长期投资决策评价指标中的主要指标均符合可行性标准，因此该项长期投资是可行的。

3. 固定资产更新的决策分析

固定资产更新决策是指决定继续使用旧设备还是购买新设备的决策分析。这种决策的基本思路是：将继续使用旧设备视为一种方案，将购置新设备、出售旧设备视为另一种方案，并将这两个互斥方案按一定的方法来进行对比选优。如果前一方案优于后一方案，则不应更新改造，而继续使用旧设备；否则，应该购买新设备进行更新。

固定资产更新决策分析，通常是根据新旧设备的未来使用寿命是否相同，分别采用两种方法来进行决策分析。当新旧设备未来使用期限相等时，可采用差量分析法进行决策分析，即先求出对应项目的现金流量差额，再用净现值法或内部收益率法对差额进行分析、评价；当新旧设备的投资寿命期不相等时，可采用年等额净回收额法进行决策分析。

例题 6-12 大洋公司拟对一设备进行更新改造，旧设备原购置价值为 40 000 元，使用该设备每年增加营业收入 50 000 元，每年增加营业成本 30 000 元，已使用 5 年，采用直线法计提折旧，已计提折旧 20 000 元，假定该设备无残值，变价收入 20 000 元。拟购置新设备一台，购置价值为 60 000 元，估计可以使用 5 年，采用直线法计提折旧，预计净残值 10 000 元，新设备每年增加营业收入 80 000 元，增加营业成本 40 000 元。假设资金成本率为 10%，所得税税率为 25%。

请做出继续使用旧设备还是购置新设备的决策分析。

本案例中新设备和旧设备的使用期限相同，即项目计算期都为 5 年，可以采用差量分析法分析。我们以新设备减去旧设备进行分析，具体计算方法如下。

1）计算新旧设备的折旧额。

$$旧设备年折旧额 = \frac{20\,000}{5} = 4\,000(元)$$

$$新设备年折旧额 = \frac{60\,000 - 10\,000}{5} = 10\,000(元)$$

2）计算新旧设备的差量净现金流量（见表 6-6）。

表 6-6 新旧设备差量净现金流量计算　　　　　　　　　　元

序　号	项　目	差　量
（1）	△营业收入	30 000
（2）	△营业成本	10 000
（3）	△折旧额	6 000
（4）	△税前利润 =（1）-（2）-（3）	14 000
（5）	△所得税 =（4）×25%	3 500
（6）	△税后利润 =（4）-（5）	10 500
（7）	△净现金流量（NCF）=（6）+（3）	16 500

3）计算新旧设备差量现金流量（见表 6-7）。

表 6-7　新旧设备差量现金流量　　　　　　　　　　　　　　　元

项　　目	0	1	2	3	4	5
初始现金流量（ΔNCF_0）	−40 000					
营业现金流量（ΔNCF_i）		16 500	16 500	16 500	16 500	16 500
终结现金流量（ΔNCF_n）						10 000
累计净现金流量	−40 000	16 500	16 500	16 500	16 500	26 500

4）计算差量净现值。

$$\Delta NPV = \Delta \sum_{t=1}^{n} NCF_t \cdot (1+i)^{-t} - \Delta P$$

$$= 16\,500 \times (P/A, 10\%, 4) + 26\,500 \times (P/F, 10\%, 5) - 40\,000$$

$$= 16\,500 \times 3.169\,9 + 26\,500 \times 0.620\,9 - 40\,000 = 28\,757.2(元)$$

决策分析：设备更新后可以增加净现值 28 757.2 元。综上分析可以做出出售旧设备购置新设备的决策。

项目小结

长期投资决策按影响的范围分为战略性的投资决策和战术性的投资决策；按其内容的不同分为项目投资决策和证券投资决策；按投资项目之间的相互关系不同分为独立项目、互斥项目和互补项目。

长期投资决策评价指标的类型按是否考虑货币时间价值分为非折现评价指标和折现评价指标；按指标的性质不同分为正指标和反指标；按指标本身的数量特征不同分为绝对量和相对量；按指标在决策中所处的地位不同分为主要指标、次要指标和辅助指标。

从财务评价的角度，长期投资决策评价指标主要包括静态投资回收期、投资利润率、净现值、净现值率、获利指数和内部收益率。

对于单一的独立投资项目的财务可行性评价，一般可以参考以下标准：净现值≥0；净现值率≥0；获利指数≥1；内部收益率≥行业基准折现率；包括建设期在内的静态回收期 $\leqslant \dfrac{n}{2}$。

在相同投资额和投资期情况下，净现值、净现值率、现值指数和内部收益率指标之间存在着以下数量关系，即：

当NPV＞0时，NPVR＞0，PI＞1，IRR＞i（i为行业基准折现率）。

当NPV＝0时，NPVR＝0，PI＝1，IRR＝i（i为行业基准折现率）。

当NPV＜0时，NPVR＜0，PI＜1，IRR＜i（i为行业基准折现率）。

对于原始投资不同、投资期相同的多个互斥投资项目的决策，一般可以采用净现值率法或差量内部收益率法。原始投资额和投资期都不同的多个互斥投资项目的决策，一般可以采用年等额净回收额法。

职业能力训练

一、判断题

1．企业在进行项目的投资决策时，应考虑的现金流量是自由现金流量。　　　（　　　）

2．在资本预算中，常会出现这样的情形：考虑了所有成本包括沉没成本后，某一项目看上去很差，但从增量的角度来看，该投资项目可能会不错。　　　（　　　）

3．密集型的投资战略是指采用资本密集型或劳动密集型的方式组织企业生产。　　　（　　　）

4．根据企业价值的估值模型，未来投资风险越大，则企业价值越大；未来机会成本越大，则企业价值越小。　　　（　　　）

5．净现值大于 0 意味着项目投资增加了股东财富，所以净现值最大化也就是企业价值最大化。　　　（　　　）

6．项目的盈利性决定了企业投资战略选择，是投资战略选择的起点。　　　（　　　）

7．投资弹性包括规模弹性和结构弹性两个方面。　　　（　　　）

8．从决策主体看，投资额较小的项目由董事会决策，投资额较大的项目必须由股东代表大会决策。　　　（　　　）

9．机会成本并没有导致现金流的发生，因此，项目投资决策不考虑机会成本的影响。　　　（　　　）

10．一个企业只有股东收益超过股本成本的情况下，才说明创造了股东财富。　　　（　　　）

11．按照长期投资的对象可将长期投资分为项目投资、证券投资和其他投资 3 类，其中，证券投资和其他投资属于财务会计长期投资核算的范畴，项目投资则属于管理会计研究的范畴。　　　（　　　）

12．只有在生产经营期间才有净现金流量。　　　（　　　）

13．在全投资假设条件下，无论是计入财务费用的经营期利息费用，还是计入固定资产原值的建设期资本化利息，都不属于现金流出量的内容。　　　（　　　）

14．如果某项投资方案的净现值指标大于 0，则可以据此判定该方案的静态投资回收期一定小于预期投资回收期。　　　（　　　）

15．年等额净回收额法适用于原始投资不相等，特别是项目计算期不同的多方案比较决策。　　　（　　　）

二、单项选择题

1．管理会计中的长期投资决策是指（　　　）。
　　A．项目投资决策　B．证券投资决策　　C．其他投资决策　　D．单一投资决策

2．在长期投资决策中，固定资产原值等于（　　　）。

A．固定资产投资

B．固定资产投资与流动资金投资之和

C．应提折旧额

D．固定资产投资与资本化利息之和

3．下列各项投资决策指标中，属于非贴现的投资决策指标的是（　　　）。

A．投资利润率　　B．内部收益率　　C．净现值　　　　D．现值指数

4．假设某时期市场的名义收益率为 10%，而通货膨胀率为 2.5%，则此时的实际收益率为（　　　）。

A．10%　　　　　B．7.5%　　　　　C．8%　　　　　D．6.3%

5．某项目原始投资为 6 000 元，当年完工投产，有效期 3 年，每年可获得净现金流量 2 300 元。该项目内部收益率为（　　　）。

A．7.33%　　　　B．7.68%　　　　C．8%　　　　　D．6.68%

6．若净现值为负数，表明该投资项目（　　　）。

A．为亏损项目，不可行

B．投资利润率小于 0，不可行

C．内部收益率没有达到预定的贴现率，不可行

D．投资利润率不一定小于 0，也可能是可行方案

7．某投资方案贴现率为 16%时，净现值为 6.12；贴现率为 18%时，净现值为−3.17，则该方案的内部收益率为（　　　）。

A．14.68%　　　　B．17.32%　　　　C．18.32%　　　　D．16.68%

8．如果其他因素不变，一旦贴现率提高，下列指标中的数值会变小的是（　　　）。

A．净现值　　　　B．内部收益率　　C．会计收益率　　D．投资回收期

9．某项目原始投资额为 100 万元，项目建设期为 0，项目经营期 10 年，无净残值，经营期每年实现净利润 19 万元，则其回收期为（　　　）年。

A．5.26　　　　　B．3.45　　　　　C．4　　　　　　D．5.7

10．当某项目的净现值大于 0 时，下列成立的选项有（　　　）。

A．净现值率大于 1

B．获利指数大于 0

C．项目内部收益率大于设定的贴现率

D．静态投资回收期小于项目计算期的一半

11．下列各项中，不属于企业投资战略的基本要素的是（　　　）。

A．战略思想　　　B．战略目标　　　C．战略计划　　　D．战略周期

12．下列各项投资决策指标中，不能独立使用的是（　　　）。

A．年平均报酬率　B．内部收益率　　C．净现值　　　　D．现值指数

13．包括建设期的投资回收期恰好是（　　　）为 0 时的年限。

A．净现值

B．净现金流量

C．累计净现值

D．累计净现金流量

14．下列各项中，既属于折现指标，又属于绝对量正指标的是（　　　）。

A．投资利润率

B．静态投资回收期

C．内部收益率

D．净现值

15．企业在供、产、销三方面投资与经营，使得原料供应、加工制造、市场销售实行联合，从而扩大生产和销售能力。这种投资战略属于（　　　）。

A．多样性投资战略　　　　　　B．一体化投资战略

C．紧缩性投资战略　　　　　　D．密集型投资战略

三、多项选择题

1．现金流入的内容有（　　　　）。

A．营业收入　　　　　　　　　B．处置固定资产净收益

C．营业净利　　D．回收流动资金　　E．经营成本

2．经营期某年净现金流量包括（　　　　）。

A．该年折旧　　B．该年利息费用　　C．该年摊销额　　D．该年回收额

E．该年利润

3．下列项目中，不属于现金流出项目的是（　　　　）。

A．折旧费　　　　B．经营成本　　　C．各项税款　　　D．建设投资

4．按长期投资项目的类型分类，可将工业企业投资项目分为（　　　　）。

A．单纯固定资产投资项目　　　B．完整工业投资项目

C．合伙联营投资项目　　　　　D．控股合并投资项目

E．更新改造投资项目

5．下列项目中，属于完整工业投资项目现金流入量的有（　　　　）。

A．营业收入　　　　　　　　　B．建设投资

C．回收流动资金　　　　　　　D．经营成本节约额

E．回收固定资产折余价值

6．当一项长期投资方案的净现值大于 0 时，可以说明（　　　　）。

A．该方案贴现后现金流入大于贴现后现金流出

B．该方案的内部收益率大于设定的贴现率

C．该方案的现值指数一定大于 1　　D．该方案应拒绝，不能接受

7．确定一个投资方案可行的必要条件包括（　　　　）。

A．内部收益率大于 1　　　　　B．净现值大于 0

C．现值指数大于 1　　　　　　D．回收期大于 1 年

E．内部收益率大于设定贴现率

8．对于同一投资方案，下列表述正确的是（　　　　）。

A．资本成本越高，净现值越高　　B．资本成本越低，净现值越高

C．资本成本相当于内部收益率时，净现值为 0

D．资本成本高于内部收益率时，净现值小于 0

9．有两个投资方案，投资的时间和数量相同，甲方案从现在开始每年现金流入 400 元，连续 6 年；乙方案从现在开始每年现金流入 600 元，连续 4 年，假设它们的净现值相等且小于 0，则（　　　　）。

A．甲方案优于乙方案　　　　　B．乙方案优于甲方案

C．甲、乙方案都不是可行方案　　D．甲、乙方案在经济上等效

10．贴现的现金流量指标包括（　　　　）。

A．净现值　　B．投资回收期　　C．现值指数　　D．内部收益率

11. 长期投资决策分析过程中需要考虑的重要因素有（　　　　　）。

    A．边际贡献　　　　B．货币的时间价值　C．边际贡献率

    D．投资的风险价值　　　　　　　E．资金成本

12. 在单纯固定资产投资项目中，不可能发生的现金流量有（　　　　　）。

    A．流动资金投资　　　　　　　　B．回收固定资产折余价值

    C．回收流动资金　D．经营成本　　E．资本化利息

13. 下列各项中，属于可能导致某投资项目的固定资产投资与固定资产原值相等的原因的是（　　　　）。

    A．建设期为 0　　　　　　　　　B．全部投资均为自有资金

    C．全部投资均于建设起点一次投入　D．未发生资本化利息

    E．未发生流动资金投资

14. 如果某完整工业投资项目的建设期不为 0，则该项目建设期内有关时点的净现金流量（　　　　　）。

    A．一定小于 0　　B．一定大于 0　　C．可能等于 0

    D．可能大于 0　　E．可能小于 0

15. 如果某项目分两次投入流动资金，第一次投入 200 万元，第二次投入 260 万元，经营期内没有发生提前回收流动资金的现象，则下列说法中正确的有（　　　　　）。

    A．该项目流动资金投资合计为 460 万元

    B．第一次投资时的流动资金需用额为 200 万元

    C．第二次投资时的流动资金需用额为 460 万元

    D．第二次投资时的流动资金需用额为 260 万元

    E．终结点回收的流动资金为 660 万元

四、实务题

1. 甲公司准备购买一台生产设备，现有甲、乙两个方案可供选择。甲方案需要投资 10 000 元，使用寿命 5 年，采用直线法计提折旧，5 年后设备无残值，5 年中每年增加营业收入 6 000 元，每年增加经营成本 2 000 元。乙方案需要投资 12 000 元，采用直线法计提折旧，使用寿命 5 年，5 年后增加残值收入 2 000 元，5 年中每年增加营业收入 8 000 元，每年增加经营成本 3 000 元，以后年度每年再增加 400 元营业成本，另外，乙方案需要垫支流动资金 3 000 元。假设企业期望的投资利润率为 10%，企业所得税税率为 25%。

要求：根据以上资料，计算甲、乙方案的现金流量。

2. 某企业拟新建一流水线生产线，建设期为 1 年，生产经营期为 10 年，该方案每年净现金流量如下表所示。若期望的投资回收期（含建设期）为 4 年。

万元

年　份	原始投资	年利润	年折旧	净残值	净现金流量
0	−400				400
1	0				0
2		62	38		100
3		62	38		100
4		62	38		100

（续表）

年　份	原始投资	年利润	年折旧	净残值	净现金流量
5		62	38		100
6		62	38		100
7		62	38		100
8		62	38		100
9		62	38		100
10		62	38	20	100

要求：运用非贴现的回收期法做出该投资方案是否可行的决策。

3．某企业购置一条生产线，第一年年初购入安装完毕并投入使用，设定的折现率为10%，各年净现金流量如下表所示。

万元

年　份	投资额	利　润	折　旧	回收残值	净现金流量
0	200				−200
1		32	38		70
2		32	38		70
3		32	38		70
4		32	38		70
5		32	38	10	80

要求：采用净现值法评价该方案是否可行。

4．某企业进行一项固定资产投资，有甲、乙方案可供选择。甲、乙方案建设期均为0，甲、乙方案的生产经营期均为5年。期望的投资利润率为10%。甲、乙方案的各年净现金流量如下表所示。

万元

年　份	甲方案净现金流量	乙方案净现金流量
0	−300	−250
1	90	90
2	90	100
3	90	110
4	90	80
5	90	60

要求：采用净现值法进行决策分析。

5．甲公司有甲、乙项目投资方案可供选择，甲、乙项目投资方案的投资额分别为200 000元和120 000元，甲、乙方案的项目计算期分别为2年和3年，甲、乙方案中设备的净残值均为0。甲方案每年可以实现税后净利20 000元和32 000元，乙方案每年均实现税后净利16 000元。

要求：对甲、乙方案做出决策分析。

项目 7

全面预算

职业能力目标

- 掌握全面预算编制的基本方法。
- 掌握弹性预算、增量预算和滚动预算的编制方法。
- 能根据实际编制业务预算和财务预算。
- 会根据实际编制专门预算和资本性预算。

学习导入

蓝天机械有限责任公司 2016 年年末正在编制 2017 年度的预算，已知计划生产和销售一种 A 产品，预计每件 A 产品的材料消耗定额为 10 千克，计划单价为 5 元。为了保证生产的顺利进行，要求材料每季初的存货量，至少储备当季用料量的 30%。该公司 2017 年预计该产品 LT809 号机械件的销售量为 630 件，公司产成品存货每季度末存量应为下季度销售量的 20%；预计年初产成品存货为 300 件，年末预计的产成品存货数量为 400 件；年初预计库存材料的数量为 10 千克，年末预计库存材料的数量为 20 千克。请根据以上情况编制蓝天机械有限责任公司 2017 年的生产预算和直接材料预算。

该项工作是公司每年年末一般都需要做的预算工作，我们只有掌握编制预算的方法和程序，才能完成公司的全面预算编制任务。

问题导入

什么是全面预算？如何编制全面预算？

任务 *7.1*　全面预算概述

任务布置

假如你是蓝天机械有限责任公司的预算岗位人员,请根据有关资料为编制 2017 年度的预算做好相关基础工作。

教学组织

运用讨论式教学法,教师围绕蓝天机械有限责任公司的全面预算的编制,引导学生讨论编制蓝天机械有限责任公司 2017 年的全面预算的有关基础工作有哪些。

7.1.1　全面预算的概念

全面预算是关于企业在一定的时期内(一般为一年或一个既定期间内)各项业务活动、财务表现等方面的总体预算。它包括经营预算(如销售预算、生产预算、销售费用预算、管理费用预算等)和财务预算(如投资预算、现金预算、预计利润表、预计资产负债表等)。

全面预算又称总预算,全面预算的特点体现在"三全":全方位、全过程、全员参与。全方位是指全部经济活动均纳入预算体系,全过程是指各项经济活动的事前、事中、事后均要纳入预算管理过程,全员参与是指各部门、各单位、各岗位、各级人员共同参与预算编制和实施。

真正的全面预算要做到:事前有计划、事中有控制、事后能考核。

1. 预算与预测

预算不等于预测。预测是一种事先的估计,它可以是口头形式,也可以是书面形式,并且程序化不明显;预算是根据预测所制订的几种方案,并从这几种方案中选出一种最好的方案,必须是程序化的和书面形式的。预算是对预测的一种反映,是对预测的规划;预测是基础,是预算的前提,没有预测就没有预算。预算是根据预测结果提出的对策性方案,可以说,预算是针对预测结果采用的一种预先的风险补救及防御系统,有效的预算是企业防范风险的重要措施。

2. 预算与计划

计划是对未来活动所做的事前安排、预测和应变处理。在企业中,计划工作是管理的首要职能,计划工作的核心内容是目标的明确和计划的制订。计划并不能保证你成功,但能让你为将来做好准备。计划只是一种预测工具,但预算既是预测工具,又是控制工具。

3. 预算与战略规划

一般来说,先有战略,再做预算。战略规划主要是指公司将来的发展方向及预期的营运结果。预算是战略规划分解的一个组成部分,预算过程也涉及较多方面。预算由责任中心制定,全面预算服务于战略规划。全面预算起始于公司最高层的战略规划,财务预算必须以战略规划为起点。

4. 预算与考核

预算一旦确定不能随意更改，要与考核联系在一起。企业中人人都要为达成个人、部门、公司的目标而努力，公司要公正公平地衡量每个人的绩效，且适时、适当地给予奖励，确保企业的凝聚力与持续经营，以营造企业及员工双赢的环境。

7.1.2 编制全面预算的作用

企业全面预算既是由销售、采购、生产、盈利、现金流量等单项预算组成的责任指标体系，又是公司的整体"作战方案"，还是到期（年终）奖惩的标准，激励和约束制度的核心。企业实施全面预算的作用主要有以下几个方面。

1. 明确目标

全面预算是各级各部门工作的奋斗目标，如销售部门的产品销售目标、生产部门的生产目标、管理部门的费用控制目标、财务部门的融资目标都会在预算中确定下来。全面预算把企业的经营目标通过正式的、量化的形式来表述出来并概括出实现经营目标的具体步骤，即整个企业和各个职能部门先根据计划期的工作任务分别确立切实可行的目标，并将制定目标的依据和达到目标的方法措施详细地列举出来，充分调动各部门的积极性，从而最终能够保证企业总目标的实现。

2. 协调平衡内部关系

全面预算是各级各部门工作的协调工具。企业各级各部门因其职责不同，所定的目标往往会出现相互冲突的现象。企业全面预算则具有高度的综合能力，它代表企业整体的最优方案，可以使各级部门的工作在此基础上协调起来。通过全面预算的编制，将有助于企业上下级之间、部门与部门之间的相互交流与沟通，增进相互之间的了解，加深部门及员工对经营目标的理解和认同；编制全面预算还可以促使各部门管理人员了解本部门在全局中的地位和作用，协调和平衡各部门的计划，从而实现整体利益最大化。

3. 控制日常活动及经营风险

因为预算是控制经济活动的依据和衡量其合理性的标准，全面预算便是各级各部门工作的控制标准。全面预算体系可以初步揭示企业下一年度的预计经营情况，当实际状态和预算有了较大差异时，管理层可以迅速地发现问题并及时采取相应的解决措施，从而发现管理中的漏洞和不足，降低日常经营风险。

4. 分析考核业绩

全面预算是公司实施绩效管理的基础，是企业进行员工绩效考核的主要依据。预算与绩效管理相结合，可以使公司对其部门和员工的考核真正做到"有章可循、有法可依"。可见，全面预算在企业的经营活动中所发挥的作用十分重要，要想取得较好的经营效益就必须从全面预算抓起。

7.1.3　全面预算的编制

1. 编制程序

为了使整个预算编制有条不紊地进行，企业应设置预算委员会。其任务是：审查协调企业预算、决策及目标要求，并将审定的年度预算报董事会（或总经理办公会）批准实施；审查上年度决算，分析上年度预算执行过程中出现的差异及其原因，提出奖惩意见报董事会（或总经理办公会）批准后执行。预算委员会下设预算工作组（一般设在财务部），具体负责组织各项预算的讨论、修改、报批、下达，以及通报分析预算的执行情况。全面预算的编制程序如下。

1）企业决策机构根据长期战略规划，利用本量利分析等工具，提出企业一定时期的总目标，并下达规划指标。

2）最基层成本控制人员自行草拟预算，使预算能较为可靠，较为符合实际。

3）部门汇总部门预算，并初步协调本部门预算，编制出销售、生产、财务等预算。

4）预算委员会审查、平衡各预算，汇总出公司的总预算。

5）经过总经理批准，审议机构通过或驳回修改预算。

6）主要预算指标报告给董事会或上级主管单位，讨论通过或驳回修改。

7）批准后的预算下达给各部门执行。

2. 编制方法

根据管理的不同要求，可将预算编制方法分为不同类别。按预算范围是对企业全部活动还是只对企业局部活动，可分为全面预算和局部预算；按业务量水平是否固定，可分为固定预算和弹性预算；按预算是否依据以前年度数据即其出发点的特征不同，可分为增量预算和零基预算；按其预算期的时间特征不同，可分为定期预算和滚动预算，等等。这些方法均有所长，也有所短，企业应该根据自身的业务特点和需要，选择适当的方法进行预算编制，尤其应注意各种方法的结合应用。

7.1.4　全面预算的基本体系

全面预算按其涉及的业务活动领域，可以分为财务预算和非财务预算。财务预算是关于资金筹措和使用的预算；非财务预算主要是指业务预算，用于预测和规划企业的基本经济行为。

企业全面预算内容包括业务预算、专门决策预算和财务预算，具体如下。

① 销售预算，包括预期的现金收入的计算。

② 生产预算。

③ 直接材料采购预算，包括预期现金支出的计算。

④ 直接人工预算。

⑤ 制造费用预算。

⑥ 期末产成品存货预算。

⑦ 销售与管理费用预算。

⑧ 现金预算。

⑨ 预计利润表。

⑩ 预计资产负债表。

以上①～⑦属于业务预算，⑧～⑩属于财务预算，而专门决策预算是为企业不经常发生的长期投资项目或一次性专门支出项目所编制的预算，包括资本支出预算和一次性专门业务预算。专门决策预算是按需要编制的，格式和内容的繁简各企业不尽相同，没有统一的格式，可按需要自行设计。各项预算之间的相互关系如图 7-1 所示。

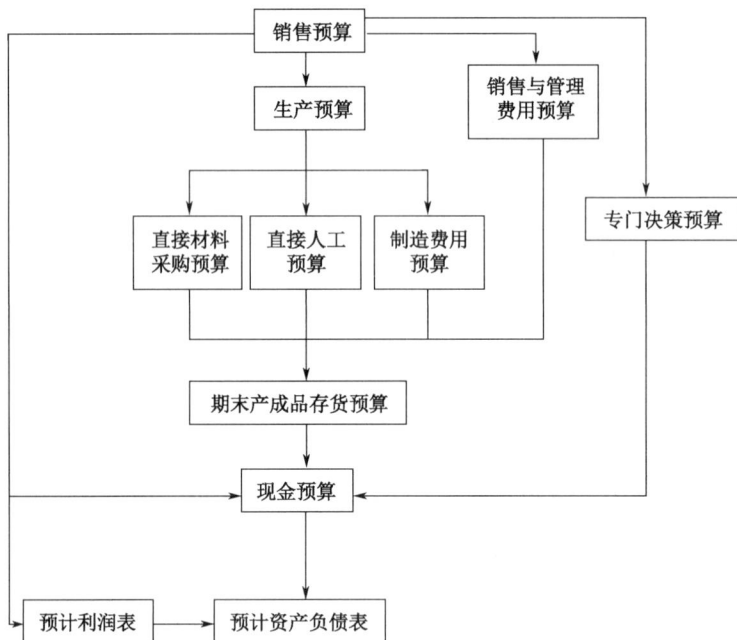

图 7-1　各项预算之间的相互关系

任务 7.2　全面预算的编制方法

【任务布置】

假如你是蓝天机械有限责任公司的预算岗位人员，请根据有关资料编制公司 2017 年度的全面预算。

【教学组织】

运用案例教学法，教师布置蓝天机械有限责任公司的全面预算任务，引导学生编制蓝天机械有限责任公司 2017 年的全面预算。

全面预算是关于企业在一定时期内经营、资本、财务等各方面的总体计划，它将企业全部经济活动用货币形式表示出来。全面预算的最终反映是一整套预计的财务报表和其他附表，它主要用来规划计划期内企业的全部经济活动及其相关财务结果。

7.2.1　蓝天机械有限责任公司单一产品全面预算编制

1. 销售预算编制

销售预算是关于预算期销售数量、销售价格和销售收入的预算。销售预算中通常还列出销售产生的现金流入，以便为编制现金流量预算提供必要的资料。销售预算是全面预算的编制起点，也是编制其他有关预算的基础。蓝天机械有限责任公司编制的 2017 年分季度销售预算如表 7-1 所示。其中，在各季度的销售收入中，60%货款于本季度收到，另 40%货款将于下季度收到。

表 7-1　销售预算　　　　　　　　　　　　　　　　　　　　　元

季　度	一	二	三	四	全　年
销售量/件	200	150	200	180	730
销售单价/（元/件）	400	400	400	400	400
销售收入	80 000	60 000	80 000	72 000	292 000
预计现金流入					
上年应收账款	6 200				6 200
第一季度	48 000	32 000			80 000
第二季度		36 000	24 000		60 000
第三季度			48 000	32 000	80 000
第四季度				43 200	43 200
现金流入合计	54 200	68 000	72 000	75 200	269 400

表外提醒：年末未收回货款＝72 000×40%＝28 800(元)，形成年末应收账款余额。

2. 生产预算编制

生产预算是预算期产品销售数量、期末存量和生产数量的预算。生产预算是在销售预算的基础上，结合预算期期初存量，考虑预算期期末存量，根据计算公式"本期生产数量＝（本期销售数量＋期末存量）－期初存量"编制的。蓝天机械有限责任公司编制的 2017 年分季度生产预算如表 7-2 所示。期末存量按下期销售数量的 10%确定。

表 7-2　生产预算　　　　　　　　　　　　　　　　　　　　　件

季　度	一	二	三	四	全年
产品销售数量	200	150	200	180	730
加：期末存量	15	20	18	20	20
产品需要数量	215	170	218	200	750
减：预计期初存量	10	15	20	18	10
生产数量	205	155	198	182	740

3. 直接材料采购预算编制

直接材料预算是预算期产品生产直接耗用原材料及原材料采购的预算。它以生产预算为基础，考虑预算期期初、期末的原材料存量，根据计算公式"本期采购数量＝（本期生产耗用数量＋期末存量）－期初存量"编制而成。蓝天机械有限责任公司编制的 2017 年分季度直接材料预算如表 7-3 所示。在表中，材料采购金额（货款）的 50%在本季度内付清，50%在下季度付清，期末存量按下期生产耗用数量的 20%确定。

表 7-3　直接材料采购预算　　　　　　　　　　　　　　　元

季　度	一	二	三	四	全　年
产品生产数量/件	205	155	198	182	740
单位产品材料用量/（千克/件）	10	10	10	10	10
生产耗用数量/千克	2 050	1 550	1 980	1 820	7 400
加：期末存量/千克	310	396	364	400	400
合计	2 360	1 946	2 344	2 220	7 800
减：期初存量/千克	300	310	396	364	300
材料采购总量/千克	2 060	1 636	1 948	1 856	7 500
材料采购单价/（元/千克）	5	5	5	5	
材料采购金额	10 300	8 180	9 740	9 280	37 500
预计现金流出					
上期应付采购货款	2 350				2 350
第一季度	5 150	5 150			10 300
第二季度		4 090	4 090		8 180
第三季度			4 870	4 870	9 740
第四季度				4 640	4 640
合计	7 500	9 240	8 960	9 510	35 210

表外提醒：年末未支付货款＝9 280×50%＝4 640(元)，形成年末应付账款余额。

4. 直接人工预算编制

直接人工预算是预算期产品生产直接耗用人工及费用的预算，也是以生产预算为基础编制的。蓝天机械有限责任公司编制的 2017 年分季度直接人工预算如表 7-4 所示。

表 7-4　直接人工预算

季　度	一	二	三	四	全　年
产品生产数量/件	205	155	198	182	740
单位产品工时/（小时/件）	10	10	10	10	10
人工工时总量/小时	2 050	1 550	1 980	1 820	7 400
小时人工费用/（元/小时）	20	20	20	20	20
人工费用总额/元	41 000	31 000	39 600	36 400	148 000

5. 制造费用预算编制

制造费用预算是预算期产品生产所需制造费用的预算。变动制造费用以生产预算为基础来编制。固定制造费用需要逐项进行预计，通常与本期产量无关，可按各期生产需要等情况加以预计，然后求出全年数。蓝天机械有限责任公司编制的 2017 年分季度制造费用预算如表 7-5 所示。

表 7-5　制造费用预算　　　　　　　　　　　　元

季　　度	一	二	三	四	全　年
变动制造费用：					
间接人工费用（0.1 元/小时）	205	155	198	182	740
间接材料费用（0.1 元/小时）	205	155	198	182	740
设备修理费用（0.2 元/小时）	410	310	396	364	1 480
水电气费用（0.1 元/小时）	205	155	198	182	740
小计	1 025	775	990	910	3 700
固定制造费用：					
修理费用 1000 元/季度	1 000	1 000	1 000	1 000	4 000
折旧费用 1000 元/季度	1 000	1 000	1 000	1 000	4 000
固定人工费用 200 元/季度	200	200	200	200	800
保险费用 100 元/季度	100	100	100	100	400
财产税 100 元/季度	100	100	100	100	400
小计	2 400	2 400	2 400	2 400	9 600
合计	3 425	3 175	3 390	3 310	13 300
减：折旧费用	1 000	1 000	1 000	1 000	4 000
付现费用	2 425	2 175	2 390	2 310	9 300

6. 期末产成品存货预算编制

期末产成品存货预算是预算期产品生产成本的预算，其主要内容是产品的单位成本和总成本预算，是生产预算、直接材料预算、直接人工预算和制造费用预算的汇总。蓝天机械有限责任公司编制的 2017 年产品成本预算如表 7-6 所示。

表 7-6　产品成本预算　　　　　　　　　　　　元

名　　称	单位成本			期初存量	生产成本	期末存量	销货成本
	单价	耗用量	成本				
产品数量/件				10	740	20	730
直接材料	5	10 千克	50	500	37 000	1 000	36 500
直接人工	20	10 小时	200	2 000	148 000	4 000	146 000
变动制造费用	0.5	10 小时	5	50	3 700	100	3 650
固定制造费用	1.5	10 小时	15	150	9 600	300	9 450
合计			270	2 700	198 300	5 400	195 600

表外提醒：变动成本部分根据产品数量×单位变动成本计算，固定制造费用＝合计－变动成本。

7. 销售与管理费用预算编制

销售费用预算是企业预算期有关产品销售费用的预算，以销售预算为基础。管理费用预算是企业一般管理费用的预算，多属于固定成本，所以，一般是以过去的实际开支为基础，按预算期的可预见变化来调整。蓝天机械有限责任公司假设该公司销售费用和管理费用均为固定成本，其编制的 2017 年销售与管理费用预算如表 7-7 所示。

表 7-7　销售与管理费用预算　　　　　　　　　　　　　　　　　　　　　　元

项　　目	金　额
销售费用：	
销售人员工资	2 000
广告费用	5 500
包装、运输费	3 000
保管费用	2 700
管理费用：	
管理人员工资	4 000
福利费用	800
保险费用	600
办公费用	1 400
合计	20 000
各季度支付现金（20 000÷4）	5 000

8. 现金预算编制

现金预算又称现金流量预算，是企业预算期现金流转时间及金额数量的预算，是企业的一种综合性预算，包括营业活动、投资活动和筹资活动的现金流量的预算。现金预算实际上是其他预算有关现金收支部分的汇总，以及收支差额平衡措施的具体计划，余则运用，缺则筹集。其编制依据的计算公式是"现金期初余额＋本期经营现金收入－本期经营现金支出＝现金余缺额"。

蓝天机械有限责任公司编制的 2017 年分季度现金预算如表 7-8 所示。最低现金余额为6 000 元；借款金额为 1 000 元的整数倍；长期借款年末付息；短期借款期初借，期末还，还本时付息。

表 7-8　现金预算　　　　　　　　　　　　　　　　　　　　　　　　　　　元

季　度	一	二	三	四	全　年
期初现金余额	8 000	6 275	6 860	12 510	8 000
加：销货现金收入	54 200	68 000	72 000	75 200	269 400
可供使用现金	62 200	74 275	78 860	87 710	277 400
减：现金支出					
直接材料采购	7 500	9 240	8 960	9 510	35 210
直接人工工资	41 000	31 000	39 600	36 400	148 000
制造费用	2 425	2 175	2 390	2 310	9 300
销售与管理费用	5 000	5 000	5 000	5 000	20 000
所得税支出	4 000	4 000	4 000	4 000	16 000
购买设备		10 000			10 000

（续表）

季　度	一	二	三	四	全　年
股利支付		8 000		8 000	16 000
现金支出合计	59 925	69 415	59 950	65 220	254 510
现金多余或不足	2 275	4 860	18 910	22 490	22 890
取得银行借款	4 000	2 000			6 000
偿还银行借款			6 000		6 000
短期借款利息（年利 10%）			400		400
长期借款利息（年利 12%）				1 080	1 080
期末现金余额	6 275	6 860	12 510	21 410	21 410

9. 预计利润表（利润预算）编制

利润预算是企业预算期营业利润、利润总额和税后利润的预算。利润预算是企业的一种综合性预算，是在销售预算、产品成本预算、销售费用预算、管理费用预算、财务费用预算等基础上汇总编制的。值得注意的是，利润预算按照权责发生制来编制，而且所得税费用项目的金额理论上不是根据利润总额乘以所得税税率计算出来的，而是预先估计的数额。实际编制中为简化过程，预计利润表中所得税费用项目的金额可根据利润总额乘以所得税税率预计出来，但在资产负债表中需要结合现金预算中的所得税预缴数额进行平衡。蓝天机械有限责任公司编制的 2017 年简化的预计利润表如表 7-9 所示。

表 7-9　预计利润表　　　　　　元

项　目	金　额
销售收入	292 000
销货成本	195 600
毛利	96 400
销售费用	13 200
管理费用	6 800
利息费用	1 480
利润总额	74 920
所得税费用	18 730
税后利润	56 190

10. 预计资产负债表编制

预计资产负债表是企业预算期资产、负债和所有者权益的规模及分布的预算。它在上期实际资产负债表的基础上，根据预算期营业预算、资本预算和财务预算的有关资料汇总调整编制而成。蓝天机械有限责任公司编制的 2017 年简化的预计资产负债表如表 7-10 所示。

表 7-10　预计资产负债表　　　　　　　　　　　　　　　　　　　元

资　产			负债及所有者权益		
项目	期初	期末	项目	期初	期末
库存现金	8 000	21 410	应付账款	2 350	4 640
应收账款	6 200	28 800	应交税费	0	2 730
原材料	1 500	2 000	长期借款	9 000	9 000
产成品	2 700	5 400	普通股	20 000	20 000
固定资产	33 200	43 200	未分配利润	16 250	56 440
一累计折旧	−4 000	−8 000			
资产总额	47 600	92 810	负债及所有者权益总额	47 600	92 810

总之，根据以上全面预算的编制过程可以看出以下几点基本假设前提：①未考虑相关税费；②编制的是单一品种生产企业的全面预算；③上例的预算编制方法是定期预算和固定预算。但在实际经济生活中，企业是在一个有税收的大环境中运营的，很多企业也不可能只生产一种产品，预算编制会根据实际有多种方法可以选择。因此，实际编写全面预算时，应按照上述蓝天机械有限责任公司全面预算编制案例的基本思路，针对每个企业的具体情况进行调整。此外，预算编制的其他方法将在任务 7.3 中详细说明。

7.2.2　蓝天机械有限责任公司考虑相关税费条件下单一产品全面预算编制

承上例，若考虑相关税费，其他条件不变，那么蓝天机械有限责任公司全面预算编制的相关表格如表 7-11 至表 7-21 所示。

1.　销售预算编制

表 7-11　销售预算　　　　　　　　　　　　　　　　　　　　　元

季　度	一	二	三	四	全　年
销售量/件	200	150	200	180	730
销售单价/（元/件）	400	400	400	400	400
销售收入	80 000	60 000	80 000	72 000	292 000
预计现金流入					
上年应收账款	6 200				6 200
第一季度	48 000	32 000			80 000
第二季度		36 000	24 000		60 000
第三季度			48 000	32 000	80 000
第四季度				43 200	43 200
现金流入合计	54 200	68 000	72 000	75 200	269 400

表外提醒：年末未收回货款＝72 000×40%＝28 800(元)，形成年末应收账款余额。

2. 生产预算编制

表 7-12　生产预算　　　　　　　　　　　　　　　　件

季　度	一	二	三	四	全　年
产品销售数量	200	150	200	180	730
加：期末存量	15	20	18	20	20
产品需要数量	215	170	218	200	750
减：预计期初存量	10	15	20	18	10
生产数量	205	155	198	182	740

3. 直接材料采购预算编制

表 7-13　直接材料采购预算　　　　　　　　　　　元

季　度	一	二	三	四	全　年
产品生产数量/件	205	155	198	182	740
单位产品材料用量/（千克/件）	10	10	10	10	10
生产耗用数量/千克	2 050	1 550	1 980	1 820	7 400
加：期末存量/千克	310	396	364	400	400
合计	2 360	1 946	2 344	2 220	7 800
减：期初存量/千克	300	310	396	364	300
材料采购总量/千克	2 060	1 636	1 948	1 856	7 500
材料采购单价/（元/千克）	5	5	5	5	
材料采购金额	10 300	8 180	9 740	9 280	37 500
预计现金流出					
上期应付采购货款	2 350				2 350
第一季度	5 150	5 150			10 300
第二季度		4 090	4 090		8 180
第三季度			4 870	4 870	9 740
第四季度				4 640	4 640
合计	7 500	9 240	8 960	9 510	35 210

表外提醒：年末未支付货款＝9 280×50%＝4 640(元)，形成年末应付账款余额。

4. 税费及附加预算编制

假设涉及的相关流转税费在发生时均以现金收付。

表 7-14　税费及附加预算　　　　　　　　　　　元

季　度	一	二	三	四	全　年
销项税额	13 600	10 200	13 600	12 240	49 640
一进项税额	1 751	1 390.6	1 655.8	1 577.6	6 375
＝应交增值税	11 849	8 809.4	1 1944.2	1 0662.4	43 265
＋城建税及教育费附加	1 184.9	8 80.94	1 194.42	1 066.24	4 326.5
＝合计	13 033.9	9 690.34	13 138.62	11 728.64	47 591.5
付现金额	13 033.9	9 690.34	13 138.62	11 728.64	47 591.5

表外提醒：销项税额＝当期销售收入×17%；进项税额＝当期采购金额×17%。

5. 直接人工预算编制

表 7-15　直接人工预算

季　度	一	二	三	四	全　年
产品生产数量/件	205	155	198	182	740
单位产品工时/（小时/件）	10	10	10	10	10
人工工时总量/小时	2 050	1 550	1 980	1 820	7 400
小时人工费用/（元/小时）	20	20	20	20	20
人工费用总额/元	41 000	31 000	39 600	36 400	148 000

6. 制造费用预算编制

表 7-16　制造费用预算　　　　　　　　　　　　　　　　　　　　元

季　度	一	二	三	四	全　年
变动制造费用：					
间接人工费用（0.1 元/小时）	205	155	198	182	740
间接材料费用（0.1 元/小时）	205	155	198	182	740
设备修理费用（0.2 元/小时）	410	310	396	364	1 480
水电气费用（0.1 元/小时）	205	155	198	182	740
小计	1 025	775	990	910	3 700
固定制造费用：					
修理费用（1000 元/季度）	1 000	1 000	1 000	1 000	4 000
折旧费用（1000 元/季度）	1 000	1 000	1 000	1 000	4 000
固定人工费用（200 元/季度）	200	200	200	200	800
保险费用（100 元/季度）	100	100	100	100	400
财产税（100 元/季度）	100	100	100	100	400
小计	2 400	2 400	2 400	2 400	9 600
合计	3 425	3 175	3 390	3 310	13 300
减：折旧费用	1 000	1 000	1 000	1 000	4 000
付现费用	2 425	2 175	2 390	2 310	9 300

7. 期末产成品存货预算编制

表 7-17　产品成本预算　　　　　　　　　　　　　　　　　　　　元

名　称	单位成本			期初存量	生产成本	期末存量	销货成本
	单价	耗用量	成本				
产品数量/件				10	740	20	730
直接材料	5	10 千克	50	500	37 000	1 000	36 500
直接人工	20	10 小时	200	2 000	148 000	4 000	146 000
变动制造费用	0.5	10 小时	5	50	3 700	100	3 650
固定制造费用	1.5	10 小时	15	150	9 600	300	9 450
合计			270	2 700	198 300	5 400	195 600

8. 销售与管理费用预算编制

表 7-18   销售与管理费用预算   元

项　　目	金　　额
销售费用：	
销售人员工资	2 000
广告费用	5 500
包装、运输费	3 000
保管费用	2 700
管理费用：	
管理人员工资	4 000
福利费用	800
保险费用	600
办公费用	1 400
合计	20 000
各季度支付现金（20 000÷4）	5 000

9. 现金预算编制

表 7-19   现金预算   元

季　　度	一	二	三	四	全　年
期初现金余额	8 000	6 090.1	6 794.16	9 124.74	8 000
加：销货现金收入	54 200	68 000	72 000	75 200	269 400
销项税额	13 600	10 200	13 600	12 240	49 640
可供使用现金	75 800	84 290.1	92 394.16	96 564.74	327 040
减：现金支出					
直接材料采购	7 500	9 240	8 960	9 510	35 210
进项税额	1 751	1 390.6	1 655.8	1 577.6	6 375
税金及附加	13 033.9	9 690.34	13 138.62	11 728.64	47 591.5
直接人工工资	41 000	31 000	39 600	36 400	148 000
制造费用	2 425	2 175	2 390	2 310	9 300
销售费用和管理费用	5 000	5 000	5 000	5 000	20 000
所得税支出	4 000	4 000	4 000	4 000	16 000
购买设备		10 000			10 000
股利支付		8 000		8 000	16 000
现金支出合计	74 709.9	80 495.94	74 744.42	78 526.24	308 476.5
现金多余或不足	1 090.1	3 794.16	17 649.74	18 038.5	18 563.5
取得银行借款	5 000	3 000			8 000
偿还银行借款			8 000		8 000
短期借款利息（年利 10%）			525		525
长期借款利息（年利 12%）				1 080	1 080
期末现金余额	6 090.1	6 794.16	9 124.74	16 958.5	16 958.5

10. 预计利润表（利润预算）编制

表 7-20　预计利润表　　　　　　　　　　　　　　　元

项　目	金　额
销售收入	292 000
销货成本	195 600
税金及附加	4 326.5
毛利	92 073.5
销售费用	13 200
管理费用	6 800
利息费用	1 605
利润总额	70 468.5
所得税费用	17 617.125
税后利润	52 851.375

11. 预计资产负债表编制

表 7-21　预计资产负债表　　　　　　　　　　　　元

资　产			负债及所有者权益		
项目	期初	期末	项目	期初	期末
库存现金	8 000	16 958.5	应付账款	2 350	4 640
应收账款	6 200	28 800	应交税费	0	1 617.125
原材料	1 500	2 000	长期借款	9 000	9 000
产成品	2 700	5 400	普通股	20 000	20 000
固定资产	33 200	43 200	未分配利润	16 250	53 101.375
一累计折旧	−4 000	−8 000			
资产总额	47 600	88 358.5	负债及所有者权益总额	47 600	88 358.5

7.2.3　蓝天机械有限责任公司多产品全面预算编制

多产品全面预算编制与单一产品全面预算编制的基本原理和思路相同，其具体步骤可以分为五大步。承前例，若考虑相关税费，假设蓝天机械有限责任公司生产 A、B 两种产品，A、B 两种产品情况详见下列预算表格，其他条件不变，那么蓝天机械有限责任公司全面预算编制的五大步骤的相关表格如表 7-22 至表 7-43 所示。

1. 第一步

先分品种编制销售预算（包括预期的现金收入的计算）、生产预算、直接材料采购预算（包括预期现金支出的计算）、直接人工预算等，然后把所有品种的该项预算进行汇总，形成多品种条件下的销售总预算（包括预期的现金收入的计算）、生产总预算、直接材料采购总预算（包括预期现金支出的计算）、直接人工总预算。

表 7-22　A 产品销售预算　　　　　　　　　　　　　　　　　　　元

季　度	一	二	三	四	全　年
销售量/件	200	150	200	180	730
销售单价/（元/件）	400	400	400	400	400
销售收入	80 000	60 000	80 000	72 000	292 000
预计现金流入					
上年应收账款	6 200				6 200
第一季度	48 000	32 000			80 000
第二季度		36 000	24 000		60 000
第三季度			48 000	32 000	80 000
第四季度				43 200	43 200
现金流入合计	54 200	68 000	72 000	75 200	269 400

表外提醒：年末未收回货款＝72 000×40%＝28 800(元)，形成年末应收账款余额。

表 7-23　B 产品销售预算　　　　　　　　　　　　　　　　　　　元

季　度	一	二	三	四	全年
销售量/件	100	150	100	180	530
销售单价/（元/件）	200	200	200	200	200
销售收入	20 000	30 000	20 000	36 000	106 000
预计现金流入					
上年应收账款	3 800				3 800
第一季度	12 000	8 000			20 000
第二季度		18 000	12 000		30 000
第三季度			12 000	8 000	20 000
第四季度				21 600	21 600
现金流入合计	15 800	26 000	24 000	29 600	95 400

表外提醒：年末未收回货款＝36 000×40%＝14 400(元)，形成年末应收账款余额。

表 7-24　多产品销售收入及预计现金流入预算　　　　　　　　　　　元

多产品总销售收入	100 000	90 000	100 000	108 000	398 000
上年应收账款	10 000				10 000
第一季度	60 000	40 000			100 000
第二季度		54 000	36 000		90 000
第三季度			60 000	40 000	100 000
第四季度				64 800	64 800
现金流入合计	70 000	94 000	96 000	104 800	364 800

年末未收回货款＝36 000×40%＋72 000×40%＝43 200(元)，形成年末应收账款余额。

表 7-25　A 产品生产预算　　　　　　　　　　　　件

季　度	一	二	三	四	全　年
产品销售数量	200	150	200	180	730
加：期末存量	15	20	18	20	20
产品需要数量	215	170	218	200	750
减：预计期初存量	10	15	20	18	10
生产数量	205	155	198	182	740

表 7-26　B 产品生产预算　　　　　　　　　　　　件

季　度	一	二	三	四	全　年
产品销售数量	100	150	100	180	530
加：期末存量	15	20	18	20	20
产品需要数量	115	170	118	200	550
减：预计期初存量	10	15	20	18	10
生产数量	105	155	98	182	540

表 7-27　多产品生产总预算　　　　　　　　　　　件

季　度	一	二	三	四	全　年
A 产品生产数量	205	155	198	182	740
B 产品生产数量	105	155	98	182	540

表 7-28　A 产品直接材料预算　　　　　　　　　　元

季　度	一	二	三	四	全　年
产品生产数量/件	205	155	198	182	740
单位产品材料用量/（千克/件）	10	10	10	10	10
生产耗用数量/千克	2 050	1 550	1 980	1 820	7 400
加：期末存量/千克	310	396	364	400	400
合计	2 360	1 946	2 344	2 220	7 800
减：期初存量/千克	300	310	396	364	300
材料采购总量/千克	2 060	1 636	1 948	1 856	7 500
材料采购单价/（元/千克）	5	5	5	5	
材料采购金额	10 300	8 180	9 740	9 280	37 500
预计现金流出					
上期应付采购货款	2 350				2 350
第一季度（采购 10 300 元）	5 150	5 150			10 300
第二季度（采购 8 180 元）		4 090	4 090		8 180
第三季度（采购 9 740 元）			4 870	4 870	9 740
第四季度（采购 9 280 元）				4 640	4 640
合计	7 500	9 240	8 960	9 510	35 210

表外提醒：年末未支付货款＝9 280×50%＝4 640(元)，形成年末应付账款余额。

表 7-29　B 产品直接材料预算 元

季　度	一	二	三	四	全　年
产品生产数量/件	105	155	98	182	540
单位产品材料用量/（千克/件）	5	5	5	5	5
生产耗用数量/千克	525	775	490	910	2 700
加：期末存量/千克	155	98	182	200	200
合计	680	873	672	1 110	2 900
减：期初存量/千克	150	155	98	182	150
材料采购总量/千克	530	718	574	928	2 750
材料采购单价/（元/千克）	5	5	5	5	5
材料采购金额	2 650	3 590	2 870	4 640	13 750
预计现金流出					
上期应付采购货款	2 350				2 350
第一季度（采购 2 650 元）	1 325	1 325			2 650
第二季度（采购 3 590 元）		1 795	1 795		3 590
第三季度（采购 2 870 元）			1 435	1 435	2 870
第四季度（采购 4 640 元）				2 320	2 320
合计	3 675	3 120	3 230	3 755	13 780

表外提醒：年末未支付货款＝4 640×50%＝2 320(元)，形成年末应付账款余额。

表 7-30　多产品下直接材料总采购及预计现金总流出预算 元

季　度	一	二	三	四	全　年
材料采购金额	12 950	11 770	12 610	13 920	51 250
A 产品直接材料采购预计现金流出	7 500	9 240	8 960	9 510	35 210
B 产品直接材料采购预计现金流出	3 675	3 120	3 230	3 755	13 780
合计	11 175	12 360	12 190	13 265	48 990

表外提醒：年末未支付货款＝9 280×50%＋4 640×50%＝6 960(元)，形成年末应付账款余额。

假设涉及的相关流转税费在发生时均以现金收付。

表 7-31　税费及附加预算 元

季　度	一	二	三	四	全　年
销售收入	100 000	90 000	100 000	108 000	398 000
销项税额	17 000	15 300	17 000	18 360	67 660
采购金额	12 950	11 770	12 610	13 920	51 250
进项税额	2 201.5	2 000.9	2 143.7	2 366.4	8 712.5
应交增值税	14 798.5	13 299.1	14 856.3	15 993.6	58 947.5
应交城建税和教育费附加	1 479.85	1 329.91	1 485.63	1 599.36	5 894.75
税费及附加付现费用合计	16 278.35	14 629.01	16 341.93	17 592.96	64 842.25

表 7-32　A 产品直接人工预算

季　度	一	二	三	四	全　年
产品生产数量/件	205	155	198	182	740
单位产品工时/（小时/件）	10	10	10	10	10
人工工时总量/小时	2 050	1 550	1 980	1 820	7 400
小时人工费用/（元/小时）	20	20	20	20	20
人工费用总额/元	41 000	31 000	39 600	36 400	148 000

表 7-33　B 产品直接人工预算

季　度	一	二	三	四	全　年
产品生产数量/件	105	155	98	182	540
单位产品工时/（小时/件）	5	5	5	5	5
人工工时总量/小时	525	775	490	910	2700
小时人工费用（元/小时）	20	20	20	20	20
人工费用总额/元	10 500	15 500	9 800	18 200	54 000

表 7-34　多产品直接人工总预算　　　　　　　　　　　　　　　　　　　　元

季　度	一	二	三	四	全　年
A 产品人工费用总额	41 000	31 000	39 600	36 400	148 000
B 产品人工费用总额	10 500	15 500	9 800	18 200	54 000
人工费用总额合计	51 500	46 500	49 400	54 600	202 000

2. 第二步

　　编制制造费用预算，制造费用中变动制造费用按品种或各品种产品耗用的预算工时来计算确定并进行汇总，而固定制造费用不需分品种编制，应该由生产车间编制。

表 7-35　制造费用预算　　　　　　　　　　　　　　　　　　　　　　　　元

季　度	一	二	三	四	全　年
A 产品变动制造费用：					
间接人工费用（0.1 元/小时）	205	155	198	182	740
间接材料费用（0.1 元/小时）	205	155	198	182	740
设备修理费用（0.2 元/小时）	410	310	396	364	1 480
水电气费用（0.1 元/小时）	205	155	198	182	740
小计	1 025	775	990	910	3 700
B 产品变动制造费用：					
间接人工费用（0.1 元/小时）	52.5	77.5	49	91	270
间接材料费用（0.1 元/小时）	52.5	77.5	49	91	270
设备修理费用（0.2 元/小时）	105	155	98	182	540
水电气费用（0.1 元/小时）	52.5	77.5	49	91	270
小计	262.5	387.5	245	455	1 350

（续表）

季　度	一	二	三	四	全　年
固定制造费用：					
修理费用（1 000 元/季度）	1 000	1 000	1 000	1 000	4 000
折旧费用（1 000 元/季度）	1 000	1 000	1 000	1 000	4 000
固定人工费用（200 元/季度）	200	200	200	200	800
保险费用（100 元/季度）	100	100	100	100	400
财产税（100 元/季度）	100	100	100	100	400
小计	2 400	2 400	2 400	2 400	9 600
合计	3 687.5	3 562.5	3 635	3 765	14 650
减：折旧费用	1 000	1 000	1 000	1 000	4 000
付现费用	2 687.5	2 562.5	2 635	2 765	10 650

3. 第三步

期末产成品存货预算也需要分品种编制，然后把所有品种的期末产成品存货预算进行汇总，就会形成多品种条件下的期末产成品存货总预算。

表 7-36　固定制造费用分配　　　　　　　　　　　　　　　　　　　元

	分配标准/人工工时	分配率	分配金额
A 产品	7 400		7 030
B 产品	2 700		2 570
合计	10 100	0.95	9 600

表 7-37　A 产品成本预算　　　　　　　　　　　　　　　　　　　　元

名　　称	单位成本			期初存量	生产成本	期末存量	销货成本（倒挤）
	单价	耗用量	成本				
产品数量/件				10	740	20	730
直接材料	5	10 千克	50	500	37 000	1 000	36 500
直接人工	20	10 小时	200	2 000	148 000	4 000	146 000
变动制造费用	0.5	10 小时	5	50	3 700	100	3 650
固定制造费用	0.95	10 小时	9.5	95	7 030	190	6 935
合计			264.5	2 645	195 730	5 290	193 085

期初存量数量见表 7-2，合计见表 7-10，变动成本部分根据数量×单位变动成本计算，固定制造费用＝合计－变动成本。

表 7-38　B 产品成本预算　　　　　　　　　　　　　　元

名　称	单位成本			期初存量	生产成本	期末存量	销货成本
	单价	耗用量	成本				
产品数量				10	540	20	530
直接材料	5	5 千克	25	250	13 500	500	13 250
直接人工	20	5 小时	100	1 000	54 000	2 000	53 000
变动制造费用	0.5	5 小时	2.5	25	1 350	50	1 325
固定制造费用	0.95	5 小时	4.75	4.75	2 570	95	2 522.5
合计			132.45	1 322.5	71 420	2 645	70 097.5

表 7-39　多产品成本总预算　　　　　　　　　　　　　　元

季　度	一	二	三	四	全　年
A 产品期初成本	500	2 000	50	95	2 645
B 产品期初成本	250	1 000	25	49.5	1 322.5
期初成本合计	750	3 000	75	144.5	3 967.5
A 产品销货成本	36 500	14 600	3 650	6 935	193 085
B 产品销货成本	13 250	53 000	1 325	2 522.5	70 097.5
销货成本合计	49 750	199 000	4 975	9 455.5	263 182.5
A 产品期末成本	1 000	4 000	100	190	5 290
B 产品期末成本	500	2 000	50	95	2 645
期末成本合计	1 500	6 000	150	285	7 935

4. 第四步

编制销售与管理费用预算，销售与管理费用中变动部分按各品种产品销售情况来计算确定并进行汇总，而固定部分不需分品种编制，应该由各销售和管理部门分部门编制并汇总。

表 7-40　销售与管理费用预算　　　　　　　　　　　　　　元

项　目	金　额
销售费用：	
销售人员工资	2 000
广告费用	5 500
包装、运输费	3 000
保管费用	2 700
管理费用：	
管理人员工资	4 000
福利费用	800
保险费用	600
办公费用	1 400
合计	20 000
各季度支付现金（20 000÷4）	5 000

5. 第五步

根据上述预算资料编制企业的现金预算、预计利润表、预计资产负债表。

表 7-41 现金预算　　　　　　　　　　　　　　　　　　　　　　元

季　　度	一	二	三	四	全　年
期初现金余额	8 000	6 157.65	6 305.24	27 594.61	8 000
加：销货现金收入	70 000	94 000	96 000	104 800	364 800
销项税额	17 000	15 300	17 000	18 360	67 660
可供使用现金	95 000	115 457.7	119 305.2	150 754.61	440 460
减：现金支出					
直接材料采购	11 175	12 360	12 190	13 265	48 990
进项税额	2 201.5	2 000.9	2 143.7	2 366.4	8 712.5
税金及附加	16 278.35	14 629.01	16 341.93	17 592.96	64 842.25
直接人工工资	51 500	46 500	49 400	54 600	202 000
制造费用	2 687.5	2 562.5	2 635	2 765	10 650
销售费用和管理费用	5 000	5 000	5 000	5 000	20 000
所得税支出	4 000	4 000	4 000	4 000	16 000
购买设备		10 000			10 000
股利支付		8 000		8 000	16 000
现金支出合计	92 842.35	105 052.4	91 710.63	107 589.36	397 194.75
现金多余或不足	2 157.65	10 405.24	27 594.61	43 165.25	43 265.25
取得银行借款	4 000				4 000
偿还银行借款		4 000			4 000
短期借款利息（年利 10%）		100			100
长期借款利息（年利 12%）				1 080	1 080
期末现金余额	6 157.65	6 305.24	27 594.61	42 085.25	42 085.25

表 7-42 预计利润表　　　　　　　　　　　　　　　　　　　　　　元

项　　目	金　额
销售收入	398 000
销货成本	263 182.5
税金及附加	5 894.75
毛利	128 922.7
销售费用	13 200
管理费用	6 800
利息费用	1 180
利润总额	107 742.75
所得税费用	26 935.69
税后利润	80 807.06

表 7-43　预计资产负债表　　　　　　　　　　　　　　元

资　产			负债及所有者权益		
项目	期初	期末	项目	期初	期末
库存现金	8 000	42 085.25	应付账款	4 700	6 960
应收账款	10 000	43 200	应交税费	0	10 935.69
原材料	2 250	3 000	长期借款	9 000	9 000
产成品	3 967.5	7 935	普通股	100 000	100 000
固定资产	133 200	143 272.5	未分配利润	39 790	104 597.06
一 累计折旧	−4 000	−8 000			
资产总额	153 490	231 492.7	负债及所有者权益总额	153 490	231 492.7

总之，在实际经济生活中，企业是在一个有增值税的大环境中进行的，而且很多企业也不可能只生产一种产品，预算编制也有很多方法（如增量预算法和零基预算法、固定预算法和弹性预算法、定期预算法和滚动预算法）可以选择。因此，实际编写全面预算时，应按照上述蓝天机械有限责任公司全面预算编制案例的基本思路，选择合适的预算编制方法，针对每个企业的具体情况进行全面预算的编制。

任务 7.3　预算编制的其他方法

任务布置

假如你是蓝天机械有限责任公司的预算岗位人员，请根据任务 7.2 中已编制完成的 2017 年度的全面预算为基础，对其中的一些单项预算尝试采用其他方法编制。

教学组织

运用讨论式教学法，教师围绕蓝天机械有限责任公司任务 7.2 中已编制完成的 2017 年度的全面预算，引导学生讨论全面预算中的一些单项预算的其他编制方法，以及由此对全面预算带来的影响和变化。

7.3.1　弹性预算

弹性预算，也称为变动预算、滑动预算，是在变动成本法的基础上，以未来不同业务水平为基础编制预算的方法，是固定预算的对称。换言之，弹性预算就是根据收入、成本、利润同生产经营活动水平之间的数量关系，按照预算期内可能发生的多种生产经营活动水平分别确定相应的预算数额，使编制的预算随着经营活动水平的变化而变化，以便分别反映在各业务量的情况下所应开支（或取得）的费用（或收入、利润）水平。正是由于这种预算可以随着业务量的变化而反映各该业务量水平下的支出控制数，具有一定的伸缩性，因而称为"弹性预算"。

1. 弹性预算的编制

弹性预算法适用于各项随业务量变化而变化的项目支出，主要用来编制成本费用预算和利润预算。

用弹性预算法来编制成本预算时，其关键在于把所有的成本划分为变动成本与固定成本两大部分。变动成本主要根据单位业务量来控制，固定成本则按总额控制。成本的弹性预算公式为：

成本的弹性预算＝固定成本预算数＋$\sum$(单位变动成本预算数×预计业务量)

编制弹性预算的步骤如下。

1）选择和确定各种经营活动的计量单位消耗量、人工小时、机器工时等。

2）预测和确定可能达到的各种经营活动业务量。在确定经营活动业务量时，要与各业务部门共同协调，一般可按正常经营活动水平的 70%～120%确定，也可按过去历史资料中的最低业务量和最高业务量为上下限，然后在其中划分若干等级，这样编出的弹性预算较为实用。

3）根据成本习性和业务量之间的依存关系，将企业生产成本划分为变动和固定两个类别，并逐项确定各项费用与业务量之间的关系。

4）计算各种业务量水平下的预测数据，并用一定的方式表示，形成某一项的弹性预算。

例如，某企业的制造费用分为三部分：变动制造费用、混合制造费用和固定制造费用。根据业务量（工时）编制各级水平的制造费用预算，如表 7-44 所示。

表 7-44　制造费用弹性预算　　　　　　　　　　　　　　　　元

业务量/工时	5 000	6 000	7 000	8 000
变动制造费用				
物料费（0.3x）	1 500	1 800	2 100	2 400
小计	1 500	1 800	2 100	2 400
混合制造费用				
间接人工（5 000＋0.5x）	7 500	8 000	8 500	9 000
维护费（3 000＋0.8x）	7 000	7 800	8 600	9 400
水电费（2 000＋0.2x）	3 000	3 200	3 400	3 600
小计	17 500	19 000	20 500	22 000
固定制造费用				
折旧费	8 000	8 000	8 000	8 000
小计	8 000	8 000	8000	8 000
合计	27 000	28 800	30 600	32 400

2. 弹性预算的优缺点

弹性预算的优点在于：能提供一系列生产经营业务量的预算数据，由于它是为一系列业务量水平而编制的，因此能够适应不同经营活动情况的变化，它扩大了预算的范围，能够更好地发挥预算的控制作用，避免了在实际情况发生变化时，对预算做频繁的修改；由于预算是按各项成本的性态分别列示的，因而可以方便地计算出在任何实际业务量水平下的预测成本，从而为管理人员在事前据以严格控制费用开支提供方便，也有利于在事后细致分析各项费用节约或超支的原因，并及时解决问题。

弹性预算的缺点在于：运用多水平法弹性预算评价和考核实际成本时，往往需要使用插补法来计算"实际业务量的预算成本"，比较麻烦。

7.3.2 增量预算与零基预算

1. 增量预算

增量预算法又称调整预算法，是指以基期水平为基础，分析预算期业务量水平及有关影响因素的变动情况，通过调整基期项目及数额，编制相关预算的方法。

增量预算法的前提条件有两个：一是现有的业务活动是企业所必需的；二是原有的各项业务都是合理的。

增量预算法的缺点是：当预算期的情况发生变化，预算数额受到基期不合理因素的干扰时，会导致预算不准确，不利于调动各部门达成预算目标的积极性。

2. 零基预算

零基预算法是指在编制成本费用预算时，不考虑以往会计期间所发生的费用项目或费用数额等情况，而是以所有的预算支出为 0 作为出发点，一切从实际需要与可能出发，从根本上研究、分析每项预算是否有支出的必要和支出额的大小，在综合平衡的基础上编制费用预算的一种方法。

（1）零基预算编制的步骤

1）划分和确定基层预算单位。

企业里各基层业务单位通常被视为能独立编制预算的基层单位。所谓的"预算单位"并不等同于日常生活意义上的单位，它指的是需要钱的部门、项目、活动等。预算单位到底如何确定，零基预算的设计者并没有做出硬性的规定，关键是看在哪一层次上编制预算。预算单位确定后，接下来是制定一揽子决策。

2）提出本单位预算项目。

由企业提出总体目标，然后各基层预算单位根据企业的总目标和自身的责任目标出发，编制本单位为实现上述目标的费用预算方案。在方案中必须详细说明提出项目的目的、性质、作用，以及需要开支的费用数额。

3）进行成本-效益分析。

基层预算单位按下达的"预算年度业务活动计划"，确认预算期内需要进行的业务项目及其费用开支后，管理层对每一个项目的所需费用和所得收益进行比较分析，权衡轻重，区分层次，划出等级，挑出先后。基层预算单位的业务项目一般分为 3 个层次：第一层次是必要项目，即非进行不可的项目；第二层次是需要项目，即有助于提高质量、效益的项目；第三层次是改善工作条件的项目。进行成本-效益分析的目的在于判断基层预算单位各个项目费用开支的合理程度、先后顺序，以及对本单位业务活动的影响。

4）审核分配资金。

根据预算项目的层次、等级和次序，按照预算期可动用的资金及其来源，依据项目的轻重缓急次序，分配资金，落实预算。

5）编制并执行预算。

资金分配方案确定后，就制定零基预算正式稿，经批准后下达执行。执行中遇有偏离预算的地方要及时纠正，遇有特殊情况要及时修正，遇有预算本身问题要找出原因，总结经验并加以提高。

例如，假定长城公司在编制下年度推销及管理费用预算时，相关费用初步预算如下：

广告费 20 000 元

培训费 18 000 元

房屋租金 9 000 元

差旅费 3 000 元

办公费 5 000 元

拟采用零基预算法。

将酌量性固定成本进行成本-效益分析（见表7-45）。

表 7-45　成本-效益分析

明细项目	成本金额	收益金额
广告费	1 元	20 元
培训费	1 元	30 元

把 5 个费用项目排序。

第一层次：房屋租金、差旅费、办公费属于约束性固定成本，在计划期间必不可少，需全额得到保证。

第二层次：培训费属于酌量性固定成本，可以酌情增减；由于其成本收益率大于广告费，所以列为第二层次。

第三层次：广告费也属于酌量性固定成本，由于其成本收益率小于培训费，所以列为第三层次。

假定长城公司在计划期间，对于推销及管理费用的可动用的财力资源只有 43 000 元，那么就应根据以上排列的层次和顺序分配资金，落实预算：

房屋租金 9 000 元

差旅费 3 000 元

办公费 5 000 元

合计 17 000 元，必须全额得到保证。

尚可分配的资金＝43 000－17 000＝26 000(元)

按成本收益率的比例分配：

培训费可分配数＝26 000×30÷(20＋30)＝15 600(元)

广告费可分配数＝26 000×20÷(20＋30)＝10 400(元)

（2）零基预算的优缺点

① 有利于提高员工的"投入-产出"意识。传统的预算编制方法，主要是由专业人员完成的；零基预算是以零为起点观察和分析所有业务活动，并且不考虑过去的支出水平，

因此，需要动员企业的全体员工参与预算编制，这样使得不合理的因素不能继续保留下去，从投入开始减少浪费，并通过成本-效益分析，提高产出水平，从而能员工的"投入-产出"意识得以增强。

② 有利于合理分配资金。每项业务经过成本-效益分析，对每个业务项目是否应该存在、支出金额若干，都要进行分析计算，精打细算，量力而行，能使有限的资金流向富有成效的项目，所分配的资金能更加合理。

③ 有利于发挥基层单位参与预算编制的创造性。零基预算的编制过程，使企业内部情况易于沟通和协调，企业整体目标更趋明确，多业务项目的轻重缓急容易达成共识，有助于调动基层单位参与预算编制的主动性、积极性和创造性。

④ 有利于提高预算管理水平。零基预算极大地增加了预算的透明度，预算支出中的人头经费和专项经费一目了然，各级之间争吵的现象有可能得到缓解，预算会更加切合实际，会更好地起到控制作用，整个预算的编制和执行也能逐步规范，预算管理水平会得以提高。

尽管零基预算法和传统的预算方法相比有许多好的创新，但在实际运用中仍存在一些"瓶颈"。由于一切工作从零做起，因此采用零基预算法仍有一些缺点：一是编制工作量大，费用相对较高；二是分层、排序和资金分配时，可能有主观影响，容易引起部门之间的矛盾；三是任何单位工作项目的"轻重缓急"都是相对的，过分强调项目，可能使有关人员只注重短期利益，而忽视本单位作为一个整体的长远利益。

7.3.3　滚动预算

滚动预算法又称连续预算法或永续预算法，是定期预算法的对称，是指在编制预算时，将预算期与会计年度脱离开，随着预算的执行不断延伸补充预算，逐期向后滚动，使预算期始终保持为一个固定期间的一种预算编制方法。按照滚动的时间单位不同，可以分为逐月滚动、逐季滚动和混合滚动。

滚动预算将原定的预算结果不断地进行修改，这种不断的更新和修改正是滚动预算优于普通年度预算之处。滚动预算具有以下优点。

① 保持预算的完整性、连续性，从动态预算中把握企业的未来。

② 能使各级管理人员始终保持对未来 12 个月的生产经营活动做周详的考虑和全盘的计划，保证企业的各项工作有条不紊地进行。

③ 有利于外界对企业经营状况的持续性了解。

④ 预算的不断调整与补充使预算与实际更加适应，充分发挥了预算的指导和控制作用。

但是采用滚动预算法，预算编制工作比较繁重。为了适当简化预算的编制工作，也可采用按季度滚动编制预算。这种方法适用于规模较大、时间较长的工程类或大型设备采购项目。

编制滚动预算示意如图 7-2 所示。

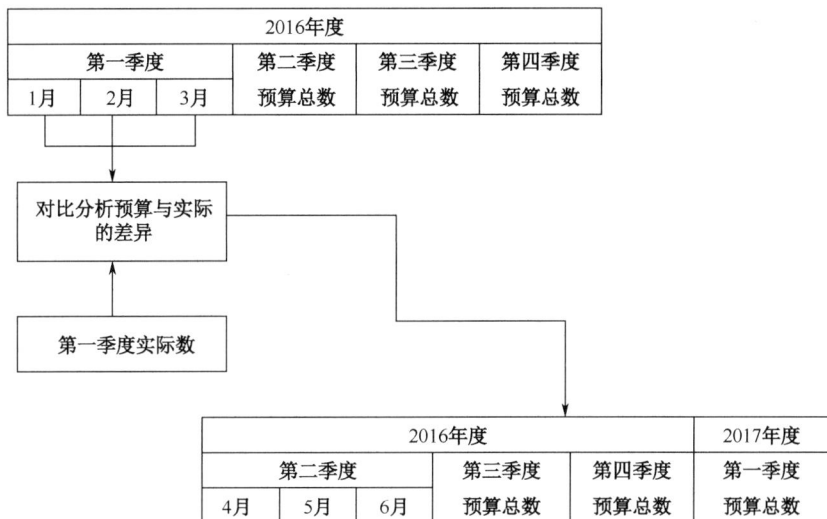

图 7-2   编制滚动预算示意

项 目 小 结

1. 全面预算的编制

企业全面预算基本体系内容包括业务预算、专门决策预算和财务预算。以下①～⑦属于业务预算，⑧～⑩属于财务预算，而专门决策预算是为企业不经常发生的长期投资项目或一次性专门支出项目所编制的预算，包括资本支出预算和一次性专门业务预算。专门决策预算是按需要编制的，格式和内容的繁简各企业不尽相同，没有统一的格式，可按需要自行设计，各项预算之间相互联系，形成一个有机统一的体系。

① 销售预算，包括预期的现金收入的计算。

② 生产预算。

③ 直接材料采购预算，包括预期现金支出的计算。

④ 直接人工预算。

⑤ 制造费用预算。

⑥ 期末产成品存货预算。

⑦ 销售与管理费用预算。

⑧ 现金预算。

⑨ 预计利润表。

⑩ 预计资产负债表。

2. 编制方法

根据管理的不同要求，可将预算方法分为不同类别。按预算范围是对企业全部活动还是只对企业局部活动，可分为全面预算和局部预算；按业务量水平是否固定，可分为固定预算和弹性预算；按预算是否依据以前年度数据，即其出发点的特征不同，可分为增量预算和零基预算；按其预算期的时间特征不同，可分为定期预算和滚动预算，等等。这些方法均有所长，也有所短，企业应该根据自身的业务特点和需要，选择适当的方法进行预算编制，尤其应该注意各种方法的结合应用。各种预算方法比较如下表所示。

编制方法	特　点	适合企业	优　点	缺　点
固定预算	不考虑变动，按某一期间的固定业务量为基础确定相应的预算数	业务量稳定的企业	方法简单，编制轻松	不适合市场变化较大或较快的企业
弹性预算	考虑变动，按某一期间的多种业务量水平分别确定相应的预算数	业务量不稳定的企业	能适应市场变化	编制方法复杂，工作量大
增量预算	以基期费用水平为出发点编制预算	以基期费用水平为出发点编制预算的企业	编制简单	保护落后，易滋长预算平均主义和简单化，影响企业未来发展
零基预算	以零为出发点编制	以零为出发点编制预算的企业	压缩费用开支，能充分发挥管理人员的积极性和主动性	编制复杂
定期预算	以不变的会计期间编制预算		编制简单	具有盲目性、滞后性、间断性
滚动预算	预算与会计年度脱离，随着预算执行不断延伸补充预算	规模较大、时间较长的工程类或大型设备采购项目	透明性高，及时性强，连续性和稳定性突出	工作量大

━━━━━━━━━━━━ 职业能力训练 ━━━━━━━━━━━━

一、判断题

1．企业实行预算的目的是限制花钱。　　　　　　　　　　　　　　　（　　）

2．全面预算管理最早兴起于西方国家。　　　　　　　　　　　　　　（　　）

3．预算编制涉及企业每一个部门、每一个岗位，它需要企业每一个部门和每一位员工的参与和支持。　　　　　　　　　　　　　　　　　　　　　　　　　　　　（　　）

4．编制生产预算的目的是保证有充足的现金可以满足企业的需要，而且对多余现金可以有效利用。　　　　　　　　　　　　　　　　　　　　　　　　　　　　　　（　　）

5．预算编制是预算管理循环的一个重要环节，预算编制的质量直接影响预算执行结果，也影响对预算执行者的业绩评价。　　　　　　　　　　　　　　　　　　　　　（　　）

6．财务预算包括生产预算、经营预算和应收账款预算。　　　　　　　（　　）

7．预计利润表是财务预算中的一个重要环节，也是编制预计资产负债表的基础。
　　　　　　　　　　　　　　　　　　　　　　　　　　　　　　　　（　　　）

8．零基预算的特点是不受基期实际数的束缚，一切费用预算额以 0 为起点，从工作内容需要出发。　　　　　　　　　　　　　　　　　　　　　　　　　　　（　　　）

9．现金预算中的"所得税现金支出"项目，要与预计利润表中的"所得税"项目的金额一致。它是根据预算的"利润总额"和预计所得税税率计算出来的，一般不必考虑纳税调整事项。　　　　　　　　　　　　　　　　　　　　　　　　　　　　（　　　）

10．销售预算是以生产预算为依据编制的。　　　　　　　　　　　　（　　　）

11．财务预算由现金预算、预计利润表和预计资产负债表三部分组成。（　　　）

12．在编制生产预算时，应考虑产成品期初、期末存货水平。　　　　（　　　）

13．滚动预算的期间与会计年度一致，随着预算执行不断延伸补充预算。（　　　）

14．预计生产量＝预计销售量＋预计期初存货量－预计期末存货量。　（　　　）

15．固定预算编制相对简单，它以基期费用水平为出发点编制预算。　（　　　）

二、单项选择题

1．专门反映企业未来一定预算期内财务状况、经营成果和现金收支的一系列计划，如预计资产负债表、预计利润表和现金收支预算等，是指（　　　）。

　　A．全面预算　　　　B．经营预算　　　　C．资本预算　　　　D．财务预算

2．根据预算编制所依据的业务量的数量特征，预算编制方法可分为（　　　）。

　　A．固定预算和弹性预算　　　　　　　　B．增量预算和零基预算

　　C．资本预算和财务预算　　　　　　　　D．定期预算和滚动预算

3．在成本性态分析的基础上，分别按一系列可能达到的预计业务量水平编制的能适应多种情况的预算，是（　　　）。

　　A．定期预算　　　　B．弹性预算　　　　C．零基预算　　　　D．固定预算

4．下列各项预算中，构成全面预算体系最后环节的是（　　　）。

　　A．日常业务预算　　　　　　　　　　　B．专门决策预算

　　C．财务预算　　　　　　　　　　　　　D．现金预算

5．星海公司预计 2017 年第三、四季度销售产品分别为 220 件、350 件，单价分别为 2元、2.5 元，各季度销售收现率为 60%，其余部分下个季度收回，则星海公司第四季度现金收入为（　　　）元。

　　A．437.5　　　　　B．440　　　　　　C．875　　　　　　D．701

6．编制生产预算的基础是（　　　）。

　　A．销售预算　　　B．直接人工预算　　C．管理费用预算　　D．现金预算

7．为规划和控制未来时期的生产、销售等经常性业务，以及与此相关的各项成本和收入而编制的预算是（　　　）。

　　A．全面预算　　　B．业务预算　　　　C．资本预算　　　D．财务预算

8．某企业编制"直接材料预算"，预计第四季度期初存量 456 千克，季度生产需用量 2 120千克，预计期末存量为 350 千克，材料单价为 10 元，若材料采购货款有 50%在本季度内付清，另外 50%在下季度付清，则该企业预计资产负债表年末"应付账款"项目为（　　　）元。

A．11 130　　　　B．14 630　　　　C．10 070　　　　D．13 560

9．从内容上看，下列不属于财务预算的是（　　　）。

　　A．预计利润表　　　　　　　　B．现金预算

　　C．预计资产负债表　　　　　　D．投资预算

10．按预算是否依据以前年度数据，即其出发点的特征不同可分为（　　　）。

　　A．固定预算和弹性预算　　　　B．增量预算和零基预算

　　C．资本预算和财务预算　　　　D．定期预算和滚动预算

11．在编制制造费用预算时，计算现金支出应予剔除的项目是（　　　）。

　　A．间接材料　　　B．间接人工　　　C．管理人员工资　　D．折旧费

12．在下列预算中，其编制程序与存货的计价方法密切相关的是（　　　）。

　　A．产品成本预算　B．制造费用预算　C．销售预算　　　D．生产预算

13．下列项目中，可以总括反映企业在预算期间盈利能力的预算是（　　　）。

　　A．专门决策预算　B．现金预算　　C．预计利润表　　D．预计资产负债表

14．下列各项中，属于编制全面预算的关键和起点的是（　　　）。

　　A．直接材料预算　B．直接人工预算　C．生产预算　　　D．销售预算

15．下列各项中，只涉及实物计量单位而不涉及价值计量单位的预算是（　　　）。

　　A．销售预算　　　B．生产预算　　　C．专门决策预算　D．财务预算

三、多项选择题

1．全面预算管理的主要功能有（　　　）。

　　A．设置目标　　　B．配置资源　　　C．控制业务　　　D．考评业绩

2．下列关于全面预算管理的说法正确的是（　　　）。

　　A．全面预算管理应该覆盖整个公司

　　B．全面预算管理涉及生产经营的所有活动

　　C．全面预算不局限于事前控制和事后控制，也不局限于财务部门

　　D．全面预算是一种管理制度和控制方略

3．预算编制的方法包括（　　　）。

　　A．固定预算与弹性预算　　　　B．零基预算与增量预算

　　C．财务预算与资本预算　　　　D．滚动预算与定期预算

4．与生产预算有直接联系的预算是（　　　）。

　　A．直接材料预算　　　　　　　B．变动制造费用预算

　　C．销售与管理费用预算　　　　D．直接人工预算

5．财务预算是一系列专门反映企业未来一定预算期内预计财务状况和经营成果，以及现金收支等价值指标的各种预算的总称，具体包括（　　　）。

　　A．预计资产负债表　　　　　　B．预计利润表

　　C．现金预算　　　　　　　　　D．资本预算

6．与编制零基预算相比，编制增量预算的主要缺点包括（　　　）。

　　A．可能不加分析地保留或接受原有成本支出

　　B．可能按主观臆断平均削减原有成本支出

C．容易使不必要的开支合理化

D．增加了预算编制的工作量，容易顾此失彼

7．滚动预算较之传统的定期预算具有的优点有（   ）。

A．与会计年度相配合，便于预算执行结果的考核与评价

B．可以保持预算的连续性和完整性

C．可以不断调整或修订预算，使预算与实际情况相适应

D．可以使各级管理人员始终保持对未来 12 个月的生产经营活动做周密的思考和全盘规划

8．某企业制造费用中的电力费用与机器人工密切相关，机器设备的正常生产能力为 1 000 万小时，此时也为最大生产能力。当生产能力利用程度为 70%时，电力费用总额为 1 200 万元，每月的固定电力费用 500 万元，则下列说法正确的有（   ）。

A．单位机器工时的变动电力费用为 1 元/小时

B．当生产能力为 90%时，电力费用总额为 1 400 万元

C．如果需要机器工时 1 100 小时，则电力费用总额为 1 600 万元

D．当生产能力为 50%时，单位机器工时承担的电力费用为 2 元/小时

9．某企业本月支付当月货款的 60%，支付上月货款的 30%，支付上上月货款的 10%，未支付的货款通过"应付账款"核算。已知 7 月份货款 20 万元，8 月份货款为 25 万元，9 月份货款为 30 万元，10 月份货款为 50 万元，则下列说法正确的有（   ）。

A．9 月份需支付 27.5 万元

B．10 月初的应付账款为 14.5 万元

C．10 月末的应付账款为 23 万元

D．10 月份需支付 41.5 万元

10．下列预算中，真正包括既能反映经营业务又能反映现金收支内容的有（   ）。

A．直接材料预算   B．直接人工预算   C．制造费用预算   D．销售预算

11．在下列各项中，属于全面预算体系构成内容的有（   ）。

A．业务预算   B．财务预算   C．专门决策预算   D．零基预算

12．下列各项中，属于产品成本预算编制基础的有（   ）。

A．生产预算   B．直接人工预算

C．直接材料采购预算   D．制造费用预算

13．编制直接人工预算需要考虑的因素有（   ）。

A．基期生产量   B．生产预算中的预计生产量

C．标准工资率   D．标准单位直接人工工时

14．下列各项中，属于为克服传统预算方法的缺点而设计的先进预算方法有（   ）。

A．固定预算   B．弹性预算   C．滚动预算   D．零基预算

15．编制生产预算时需要考虑的因素有（   ）。

A．基期生产量   B．预算期预计期末存货量

C．预算期预计销售量   D．预算期预计期初存货量

四、实务题

1. 蓝田公司预算期间 2017 年度简略销售情况如下表所示，若销售当季度收回货款 60%，次季度收款 35%，第三季度收款 5%，预算年度期初应收账款金额为 22 000 元，其中包括上年度第三季度销售的应收款 4 000 元，第四季度销售的应收账款 18 000 元。

季　度	一	二	三	四	合　计
预计销售量/件	2 500	3 750	4 500	3 000	13 750
销售单价/（元/件）	20	20	20	20	20

要求：根据上述资料编制年度的销售预算，填写下表。

元

季　度		一	二	三	四
预计销售量	预计销售量/件	2 500	3 750	4 500	3 000
	销售单价/（元/件）	20	20	20	20
	预计销售金额	（1）	（2）	（3）	（4）
	本年期初应收账款	（5）	（6）		
	第一季度销售收现	（7）	17 500	2 500	
	第二季度销售收现		45 000	（8）	3 750
	第三季度销售收现			54 000	31 500
	第四季度销售收现				36 000

2. 某公司生产甲产品，第一季度至第四季度的预计销售量分别为 1 000 件、800 件、900 件、850 件，生产每件甲产品需要 2 千克 A 材料。公司的政策是每一季度末的产成品存货数量等于下一季度销售量的 10%，每一季度末的材料存量等于下一季度生产需要量的 20%。

请填写下表，计算该公司第二季度的预计材料采购量（单位：千克）。

季　度	一	二	三	四
销量	1 000	800	900	850
加：期末存货量（下一季度销售量的 10%）	（1）	（2）	（6）	
减：期初存货量（上期期末）	—	（3）	（7）	
生产量		（4）	（8）	
生产需用材料数量	—	810×2＝1 620	895×2＝1 790	
加：期末材料存量（下一季度生产需要量的 20%）	（5）	（9）	358	
减：期初存量（上期期初）		（10）		
材料采购量				

3. 盛天公司预计下月月初现金余额为 10 000 元，下月期初应收账款为 5 000 元，预计下月可收回 80%；下月销货 62 500 元，当期收到现金的 50%；下月采购材料 10 000 元，当期付款 70%，当月应付账款余额为 6 250 元，需在月内付清；下月支付工资现金为 10 500

元，间接费用 62 500 元，其中折旧费 5 000 元；预交所得税 1 125 元，购买设备支付现金 25 000 元，现金不足时，向银行借款金额为 1 000 元的倍数，现金余额最低为 3 750 元。

要求：填写下表，计算下月预算现金余额。

元

期初现金余额	10 000
加：销货现金收入	（1）
可供使用现金	（2）
减：各项支出现金合计	（3）
材料采购支出	（4）
工资支出	（5）
间接费用支出	（6）
所得税支出	（7）
设备支出	25 000
现金多余或不足	（8）
向银行借款	（9）
期末现金余额	（10）

4. 新华公司编制的 201× 年分季度现金预算如下表所示。最低现金余额为 6 000 元，现金不足进行短期借款金额为 1 000 元的整数倍，短期借款还本时付息；长期借款余额为 9 000 元，年利率 12%，年末付息。请完成表中空白部分的数据。

元

季　度	一	二	三	四	全　年
期初现金余额	8 000				8 000
加：销货现金收入	18 200	26 000	36 000	37 600	117 800
可供使用现金	26 200	34 175	42 160	43 900	125 800
减：现金支出					
直接材料采购	5 000	6 740	8 960	9 510	30 210
直接人工工资	2 100	3 100	3 960	3 640	12 800
制造费用	1 925	2 175	2 390	2 310	8 800
销售费用和管理费用	5 000	5 000	5 000	5 000	20 000
所得税支出	4 000	4 000	4 000	4 000	16 000
购买设备		10 000			10 000
股利支付		8 000		8 000	16 000
现金支出合计	18 025	39 015	24 310	32 460	113 810
现金多余或不足					
取得银行借款					
偿还银行借款					
短期借款利息（年利 10%）					
长期借款利息（年利 12%）					
期末现金余额					

5．胜北公司编制的 2017 年第二季度分月份现金预算如下表所示。最低现金余额为 10 000 元，现金不足进行短期借款，短期借款金额为 1 000 元的整数倍，短期借款还本时付息。请完成表中空白部分的数据。

元

项　目	4 月	5 月	6 月	第二季度
期初余额	14 000	10 250	10 000	14 000
现金收入	230 000	286 000	370 000	886 000
可用现金	244 000	296 250	380 000	900 000
现金支出	274 750	365 250	372 750	1 012 750
采购支出	188 750	256 250	273 750	718 750
营业费用	74 000	84 000	99 000	257 000
设备购置		25 000		25 000
发放股利	12 000			12 000
现金余缺	-30 750	-69 000	7 250	-112 750
借款	41 000	79 000	3 000	123 000
期末余额	10 250	10 000	10 250	10 250

项目 8

成本控制

职业能力目标

● 了解标准成本的含义、作用和种类。
● 了解标准成本的制定及主要组成部分。
● 理解并掌握标准成本差异的计算及分析方法。
● 理解并掌握标准成本差异的账务处理方法。

学习
导入

李明是即将毕业的会计专业的高职学生,利用暑假时间到华盛公司财务科实习。在实习期间,他发现财务科的王会计在分析该公司的产品成本差异时,使用了标准成本系统来分析直接材料、直接人工和制造费用的差异,以及差异产生的原因。

本项目将学习标准成本的制定、成本差异的计算和分析等内容。

问题导入

什么叫标准成本系统? 如何制定标准成本?

任务 *8.1*　成本控制概述

任务布置

了解成本控制的定义和意义，掌握成本控制的方法。

教学组织

在教学过程中，结合多媒体和案例分析法，提升学生的学习兴趣，提高学生的数字应用能力和解决问题的能力。

企业生产经营的主要目标是获取最大的利润，而降低成本是提高利润的主要途径之一。成本是按照一定的对象对生产经营过程中发生的各种耗费所进行的归集，是一项综合性经济指标。企业要实现自己预定的经营目标和顺利完成任务，就必须对企业的各项经营活动加以控制。由于企业的经营活动都要涉及成本，因此，成本控制是现代化企业管理的核心环节。

8.1.1　成本控制的概念

成本控制是指企业在生产经营过程中，按照既定的成本目标，对构成成本的一切耗费进行严格的计算、考核和监督，及时揭示偏差，并采取有效措施，纠正不利差异，发展有利差异，使成本控制在预定的目标范围之内。成本控制是现代成本管理工作的重要环节，是落实成本目标、实现成本计划的保证。

8.1.2　成本控制的意义

1. 成本控制是企业增加盈利的根本途径，直接服务于企业的盈利目的

无论在什么情况下，降低成本都可以增加利润。即使不完全以营利为目的的国有企业，如果成本很高，不断亏损，其生存受到威胁，也难以在调控经济、扩大就业和改善公用事业等方面发挥作用，同时还会影响政府财政，加重纳税人负担，对国计民生不利，失去其存在的价值。

2. 成本控制是抵抗内外压力、求得生存的主要保障

企业外有同业竞争、政府课税和经济环境逆转等不利因素，内有职工改善待遇和股东要求分红的压力。企业用以抵御内外压力的"武器"，主要是降低成本、提高产品质量、创新产品设计和增加产销量。提高售价会引发经销商和供应商相应的提价要求和增加流转税的负担，而降低成本可避免这类压力。

3. 成本控制是企业发展的基础

成本低了，可减价扩销，经营基础巩固了，才有能力去提高产品质量，创新产品设计，寻求新的发展。许多企业陷入困境的重要原因之一，是在成本失控的情况下盲目发展，一味在促销和开发新产品上冒险，一旦市场萎缩或决策失误，企业就没有抵抗能力，很快就

垮了。

8.1.3　成本控制的原则

1. 经济原则

经济原则，是指因推行成本控制而发生的成本，不应超过因缺少控制而丧失的收益。经济原则在很大程度上决定了我们只在重要领域中选择关键因素加以控制，而不对所有成本都进行同样周密的控制。经济原则要求成本控制能起到降低成本、纠正偏差的作用，具有实用性。成本控制系统应能揭示何处发生了失误、谁应对失误负责，并能确保采取纠正措施。经济原则要求在成本控制中贯彻"例外管理"原则。对正常成本费用支出可以从简控制，而格外关注各种例外情况。经济原则还要求贯彻"重要性"原则，应把注意力集中于重要事项，对成本很低、数额很小的费用和无关大局的事项可以忽略。经济原则还要求成本控制系统具有灵活性。

2. 因地制宜原则

因地制宜原则，是指成本控制系统的个别设计必须适合特定企业、部门、岗位和成本项目的实际情况，不可照搬别人的做法。

3. 全面性原则

由于成本涉及企业的方方面面，因此成本控制要进行全员控制、全过程控制（从设计、试制、生产到售后所有阶段）、全方位控制（正确处理好降低产品成本与提高产品质量的关系）。

4. 责权利相结合原则

成本控制要达到预期目标，取决于各成本责任中心管理人员的努力。而要调动各级成本责任中心加强成本管理的积极性，有效的办法在于责权利相结合，即根据各责任中心按其成本受控范围的大小及成本责任目标承担相应的职责。为保证职责的履行，必须赋予其一定的权力，并根据成本控制的实效进行业绩评价与考核，对成本控制责任单位及人员给予奖惩，从而调动全员加强成本控制的积极性。

8.1.4　成本控制的方法

成本控制方法是指完成成本控制任务和达到成本控制目的的手段。成本控制方法是多种多样的，不同的阶段、不同的问题，所采用的方法就不一样。即使同一个阶段，对于不同的控制对象，或出于不同的管理要求，其控制方法也不尽相同。例如，仅就事前控制来说，就有用于产量或销售量问题的本量利分析法，用于产品设计和产品改进的价值分析法，解决产品结构问题的线性规划法，用于材料采购控制的最佳批量法。因此，对于一个企业来说，具体选用什么方法，应视本单位的实际情况而定，必要时还可以设计出一种适合自己需要的特殊方法。

标准成本法是成本控制中一种重要的方法，是西方管理会计的重要组成部分。它是指以预先制定的标准成本为基础，用标准成本与实际成本进行比较，核算和分析成本差异的一种产品成本计算方法。它也是加强成本控制、评价经济业绩的一种成本控制制度。

任务 8.2 标准成本及其制定

了解标准成本的种类和作用，掌握标准成本制定的方法。

在教学过程中，结合多媒体，运用实例，调动学生的积极性，提高学生的运算能力和解决问题的能力。

成本控制系统的首要任务是确定控制目标或标准，作为衡量实际成本的尺度。其基本程序如下：1）制定单位产品标准成本；2）根据实际产量和成本标准计算产品的标准成本；3）汇总计算实际成本；4）计算标准成本与实际成本的差异；5）分析成本差异的发生原因，如果标准成本纳入账簿体系的，还要进行标准成本及其成本差异的账务处理；6）向成本负责人提供成本控制报告。

其中，标准成本的制定是采用标准成本法的前提和关键，据此可以达到成本事前控制的目的；成本差异计算和分析是标准成本法的重点，借此可以促成成本控制目标的实现，并据此进行经济业绩考评。

8.2.1　标准成本的概念

作为与历史成本或实际成本对立概念的标准成本，是指按照成本项目事先制定的，在已经达到的生产技术水平和有效经营管理条件下应当达到的单位产品成本目标。

提醒

标准成本与预算成本既有联系，又有区别。标准成本属于单位成本的范畴，是与单位产品成本相对应的，它是单位产品的成本标准；预算成本则属于总成本的范畴，预算成本不同于实际产量的标准成本，预算成本以预计产量为基础，它是预计产量与单位产品标准成本两者的乘积。

8.2.2　标准成本的种类

标准成本是在正常生产经营条件下应该实现的，可以作为控制成本开支、评价实际成本、衡量工作效率的依据和尺度的一种目标成本。标准成本是根据对实际情况的调查，采用科学方法制定的，它是企业在现有的生产技术和管理水平上，经过努力可以达到的成本。

在制定标准成本时，根据所要求达到的效率不同，所采取的标准有理想标准成本、正常标准成本和现实标准成本。

1. 理想标准成本

理想标准成本是指在最佳工作状态下可以达到的成本水平，它排除了一切失误、浪费、机器的闲置等因素，是根据理论上的耗用量、价格及最大的生产能力制定的标准成本。因其未考虑客观存在的实际情况，提出的要求过高，很难实现，故较少被采用，一般不宜作为考核的依据。

2. 正常标准成本

正常标准成本是指在正常生产经营条件下应该达到的成本水平，它是根据正常的耗用水平、正常的价格和正常的生产经营能力制定的标准成本。从具体数量上看，它应大于理想标准成本，小于历史平均水平。因其是一种通过努力可达到的成本，且在生产技术和经营管理无较大变化的情况下，不必修订，因此，在经济形势稳定的条件下，它得到了广泛的应用。

3. 现实标准成本

现实标准成本是指在现有的生产条件下应该达到的成本水平，它是根据现在所采用的价格水平、生产耗用量以及生产经营能力制定的标准成本。这种标准成本最接近实际成本，最切实可行。在经济形势变化无常的情况下，这种标准成本最为合适。与正常标准成本不同的是，它需要根据现实情况的变化不断进行修改，而正常标准成本则可以较长一段时间保持固定不变。

8.2.3　标准成本的作用

1. 便于企业编制预算

标准成本是一种预计成本、目标成本，因此可作为编制预算的依据。

2. 强化成本控制

成本控制的首要问题是标准问题，如果标准不明确或不固定，那么控制就无从谈起。有了成本标准，企业就可以将其与实际成本进行对比，找出差异，分析其差异的原因，以便进行成本控制。

3. 分清各部门的责任

由于标准成本是事先制定的，在正常生产经营条件下应发生的成本，标准成本的各成本项目都是依据预计的数量标准和价格标准确定的，因而，可以通过确定每个成本项目实际脱离标准成本的差异及其责任归属来评价各部门的工作业绩，分清各部门的管理责任。

4. 为正确进行经营决策提供依据

由于标准成本是企业管理者所希望达到的预定成本目标，它剔除了各种不合理的因素，因此，可以作为确定产品价格的基础，用于产品销售定价决策。标准成本是采用科学方法制定的，它为有关方案的鉴别与择优提供了重要的参考依据。

5. 简化产品成本的核算

标准成本法下，原材料、在产品、产成品均以标准成本计价，所产生的差异均可由发生期负担，可以大大减少核算的工作量，简化日常的账务处理程序。

8.2.4 标准成本的制定

产品成本是由直接材料、直接人工和制造费用 3 个成本项目组成的，应按照这些项目的特点分别制定其标准成本。

1. 直接材料标准成本

（1）用量标准

直接材料用量标准是现有技术条件生产单位产品所需的材料成本，其中包括必不可少的消耗，以及各种难以避免的损失。一般应由生产部门和技术部门分析制定。

（2）价格标准

直接材料价格标准是预计下一年度实际需要支付的进料单位成本，是取得材料的完全成本，包括发票价格、运费、检验和正常损耗等成本。一般应由采购部门和财务部门一起制定。

在确定了直接材料的用量和价格标准后，可按下式计算直接材料标准成本。

某种产品直接材料标准成本＝∑(直接材料用量标准×直接材料价格标准)

例题 8-1 某企业生产甲产品需要 A、B 两种材料，其直接材料标准成本如表 8-1 所示。

表 8-1 甲产品直接材料标准成本

项 目	材料 A	材料 B
用量标准/千克	6	5
价格标准/元	20	25
成本标准/元	120	125
单位产品直接材料标准成本/元	245	

2. 直接人工标准成本

（1）用量标准

直接人工的用量标准是单位产品的标准工时。标准工时是指在现有生产技术条件下，生产单位产品所需要的时间，包括直接加工操作必不可少的时间，以及必要的间歇和停工，如工间休息、调整设备时间、不可避免的废品耗用工时等。需要按产品的加工工序分别进行，然后汇总。它一般是由生产部门和技术部门结合相关历史资料，在分析生产工艺和工人素质等因素的基础上制定的。

（2）价格标准

直接人工的价格标准是指标准工资率。如果采用计件工资制，标准工资率是预定的每件产品支付的工资除以标准工时，或者是预定的小时工资；如果采用月工资制，需要根据月工资总额和可用工时总量来计算标准工资率。它由人力资源部门、生产部门和技术部门共同制定。标准工资率的计算公式为：

标准工资率＝标准工资总额÷标准总工时

在确定了单位产品直接人工标准工时和标准工资率后，可按下式计算直接人工的标准成本。

直接人工标准成本＝单位产品直接人工标准工时×标准工资率

例题 8-2　某企业甲产品直接人工标准成本如表 8-2 所示。

表 8-2　甲产品直接人工标准成本

项　目	标　准
月标准总工时/小时	2 000
标准总工资/元	20 000
标准工资率/（元/小时）	10
单位产品直接人工标准工时/小时	3
直接人工标准成本/元	30

3. 变动制造费用标准成本

制造费用标准成本按部门分别编制，然后将同一产品涉及的各部门单位制造费用标准加以汇总，得出整个产品制造费用标准成本。

（1）用量标准

变动制造费用的用量标准通常采用单位产品直接人工工时标准，它在直接人工标准成本制定时已经确定。有的企业采用机器工时或其他用量标准。

（2）价格标准

变动制造费用的价格标准是指变动制造费用标准分配率，它根据变动制造费用预算总额和标准总工时（或机器工时）计算求得，公式为：

变动制造费用标准分配率＝变动制造费用预算总额÷标准总工时

在确定了变动制造费用的单位产品直接人工标准工时和标准分配率后，可按下式计算变动制造费用的标准成本。

变动制造费用标准成本＝单位产品直接人工标准工时×变动制造费用标准分配率

例题 8-3　某企业甲产品变动制造费用标准成本如表 8-3 所示。

表 8-3　甲产品变动制造费用标准成本

项　目	标　准
月标准总工时/小时	3 000
标准变动制造费用总额/元	15 000
变动制造费用标准分配率/（元/小时）	5
单位产品直接人工标准工时/小时	4
变动制造费用标准成本/元	20

4. 固定制造费用标准成本

如果企业的产品成本采用变动成本法计算，固定制造费用不计入产品成本，因此单位产品的标准成本中不包括固定制造费用的标准成本。在这种情况下，不需要制定固定制造费用的标准成本，固定制造费用的控制通过预算来进行。如果采用完全成本法计算，固定制造费用要计入产品成本，还需要确定其标准成本。

固定制造费用的用量标准与变动制造费用的用量标准相同，包括直接人工工时、机器工时、其他用量标准等，并且两者要保持一致，它在直接人工标准成本制定时已经确定。

固定制造费用的价格标准是指固定制造费用标准分配率，它根据固定制造费用预算总额和直接人工标准总工时（或机器工时）来计算求得，公式为：

固定制造费用标准分配率＝固定制造费用预算总额÷标准总工时

在确定了固定制造费用的单位产品直接人工标准工时和标准分配率后，可按下式计算固定制造费用的标准成本。

固定制造费用标准成本＝单位产品直接人工标准工时×固定制造费用标准分配率

例题 8-4 某企业甲产品固定制造费用标准成本如表 8-4 所示。

表 8-4 甲产品固定制造费用标准成本

项　目	标　准
月标准总工时/小时	4 000
标准固定制造费用总额/元	16 000
固定制造费用标准分配率/（元/小时）	4
单位产品直接人工标准工时/小时	3
固定制造费用标准成本/元	12

5. 单位产品标准成本卡

有了上述各项内容的标准成本后，企业通常要为每一产品设置一张标准成本卡，并在卡中分别列明各项成本的用量标准与价格标准，通过直接汇总的方法来求得单位产品的标准成本。

例题 8-5 某企业甲产品标准成本卡如表 8-5 所示。

表 8-5 甲产品标准成本卡

成本项目	用量标准	价格标准	金额/元
直接材料 A/千克	6	20	120
直接材料 B/千克	5	25	125
小计			245
直接人工/小时	3	10	30
变动制造费用/小时	4	5	20
固定制造费用/小时	3	4	12
甲产品单位标准成本			307

任务 8.3　标准成本的差异分析

了解成本差异的分类，掌握成本差异的计算与分析。

在教学过程中，引导学生分析案例，多做练习，熟能生巧，使学生能够运用所学知识解决实际问题。

标准成本是一种目标成本，由于种种原因，产品的实际成本会与目标不符。实际成本与标准成本之间的差额，称为标准成本的差异，或称为成本差异。标准成本制度下成本的过程控制是通过差异分析来进行的，其目的是找出差异形成的原因，明确责任，以便采取措施，实现对成本的有效控制，促使成本不断降低。

8.3.1　成本差异的分类

成本差异可按不同标准进行分类，常用的成本差异类型有以下几种。

1. 按照成本差异的性质，可以分为有利差异和不利差异

（1）有利差异

有利差异是指实际成本小于标准成本的差异额，也叫节约差异，通常用字母 U 表示。

（2）不利差异

不利差异是指实际成本大于标准成本的差异额，也叫超支差异，通常用字母 F 表示。

2. 按照成本差异的形成原因，可以分为价格差异和数量差异

（1）价格差异

价格差异是指由于价格因素变动而导致的成本差异额。

（2）数量差异

数量差异是指由于耗用数量变动而导致的成本差异额。

成本差异是由价格因素和数量因素的变动而共同引起的，它由价格差异和数量差异两部分组成。其计算公式为：

成本差异＝实际成本－标准成本

　　　　＝实际数量×实际价格－标准数量×标准价格

　　　　＝实际数量×实际价格－实际数量×标准价格＋实际数量×标准价格－

　　　　　标准数量×标准价格

　　　　＝实际数量×(实际价格－标准价格)＋(实际数量－标准数量)×标准价格

　　　　＝价格差异＋数量差异

8.3.2　成本差异的计算与分析

1. 直接材料成本差异

直接材料成本差异，是指一定产量的直接材料实际成本与直接材料标准成本之间的差额。该项差异形成的基本原因有两个：一是价格脱离标准；二是用量脱离标准。前者按实际用量计算，称为价格差异；后者按标准价格计算，称为数量差异。

$$直接材料成本差异＝直接材料实际总成本－直接材料标准总成本$$
$$＝实际价格×实际用量－标准价格×标准用量$$
$$＝直接材料价格差异＋直接材料用量差异$$
$$直接材料价格差异＝(实际价格－标准价格)×实际用量$$
$$直接材料用量差异＝(实际用量－标准用量)×标准价格$$

例题 8-6　某企业本月生产甲产品 200 件，耗用 A 材料 500 千克，A 材料单价为 8 元/千克，假设 A 材料的标准价格为每千克 6 元，单位甲产品的标准用量为 3 千克 A 材料，试计算甲产品直接材料成本差异。

直接材料成本差异＝实际成本－标准成本＝500×8－200×6×3＝400(元)（不利差异）

原因分析：

直接材料价格差异＝(8－6)×500＝1 000(元)（不利差异）

直接材料用量差异＝(500－200×3)×6＝－600(元)（有利差异）

验证：

直接材料成本差异＝直接材料价格差异＋直接材料用量差异＝1 000＋(－600)＝400(元)

从本例中可以知道，材料价格方面的原因使材料成本超支了 1 000 元，材料用量的节约使材料成本下降了 600 元，从而使甲产品直接材料总成本超支了 400 元。

直接材料价格差异是在采购过程中形成的，应由采购部门负责，因为影响材料价格的大多数因素都会受到采购部门的影响。例如，采购部门是否采用了适当的运输方式，是否采用了经济批量，是否未能及时订货造成紧急订货，采购时是否舍近求远使运费和损耗增加，等等。对于由此造成的不利差异，必须彻底清查，及时纠正。但不利的材料价格差异也可能是其他部门造成的，如生产安排不当导致紧急订货而发生高价采购。在这种情况下，该差异应由生产部门负责。此外，由于企业外部的客观原因造成的材料价格差异，虽然非企业所能控制，但企业也应采取措施积极应对，以防止不利差异的产生。

直接材料用量差异是在材料耗用过程中形成的，一般应由生产部门负责。材料用量形成不利差异的原因有很多，如操作疏忽造成废品和废料增加、工人用料不精心、新工人上岗造成多用料、机器或工具不适用造成用料增加等。为防止这些现象发生，应加强对工人的技能培训，依据直接材料的标准用量采用限额领料制度等。然而，有些数量差异并不是生产部门的责任。例如，因采购部门购入劣质材料所导致的数量不利差异就应由采购部门负责，又如工艺变更、检验过严也会使数量差异加大。因此要进行具体的调查研究才能明确责任归属。

2. 直接人工成本差异

直接人工成本差异，是指一定产量的直接人工实际成本与直接人工标准成本之间的差额。它被区分为"价差"和"量差"两部分。价差是指实际工资率脱离标准工资率，其差额是按实际工时计算确定的金额，又称直接人工工资率差异；量差是指实际工时脱离标准工时，其差额是按标准工资率计算确定的金额，又称直接人工效率差异。

$$直接人工成本差异＝直接人工实际总成本－直接人工标准总成本$$
$$＝实际工资率×实际工时－标准工资率×标准工时$$
$$＝直接人工工资率差异＋直接人工效率差异$$
$$直接人工工资率差异(价差)＝(实际工资率-标准工资率)×实际工时$$
$$直接人工效率差异(量差)＝(实际工时-标准工时)×标准工资率$$

例题 8-7　某企业本月生产甲产品 200 件，实际使用工时 14 000 小时，实际人工总成本 252 000 元，假设标准工资率为 15 元/小时，单位产品的工时耗用标准为 83 小时。试计算分析直接人工成本差异。

$$直接人工成本差异＝直接人工实际总成－直接人工标准总成本$$
$$＝252\,000－200×15×83＝3\,000(元)（不利差异）$$

原因分析：

直接人工工资率差异＝(252 000÷14 000－15)×14 000＝42 000(元)（不利差异）

直接人工效率差异＝(14 000－200×83)×15＝－39 000(元)（有利差异）

验证：

直接人工成本差异＝直接人工工资率差异＋直接人工效率差异＝ 42 000＋(－39 000)＝3 000(元)

从本例中可以知道，实际成本大于标准成本，直接人工成本差异为不利差异，超支 3 000 元。其中，直接人工工资率差异为不利差异，超支 42 000 元；直接人工效率差异为有利差异，节约 39 000 元。

直接人工工资率差异形成的原因包括直接生产工人升级或降级使用、工资率调整、加班或使用临时工、出勤率变化等。直接人工工资率差异形成的原因复杂而且难以控制，一般来说，直接人工工资率差异应归属于企业人力资源部门，因为主要是由该部门与劳动者签订用工合同，并且决定薪酬的具体金额，但是也有可能是生产部门用人不当导致出现差异。

直接人工效率不利差异形成的原因包括工人的技术水平和熟练程度较低、劳动情绪不佳、生产工人未得到合理安排、机器或工具选用不当、工人降低成本意识不强、设备故障较多等。因此，直接人工效率差异主要由生产部门和人力资源部门负责，当然也可能会有一些超出生产部门和人力资源部门控制范围的其他因素，如材料质量不好、资源供应不及时也会影响生产效率。因此要针对具体情况具体分析，以便采取相应的措施。

3. 变动制造费用成本差异

变动制造费用成本差异，是指一定产品的实际变动制造费用与标准变动制造费用之间的差额。其计算公式为：

变动制造费用成本差异＝实际变动制造费用－标准变动制造费用

　　　　　　　　＝变动制造费用实际分配率×实际工时－

　　　　　　　　变动制造费用标准分配率×标准工时

　　　　　　　　＝变动制造费用耗费差异＋变动制造费用效率差异

变动制造费用耗费差异(价差)＝(变动制造费用实际分配率－变动制造费用标准分配率)×

实际工时

变动制造费用效率差异(量差)＝(实际工时－标准工时)×变动制造费用标准分配率

例题 8-8 某企业实际产量 200 件，使用工时 1 500 小时，实际发生变动制造费用 7 500 元，变动制造费用标准分配率为 5.5 元/小时，每件产品标准工时为 7 小时，试计算分析变动制造费用成本差异。

变动制造费用成本差异＝实际变动制造费用－标准变动制造费用

　　　　　　　　＝7 500－200×5.5×7＝－200(元)（有利差异）

原因分析：

变动制造费用耗费差异＝(7 500÷1 500－5.5)×1 500＝－750(元)（有利差异）

变动制造费用效率差异＝(1 500－200×7)×5.5 ＝550(元)（不利差异）

验证：

变动制造费用成本差异＝变动制造费用耗费差异＋变动制造费用效率差异

　　　　　　　　＝－750＋550＝－200(元)

本例中的变动制造费用成本差异为有利差异，节约 200 元。其中，变动制造费用耗费差异为有利差异，节约 750 元；变动制造费用效率差异为不利差异，超支 550 元。

由于变动制造费用由多个明细项目（间接材料、间接人工、水电费、动力费等）组成，并且与一定的生产水平相联系，因而仅通过上例中的差异计算来反映变动制造费用差异总额，并不能达到日常控制与考核的要求。在实际工作中，还需要依据各明细项目的预算金额与实际发生数的差异值来确定各部门应承担的责任。

4. 固定制造费用成本差异

固定制造费用成本差异，是指一定期间的实际固定制造费用与标准固定制造费用之间的差额。其计算公式为：

固定制造费用成本差异＝实际固定制造费用－标准固定制造费用

　　　　　　　　＝固定制造费用实际分配率×实际工时－

　　　　　　　　固定制造费用标准分配率×标准工时

式中，

　　　　标准分配率＝固定制造费用预算总额÷预算产量的标准总工时

固定制造费用成本的差异分析与各项变动成本差异分析不同，其分析方法有二因素分析法和三因素分析法两种。

（1）二因素分析法

二因素分析法将固定制造费用成本差异分为耗费差异和能量差异。其计算公式为：

固定制造费用耗费差异＝固定制造费用实际数－固定制造费用预算数

　　　　　　　　＝实际分配率×实际工时－标准分配率×预算产量的标准工时

固定制造费用能量差异＝固定制造费用预算数-固定制造费用标准成本

　　　　　　　＝标准分配率×预算产量的标准工时－标准分配率×

　　　　　　　　实际产量的标准工时

　　　　　　　＝标准分配率×(预算产量的标准工时－实际产量的标准工时)

例题 8-9 某企业本月实际产量 100 件，发生固定制造成本 4 335 元，实际工时为 850 小时，本月计划生产甲产品 125 件，预算产量的标准总工时为 1 000 小时，每件产品固定制造费用标准成本为 40 元，即每件产品标准工时为 8 小时，标准分配率为 5 元/小时。

　　要求用二因素分析法计算分析固定制造费用成本差异。

　　固定制造费用成本差异＝实际固定制造费用－标准固定制造费用

　　　　　　　　　　＝4 335－100×40＝335(元)（不利差异）

原因分析：

　　固定制造费用耗费差异＝4 335－1 000×5＝－665(元)（有利差异）

　　固定制造费用能量差异＝1 000×5－100×8×5＝5 000－4 000＝1 000(元)（不利差异）

验证：

　　固定制造费用成本差异＝耗费差异＋能量差异＝－665＋1000＝335(元)

　　本例中的固定制造费用成本差异为不利差异，超支 335 元。其中，固定制造费耗费差异为有利差异，节约 665 元；固定制造费用能量差异为不利差异，超支 1 000 元，说明生产能力未被充分利用。

（2）三因素分析法

　　三因素分析法将固定制造费用成本差异分为开支差异、能力差异和效率差异三部分。开支差异就是耗费差异，能量差异进一步划分为能力差异和效率差异。其计算公式为：

　　　　　　固定制造费用开支差异＝固定制造费用实际数－固定制造费用预算数

　　　　　　固定制造费用能力差异＝(预算产量的标准工时－实际工时)×标准分配率

　　　　　　固定制造费用效率差异＝(实际工时－实际产量的标准工时)×标准分配率

例题 8-10 承例题 8-9，用三因素分析法计算分析固定制造费用成本差异。

　　固定制造费用开支差异＝4 335－1 000×5＝－665(元)（有利差异）

　　固定制造费用能力差异＝(1 000－850)×5＝150×5＝750(元)（不利差异）

　　固定制造费用效率差异＝(850－100×8)×5＝50×5＝250(元)（不利差异）

　　固定制造费用成本差异＝开支差异＋能力差异＋效率差异＝－655＋750＋250＝335(元)

　　三因素分析法的能力差异（750 元）与效率差异（250 元）之和为 1 000 元，与二因素分析法中的能量差异数额相同。

任务 8.4 成本差异的账务处理

任务布置

　　了解成本差异核算的账户，掌握成本差异的账务处理。

引导学生将前面所学知识与本任务内容相联系，学会编制有关会计分录。

8.4.1　成本差异核算账户

对于标准成本系统而言，需要设置两大类账户：一类用以反映各项标准成本；一类用以反映各项成本的差异。

在实际成本系统中，原材料、产成品、生产成本等企业生产过程中涉及的项目都是使用实际成本入账的。而在标准成本系统中，这些账户的借方和贷方都使用实际数量的标准成本登记入账。

为了适应成本差异入账的需要，标准成本系统在账务处理时设置了成本差异类账户。因此，在登记一项实际成本时，要将其分解为标准成本和对应的成本差异，分别在两类账户中予以记录。

8.4.2　成本差异的归集

生产费用账户按标准成本登记，超支差记入有关差异账户的借方，节约差记入相应账户的贷方。

下面结合任务 8.3 的例题说明月底时成本差异的账务处理。

根据例题 8-6 的资料，编制领用材料的会计分录如下：

借：生产成本　　　　　　　　　　　　　　　　　　3 600
　　直接材料价格差异　　　　　　　　　　　　　　1 000
　　贷：原材料　　　　　　　　　　　　　　　　　　　　4 000
　　　　直接材料用量差异　　　　　　　　　　　　　　　600

根据例题 8-7 的资料，编制直接人工成本的会计分录如下：

借：生产成本　　　　　　　　　　　　　　　　　249 000
　　直接人工工资率差异　　　　　　　　　　　　42 000
　　贷：直接人工　　　　　　　　　　　　　　　　　252 000
　　　　直接人工效率差异　　　　　　　　　　　　　39 000

根据例题 8-8 的资料，编制变动制造费用计入产品成本的会计分录如下：

借：生产成本　　　　　　　　　　　　　　　　　　7 700
　　变动制造费用效率差异　　　　　　　　　　　　550
　　贷：变动制造费用　　　　　　　　　　　　　　　　7 500
　　　　变动制造费用耗费差异　　　　　　　　　　　　750

根据例题 8-9、例 8-10 的资料，编制固定制造费用计入产品成本的会计分录如下：

借：生产成本　　　　　　　　　　　　　　　　　　4 000
　　固定制造费用能力差异　　　　　　　　　　　　750
　　固定制造费用效率差异　　　　　　　　　　　　250
　　贷：固定制造费用　　　　　　　　　　　　　　　　4 335
　　　　固定制造费用开支差异　　　　　　　　　　　　665

8.4.3　成本差异的账务处理方法

1. 直接处理法

直接处理法的基本原则是本期发生的成本差异全部由本期销售的产品承担。直接处理法的具体处理方法是：在期末，将本期发生的各种成本差异全部转入"主营业务成本"账户，由本期的销售产品负担，并全部从损益表的销售收入中扣减，不再分配给期末在产品和期末库存产成品。

2. 递延法

递延法也称分配法，是指把本期的各类差异按标准成本的比例在本期销售和期末存货之间进行分配，从而将销售成本和期末存货成本调整为实际成本的一种成本差异处理方法。这种方法认为，成本差异的产生与存货和本期销货之间都有联系，不应该只由本期销货承担，而应该有一部分随期末存货递延到下期。

递延法的优点是可以较准确地确定本期产品的实际成本，但分配成本差异的工作过程比较烦琐。

项目小结

成本控制是指企业在生产经营过程中，按照既定的成本目标，对构成成本的一切耗费进行严格的计算、考核和监督，及时揭示偏差，并采取有效措施，纠正不利差异，发展有利差异，使成本限制在预定的目标范围之内。成本控制的基本原则可概括为：经济原则；因地制宜原则；全面性原则；责权利相结合原则。

标准成本是通过精确的调查、分析与技术测定而制定的，用来评价实际成本、衡量工作效率的一种预计成本。标准成本按其制定所依据的生产技术和经营管理水平，分为理想标准成本和正常标准成本。标准成本按其适用期，分为现行标准成本和基本标准成本。

直接材料、直接人工和制造费用的标准成本都可以采用要素的数量标准乘以价格标准的方法来制定。成本差异是指实际成本与标准成本之间的差额，按其结果可以分为有利差异和不利差异；按照成本差异的形成原因，可以分为价格差异和数量差异。对直接材料、直接人工、变动制造费用和固定制造费用 4 个方面分别进行差异分析，可以得出直接材料价格差异和数量差异、直接人工工资率差异和效率差异、变动制造费用耗费差异和效率差异、固定制造费用耗费差异和能量差异 4 组差异。针对每一种差异，都应该具体分析其形成原因，以便采取有效措施对成本加以控制。

职业能力训练

一、判断题

1. 标准成本控制系统具有便于成本核算、提高记账速度的意义。　　　　　（　　）

2．成本差异是指在标准成本控制系统下，企业在一定时期生产一定数量的产品所发生的实际成本与相关的标准成本之间的差额。　　　　　　　　　　　　　　　　（　　）

3．实际成本大于标准成本时称为有利差异。　　　　　　　　　　　　　　（　　）

4．计算价格差异要以实际数量为基础。　　　　　　　　　　　　　　　　（　　）

5．直接人工工资率差异＝标准工时×(实际工资率－标准工资率)　　　　　（　　）

6．一般情况下材料的价格差异，应由采购部门负责；材料的数量差异，应由负责控制用料的生产部门负责。　　　　　　　　　　　　　　　　　　　　　　　　　（　　）

7．变动性制造费用差异是指变动制造费用实际发生额与标准发生额之间的差额。

　　　　　　　　　　　　　　　　　　　　　　　　　　　　　　　　　　　（　　）

8．若成本差异为负数，则表示实际成本超支，即为有利差异。　　　　　　（　　）

9．材料价格差异应由耗用材料的生产部门负责。　　　　　　　　　　　　（　　）

10．正常标准成本可以调动职工的积极性，在标准成本系统中广泛应用。　（　　）

11．成本差异是实际成本脱离标准成本的差异。　　　　　　　　　　　　（　　）

12．成本控制系统应该具有灵活性。　　　　　　　　　　　　　　　　　（　　）

13．直接材料标准成本是单位产品的直接材料用量标准和直接材料标准价格之积。

　　　　　　　　　　　　　　　　　　　　　　　　　　　　　　　　　　　（　　）

14．责任人能够控制材料价格差异。　　　　　　　　　　　　　　　　　（　　）

15．利用三因素法进行固定制造费用的差异分析时，"固定制造费用效率差异"是根据"实际产量标准工时"与"预算产量标准工时"之差，乘以"固定制造费用标准分配率"计算求得的。　　　　　　　　　　　　　　　　　　　　　　　　　　　　　　（　　）

二、单项选择题

1．下列关于正常的标准成本的特点表述不正确的是（　　）。

　　A．具有激励性　　　　　　　　　　B．具有现实性

　　C．具有客观性和科学性　　　　　　D．需要经常修订

2．按单位产品的成本项目反映的目标成本称为（　　）。

　　A．单位成本　　B．标准成本　　　C．预算成本　　　D．目标成本

3．直接人工小时工资率差异属于（　　）。

　　A．用量差异　　B．价格差异　　　C．能力差异　　　D．效率差异

4．直接材料用量差异的计算公式是（　　）。

　　A．材料用量差×实际价格　　　　　B．材料用量差×标准价格

　　C．材料价格差×实际用量　　　　　D．材料价格差×标准用量

5．下列不影响人工效率差异的因素是（　　）。

　　A．实际工资率　　B．标准工资率　　C．实际工时　　D．标准工时

6．如果标准工时为80小时，实耗100小时，标准工资率每小时5元，实际工资率每小时3元，则人工效率差异应为（　　）。

　　A．100元（有利差异）　　　　　　B．200元（有利差异）

　　C．100元（不利差异）　　　　　　D．60元（不利差异）

7．固定制造费用预算与固定制造费用标准成本的差额称为固定制造费用（　　）。

A．耗费差异　　　B．能量差异　　　C．能力差异　　　D．效率差异

8．固定制造费用效率差异体现的是（　　　）。

A．实际工时与标准工时之间的差异　　B．实际工时与预算工时之间的差异

C．预算工时与标准工时之间的差异　　D．实际分配率与标准分配率之间的差异

9．在成本差异分析中，变动制造费用效率差异类似于（　　　）。

A．直接人工效率差异　　　　　　　B．直接材料价格差异

C．直接材料成本差异　　　　　　　D．直接人工工资率差异

10．一般来说，应对直接材料价格差异负责的部门是（　　　）。

A．生产部门　　　B．采购部门　　　C．劳动人事部门　　D．计划部门

11．变动制造费用效率差异属于（　　　）。

A．用量差异　　　B．价格差异　　　C．能力差异　　　D．效率差异

12．最切实可行且接近实际的标准成本是（　　　）。

A．基本标准成本　B．正常标准成本　C．评价标准成本　D．理想标准成本

13．按成本差异的性质不同，可划分为（　　　）。

A．主观差异与客观差异　　　　　　B．用量差异与价格差异

C．纯差异与混合差异　　　　　　　D．节约差异与超支差异

14．在确定制造费用的标准成本时，其中的数量标准就是生产单位产品所需要的直接人工工时，而价格标准则是指（　　　）。

A．销售量标准　　　　　　　　　　B．制造费用预算标准

C．生产状况标准　　　　　　　　　D．制造费用分配率标准

15．计算价格差异的基础是（　　　）。

A．标准数量　　　B．标准价格　　　C．实际价格　　　D．实际数量

三、多项选择题

1．成本控制的原则包括（　　　　　）。

A．全员参加原则　　　　　　　　　B．因地制宜原则

C．经济原则　　　　　　　　　　　D．责权利相结合原则

2．标准成本的种类分为（　　　　　）。

A．现实标准成本　B．理想标准成本　C．正常标准成本　D．预定标准成本

3．在变动成本法下，产品标准成本的构成包括（　　　　　）。

A．直接材料标准成本　　　　　　　B．直接人工标准成本

C．变动制造费用标准成本　　　　　D．固定制造费用标准成本

4．在制定材料价格标准时，应该考虑的因素包括（　　　　　）。

A．发票价格　　　B．商业折扣　　　C．运杂费　　　　D．借款利息

5．固定制造费用差异分析的三因素分析法包括（　　　　　）。

A．开支差异　　　B．能力差异　　　C．能量差异　　　D．效率差异

6．下列说法正确的是（　　　　　）。

A．成本降低不仅指降低企业本身的成本，还要考虑供应商的成本和客户的成本

B．成本降低仅指降低生产和其他作业成本

C．开展作业成本计算、作业成本管理和作业管理可以降低成本

D．真正的降低成本是指降低产品的总成本

7．下列说法不正确的是（　　　　　）。

A．现行标准成本不可以用来对成本计价

B．正常标准成本可以调动职工的积极性，在标准成本系统中广泛使用

C．理想标准成本可以作为考核的依据

D．基本标准成本不宜用来直接评价工作效率和成本控制的有效性

8．工资率差异形成的主要原因有（　　　　　）。

A．出勤率变化　　　　　　　　　B．加班和使用临时工

C．新工人上岗太多　　　　　　　D．奖励制度未产生实效

9．在进行标准成本差异分析时，通常把变动成本差异分为价格脱离标准造成的价格差异和用量脱离标准造成的数量差异两种类型。下列标准成本差异中，通常应由生产部门负责的有（　　　　　）。

A．直接材料的价格差异　　　　　B．直接人工的数量差异

C．变动制造费用的价格差异　　　D．变动制造费用的数量差异

10．固定制造费用差异的计算，通常包括下列哪两种方法？（　　　　　）。

A．二因素分析法　　　　　　　　B．变动成本法

C．总差异法　　　　　　　　　　D．三因素分析法

11．下列各项中，不应该计入单位产品标准工时的是（　　　　　）。

A．由于生产作业计划安排不当产生的停工工时

B．不可避免的废品耗用工时

C．由于设备意外故障产生的停工工时

D．由于外部供电系统故障产生的停工工时

12．材料价格差异的责任可能由（　　　　）承担。

A．采购部门　　　B．运输部门　　　C．生产和销售部门　D．企业

13．按构成内容不同进行分类，成本差异可分为（　　　　　）。

A．总差异　　　　　　　　　　　B．直接材料成本差异

C．直接人工成本差异　　　　　　D．制造费用成本差异

14．材料价格差异产生的原因主要是（　　　　　）。

A．市场供求关系变化而引起的价格变动

B．采购费用的变动

C．材料质量的变化

D．材料加工中的损耗的变动

15．工资率差异形成的主要原因有（　　　　　）。

A．出勤率变化　　　　　　　　　B．加班和使用临时工

C．新工人上岗太多　　　　　　　D．奖励制度未产生实效

四、实务题

1．中胜公司产销甲产品，对 A 材料的消耗定额为 10 千克，材料价格标准为 6 元/千克。5

月份实际产量为 1 000 件。A 材料的实际领用量为 8 000 千克，实际材料总成本为 80 000 元。

要求：

（1）计算直接材料成本总差异。

（2）计算直接材料成本用量差异。

（3）计算直接材料成本价格差异。

2．某企业生产 A 产品，单位产品标准工时为 5 小时，工资率标准为 6 元/小时。实际产量为 1 200 件，实际总工时为 4 000 小时，实际工资总额为 32 000 元。

要求：

（1）计算直接人工成本总差异。

（2）计算直接人工效率差异。

（3）计算直接人工工资水平差异。

3．某企业生产 A 产品，8 月份变动制造费用小时分配率标准为 6 元，台时定额为 10 台时。本月实际产量 100 台，实际变动制造费用总额为 8 400 元，实际总台时数为 1 200 台时。

要求：

（1）计算变动制造费用总差异。

（2）计算变动制造费用效率差异。

（3）计算变动制造费用耗费差异。

4．假设某公司本月实际产量 500 件，实际发生的固定制造费用总额为 11 500 元，预算产量的标准工时为 4 800 小时，固定制造费用的预算总额为 19 200 元，每件产品的标准工时为 10 小时/件。

要求：

（1）用二因素分析法计算固定制造费用成本差异。

（2）若实际耗用直接人工 5 200 小时，用三因素分析法计算固定制造费用成本差异。

5．甲企业每月正常生产产品产量 1 200 件，本月实际产量为 1 000 件，单位产品成本资料如下表所示。

成本项目	标准成本	实际成本
直接材料	6 千克×5 元/千克＝30 元	7 千克×3 元/千克＝21 元
直接人工	4 小时×7 元/小时＝28 元	3 小时×8 元/小时＝24 元
变动制造费用	4 小时×4 元/小时＝16 元	3 小时×5 元/小时＝15 元

要求： 在标准成本法下，

（1）计算直接材料的价格差异和用量差异。

（2）计算直接人工的工资率差异和效率差异。

（3）计算变动制造费用的耗费差异和效率差异。

項目 *9*

责任会计

职业能力目标

- 了解责任会计的内容、原则。
- 掌握责任中心的划分、业绩评价与报告。
- 掌握内部转移价格的作用和类型。

学习
导入

达星股份有限公司有两个分公司，均为投资中心。其中，第一分公司 2016 年的销售收入为 580 000 元，相关成本合计为 450 000 元，营业资产平均占用额为 850 000 元；第二分公司同年的销售收入为 950 000 元，相关成本合计为 725 000 元，营业资产平均占用额为 820 000 元。若上述两个分公司 2016 年的预期投资利润率均为 16%。如果你是财务经理，请评价两个分公司的资金使用情况。

问题导入

责任中心分为哪几类？如何考核成本中心、利润中心及投资中心？

任务 *9.1*　责任会计概述

任务布置

通过本任务了解责任会计对于企业管理有何意义，进行责任会计核算时应遵循哪些原则，责任会计的具体内容是什么。

教学组织

以教师讲授为主，采用举例法帮助学生理解责任会计的意义、内容与原则。

9.1.1　责任会计的意义

责任会计是管理会计的重要组成部分，是现代分权管理模式的产物。它是为了使企业适应经济责任制的要求，将企业内部划分为若干责任中心，以各责任中心为对象，进行预算控制和业绩考核、评价的一种内部控制制度。

随着市场经济的发展，竞争越来越激烈，传统的集中管理模式已无法满足迅速变化的市场需求，而被现代分权管理模式所代替。健全的责任会计就是分权型管理的产物，分权型管理具有许多优点。对于大多数企业来说，某种程度上的分权是必不可少的。但是当下级管理人员被赋予决策自主权时，也会引起一些值得注意的问题。他们可能以牺牲公司整体的和长远的利益为代价，来使自己的业绩达到最大；也可能为了避免风险，放弃某些可能获得的利润；或者各内部单位之间相互冲突、推卸责任而争取利益等。为了发挥分权型管理的优点，抑制其缺点，必须利用责任会计来规定各内部单位的目标，测定其工作成绩，控制其活动，防止其滥用职权。可见，责任会计在企业管理中具有重要的意义。

企业建立责任会计的作用表现在以下几个方面。

1. 有利于落实企业经济责任制

实行经济责任制的主要目的就是明确各部门的经济责任，并赋予相应的管理权力，以保证各责任层次完成其职责和任务，并对其工作实绩与成果进行评价和考核；同时与部门及职工经济利益直接挂钩，以调动其工作的积极性。责任会计要求把经济责任落实到各基层单位，划清各部门和各单位的经济责任，并通过会计核算资料计量考核各责任单位的经营成果。责任会计体现了经济责任制的要求，有利于企业落实经济责任制。

2. 有利于企业总目标的实现

责任会计将企业经营总目标按照各个责任单位进行层层分解，形成了责任预算，使各企业责任中心的经营目标与整个企业的经营目标统一起来，确立了经营目标的一致性；同时促使企业的各个责任中心为保证企业经营总目标的实现而协调地工作，避免了本位主义的不良倾向，提高了工作效率，使企业的高层管理人员能够集中精力对最关键的问题进行研究。

3. 有利于成本控制

责任会计制度的一项重要内容就是建立一套完整的记录、计算有关责任成本的核算制度，加强对可控成本的控制，达到降低成本、提高经济效益的目的。

4. 有利于及时反馈经济信息

实行责任会计，可以使企业各部门及有关责任者及时了解其责任履行情况，检查是否达到目标，及时进行信息反馈、总结经验，及时发现和解决生产经营过程中存在的问题，以达到或超过预期的目标。

9.1.2 责任会计的内容

为了建立一套行之有效的责任会计制度，责任会计的主要内容应包括下列几个方面。

1. 建立责任中心

按照管理可以明确分工、责任可以明确辨认、成果可以单独考核的原则，把企业的所有内部单位划分为若干责任中心，并规定这些中心应分工负责的成本、收入、利润等指标，明确其向上一级管理机构承担的责任，同时给予它们相应的经营管理权，并明确奖惩办法。

2. 确定各责任中心的目标

根据责任中心和责任范围的不同，在建立预算制度和实行标准成本计算的条件下，可为各责任中心确定目标，这种目标必须是某个责任中心能够控制的。

3. 建立各责任中心的记录和报告制度

这种记录和报告制度应能对各责任中心的实际工作业绩起到信息反馈作用，使管理当局能够据以控制和调节各责任中心的经济活动，督促它们迅速采取有效措施，纠正缺点，巩固成绩，不断降低成本，压缩资金占用，从而扩大利润，提高经济效益。

4. 通过记录和报告，考核评价实际工作成绩

通过对各责任中心业绩报告的实际数与预算数的对比，来评价和考核各责任中心的工作业绩和经营成果，并分别揭示它们取得的成绩和存在的问题，以保证经济责任制的贯彻执行。

9.1.3 责任会计的原则

责任会计是用于企业内部控制的会计，各个企业可以根据各自的不同特点确定其责任会计的具体形式。但是无论采用何种责任会计形式，在组织责任会计核算时，都必须遵循责任会计的原则。责任会计的原则是责任会计实质的体现，主要包括以下内容。

1. 责、权、利和效益相结合的原则

当企业内部根据管理需要划分责任层次后，首先要明确其责任和权限，做到使责任者有责有权。在为每个责任单位制定考评标准时，一定要重视对人的行为激励，充分调动各责任单位的工作积极性，将经济效益同其经营成果直接挂钩，以经济手段促使职工积极完成责任目标。在责任会计中，责任、权利、利益、效果是统一的，缺一不可，必须做到以责定权、权责促效、以效分利。

2. 目标一致性原则

目标一致性是评价责任会计能否有效控制的主要标志。实行责任会计制，首先必须保证企业的总目标和各责任目标一致。企业的总目标是制定各责任主体目标的依据，各责任主体目标是实现总目标的保证。

在责任会计中，目标一致性原则主要是通过选择恰当的考核和评价指标来实现的。在为每个责任单位编制责任预算时，就必须要求其与企业的整体目标一致，然后通过一系列控制步骤，促使各责任单位自觉自愿地实现目标。一般来说，单一的考核标准往往会导致各责任层次目标的不一致。因此，控制考核的标准必须具有综合性和完整性，各指标的计算口径、考核业绩的标准也要一致。

3. 可控性原则

责任会计的实质就是把会计资料同责任单位紧密联系起来的信息控制系统。这一内部控制制度的贯彻执行，要求各责任单位必须突出其相对独立的地位，避免出现职责不清、功过难分的局面。因此，建立责任会计制度时，应首先明确划分各责任单位的职责范围，对各责任中心赋予的责任，应以其能够控制为前提；必须使它们在真正能行使控制权的区域内承担经济责任，即每个责任单位只能对其能够控制的成本、收入、利润和资金等因素负责。在责任预算和责任报告中，也应只包括它们能控制的因素。

4. 反馈性原则

贯彻执行责任会计制度还需要建立反馈预算执行情况的信息传递系统，制定良好的记录和报告制度，使各责任部门及责任者能够及时了解各自的预算情况。通过实际执行结果与责任预算的对比分析，一方面可以使责任者正确了解自己的工作业绩，以及存在的问题，使领导者及时得到信息，采取措施改进调整责任中心的经济活动；另一方面，通过信息反馈，可以使责任者及时了解责任范围内可能出现的各种情况，及时采取措施，防止出现不良的后果。最后通过准确、可靠的信息反馈，可以使企业领导者做出科学合理的决策。反馈性原则要求经济活动的报告应及时，数据要真实、可靠。

5. 例外管理原则

在管理工作中，经常遇到许多繁杂业务在实际执行上和预计情况上出现的差异问题。对于这些差异不可能一一进行分析和评价，只能选择其中差异较大、性质较重要的项目实行重点管理。这种只抓主要、突出问题，对一般合乎常规或离轨很小的问题不予花费较多精力处理，把主要精力放在超乎常规的问题上的管理原则，称为例外管理原则。

任务 9.2 责任中心的设置和考核

任务布置

掌握考核成本中心、利润中心、投资中心的方法，同时理解作为公司的管理者，为了保证实现企业的总体目标，如何促进各相关职能部门相互配合。

以案例法为主，组织学生分组讨论案例，各小组汇报分析结果，理解考核责任中心的方法。

责任中心是指具有一定的管理权限，并承担相应经济责任的企业内部责任单位，是一个责、权、利相结合的实体。凡是可以划清管理范围、明确经济责任、能够单独进行业绩考核的内部单位，无论大小都可以成为责任中心。责任中心按其责任权限及业务活动的特点不同，可分为成本中心、利润中心和投资中心三大类。

！提醒

确定责任中心是责任会计制度的基础。所谓责任中心，就是指企业内部的成本、利润、投资发生单位，这些内部单位被要求完成特定的职责，其责任人也被赋予一定的管理决策权以便对该责任区域的经济活动进行有效的控制，可见责任中心即是各个责任单位能够对其经济活动严格控制的区域。责任中心可能是一个人、一个班组、一个车间、一个部门，也可能是分公司、事业部，甚至是整个企业。

9.2.1 成本中心及其考核

1. 成本中心的含义

成本中心是指只对其成本或费用承担责任的责任中心。它处于企业的基础责任层次，成本中心的责任人只能对其责任区域内发生的成本负责。成本中心是只有成本发生的单位，一般没有收入，或仅有少量不稳定的收入，其责任人只能对成本的发生进行控制，但不能控制收入、利润的形成和投资活动。所以，成本中心只能对成本负责，无须对收入、利润情况和投资效果承担责任。企业内部能够控制成本的任何一级责任中心都是成本中心。

成本中心使用的范围最广，一般来说，凡企业内部有成本发生、需要对成本负责，并能实施成本控制的单位，都可以作为成本中心。小至一个车间、一个作业小组，甚至个人，大至一个工厂、一个部门、一个地区机构，只要有成本发生，而且能够进行核算，都可成为成本中心。成本中心不会形成可以用货币计量的收入，因而不对收入、利润或投资负责。因此，成本中心一般包括负责产品生产的生产部门、劳务部门及给予一定费用指标的管理部门。至于企业中不进行生产而只提供一定专业性服务的单位，如人事部门、总务部门、会计部门、财务部门等，则可称为费用中心，实质上也属于广义的成本中心。

成本中心的规模大小不一，各个较小的成本中心可以共同组成一个较大的成本中心，各个较大的成本中心又可以共同组成一个更大的成本中心，从而在企业内部形成一个逐级控制，并层层负责的成本中心体系。

2. 成本中心的种类

按照成本中心控制的对象的特点，可将成本中心分为技术性成本中心和酌量性成本中心两类。

（1）技术性成本中心

技术性成本中心又称为标准成本中心，是指把生产实物产品发生的各种技术性成本作为控制对象的成本中心。所谓技术性成本，是指发生的数额通过技术分析可以相对可靠地估算出来的成本，如产品生产过程中发生的直接材料、直接人工和变动制造费用等。其特点是：成本的发生可以为企业提供一定的物质成果，在技术上投入量和产出量之间有密切的联系。标准成本中心的典型代表是制造业工厂、车间、工段、班组等。基本上各行业都可能建立标准成本中心，如银行业根据经手支票的多少建立标准成本中心。

（2）酌量性成本中心

酌量性成本中心又称为费用中心，是指把为组织生产经营而发生的酌量性成本或经营费用作为控制对象的成本中心。酌量性成本的发生主要是为企业提供一定的专业服务，一般不能产生可以用货币计量的成果。其是否发生及发生额的多少，是由管理人员的决策所决定的，主要包括各种管理费用和某些间接成本项目，如研发费、宣传费和职工培训费等。

酌量性成本中心一般不形成实物产品，不能用财务指标来衡量，从技术上看投入量和产出量之间没有直接关系，往往通过加强对预算总额的审批和严格执行预算标准来控制经营费用开支，主要包括一般行政管理部门，如会计、人事、劳资部门等。

3. 成本中心的特点

成本中心相对于其他层次的责任中心而言，有其自身的特点，主要表现在以下几个方面。

（1）成本中心只评价成本费用，不评价收益

成本中心一般不具有经营权和销售权，其经济活动的结果不会形成可以用货币计量的收入；有的成本中心可能有少量的收入，但从整体上讲，其产出和投入之间不存在密切的对应关系。因而，这些收入不作为主要的考核内容，也不必计算这些货币收入。因此，成本中心只以货币形式计量投入，不以货币形式计量产出。

（2）成本中心只对可控成本承担责任

作为成本中心，考核依据的成本不是传统的产品成本，而是可控成本。凡是责任中心能够控制其发生及数量的成本称为可控成本。具体地说，可控成本须同时具备以下条件：

① 可预计性，即成本中心能够事先知道将发生哪些成本及在何时发生；

② 可计量性，即成本中心能够对发生的成本进行计量；

③ 可影响性，即成本中心能够通过自身的行为来调节成本；

④ 可落实性，即成本中心能够将有关成本的控制责任分解落实，并进行考核评价。

凡是不同时具备上述 4 个条件的成本通常称为不可控成本。属于某成本中心的各项可控成本之和构成该成本中心的责任成本。从考核的角度看，成本中心工作成绩的好坏应以可控成本作为主要依据，不可控成本只有参考意义。在确定责任中心的成本责任时，应尽可能使责任中心发生的成本成为可控成本。

可控成本和不可控成本是相对而言的，是以一个特定的责任中心和一个特定的时期作为出发点的，这与责任中心所处管理层次的高低、管理权限及控制范围的大小和经营期间的长短有直接关系。因而，可控成本和不可控成本可以在一定的时空条件下相互转换。

首先，某些成本相对于较高层次的责任中心是可控的，而对于其下属较低层次的责任中心可能是不可控的；反之，较低层次的责任中心的不可控成本，可能是其所属较高层次责任中心的可控成本。对企业来讲，几乎所有的成本都是可控的，而对于企业内部的各部门乃至个人来讲，则既有各自的可控成本，又有各自的不可控成本。

其次，成本的可控与否，与责任中心的管辖权限有关。某项成本，就某一个责任中心看是不可控的，而对另一个责任中心可能是可控的。这主要取决于该责任中心的业务内容，如生产部门负责控制材料消耗，应对材料成本负责，但由于原材料单位成本过高而引起的成本差异，则应由材料供应部门负责。

再次，成本的可控与否也与一定的期间有关。某些从短期看是不可控的成本，从较长的期间看，又成了可控成本。例如，现有生产设备的折旧，就具体使用它的部门来说，其折旧费用是不可控的；但是，当现有设备不能继续使用，要用新的设备来代替它时，新设备的折旧费又成了可控成本。

最后，随着时间的推移和条件的变化，过去某些可控的成本项目，可能转变为不可控成本。

一般来说，成本中心的变动成本大多是可控成本，而固定成本大多是不可控成本；各成本中心直接发生的直接成本大多是可控成本，其他部门分配的间接成本大多是不可控成本。但在实际工作中，必须以发展的眼光看问题，要具体情况具体分析，不能一概而论。一般来说，作为可控成本必须符合以下 3 个条件。

- 成本中心可以知道将要发生什么性质的耗费。
- 成本中心可以计量所发生的耗费。
- 成本中心可以控制调节所发生的耗费。

（3）成本中心只对责任成本进行考核和控制

责任成本是各个成本中心当期确定或发生的各项可控成本之和，可分为预算责任成本和实际责任成本。前者是指根据有关预算所分解确定的、各责任中心应承担的责任成本；后者指各责任中心由于从事业务活动实际发生的责任成本。

对成本费用进行控制，应以各个成本中心的预算责任成本为依据，确保实际责任成本不会超过预算责任成本；对成本中心进行考核，应通过各个成本中心的实际责任成本与预算责任成本进行比较，确定其成本控制的绩效，并采取相应的奖惩措施。只有以责任成本作为成本中心考核和评价的依据，才能保证成本中心承担的责任和享有的权利是相适应和对称的，不会出现权责分离的情况。

对成本中心进行考核的主要内容是责任成本，责任成本和产品成本是两个既不相同，但又相互联系的成本概念。责任成本是以责任中心为成本计算对象归集分配的耗费，是按责任中心负责人的责任范围核算的成本，其原则是"谁负责，谁负担"。产品成本按产品品种作为成本计算对象来归集分配各项生产费用，计算出各种产品的成本，其原则是"谁受益，谁负责"。核算产品成本的主要目的是反映和监督产品成本计划的完成情况，贯彻实际经济核算制，合理制定产品销售价格，规划目标利润；确定责任成本的主要目的则在于反映和考核责任预算的执行情况，控制生产耗费，贯彻执行经济责任制，评价职工的工作业绩。不过，产品成本和责任成本两者之间是相互联系的，从某一特定时期来看，整个企业的产品总成本和整个企业的责任成本总是相等的。

4. 成本中心的考核指标

既然成本中心的业绩考核和评价的对象是责任成本而不是全部成本，那么成本的可控性就应是确定责任成本的唯一依据。在成本中心的业绩报告中，应从全部成本中区分出可以控制的责任成本，将其实际发生额同预算额进行比较、分析，揭示产生差异的原因，据此对责任中心的工作成果进行评价。

成本中心的考核指标包括责任成本的变动额和变动率两类，计算公式为：

$$责任成本变动额＝实际责任成本－预算责任成本$$
$$责任变动率＝(责任成本变动额÷预算责任成本)×100\%$$

值得注意的是，在对成本中心进行业绩考核时，如果预算产量和实际产量不一致，应按照弹性预算的方法先调整预算标准，再按上述指标计算。

例题 9-1 企业第一车间是一个成本中心，只生产 A 产品。其预算产量为 500 件，单位标准材料成本为 80 元/件（8 元/千克×10 千克/件）；实际产量为 600 件，实际单位材料成本为 77 元/件（11 元/千克×7 千克/件）。假定其他成本暂时不予考虑。

计算该成本中心消耗的直接材料责任成本的变动额和变动率，分析评价该成本中心的成本控制情况。

根据题意

责任成本变动额＝600×7×11－600×10×8＝－1 800(元)

责任变动率＝(－1800÷4800)＝－3.75%

计算结果表明，该成本中心的成本降低额为 1 800 元，降低率为 3.75%。

原因分析：

由于材料用量降低对成本的影响＝(600×7－600×10)×11＝－19 800(元)

由于材料价格上涨对成本的影响＝600×10×(11－8)＝18 000(元)

评价：

第一，由于材料用量降低使得成本节约了 19 800 元，属于该中心取得的成绩。

第二，由于材料采购价格上升，使成本超支 18 000 元，这属于第一车间的不可控成本，应将此超支责任转出，由采购部门承担。

9.2.2 利润中心及其考核

1. 利润中心的含义

利润中心是指对利润负责的责任中心。它不仅有成本发生，而且还产生利润，因此它不但要对成本负责，还要对收入负责。与成本中心相比，利润中心的权力和责任都相对较大，往往处于企业内部的较高层次，是具有成本或生产经营决策权的企业内部部门。利润中心一般具有独立的收入来源或视同为一个有独立收入的部门，一般还具有独立的经营权，如分厂、分店、分公司等。

按照收入来源性质的不同，利润中心可分为自然的利润中心和人为的利润中心。

（1）自然的利润中心

自然的利润中心是指可以直接对外销售产品并取得收入的利润中心。这类利润中心虽然是企业内部的一个责任单位，但它本身直接面向市场，具有产品销售权、价格制定权、材料采购权和生产决策权，其功能与独立企业相近。最典型的形式就是企业内的事业部，每个事业部均有销售、生产、采购的职能，有很强的独立性，能独立地控制成本、取得收入。

（2）人为的利润中心

人为的利润中心是指在企业内部按照内部转移价格出售产品或提供劳务的利润中心，它一般不直接对外销售产品。成立人为的利润中心应具备两个条件：一是该中心可以向其他责任中心提供产品或劳务；二是能为该中心的产品或劳务确定合理的内部转移价格，以实现公平交易、等价交换。

实际上，大部分的成本中心都可以转换为人为的利润中心，因为总可以为它们的产品或劳务制定适当的内部转移价格，如企业的供水车间、供电车间按厂内价格向其他部门供水、供电，也可作为利润中心。但并不是企业内部的一切责任单位都可以成为利润中心，只有成本和收入都能明确划分并受其控制和影响的责任单位，才能成为利润中心。

！ 提醒

建立利润中心，应本着统一领导与分散经营相结合的原则，有利于各利润中心在企业总体目标引导下，充分发挥各利润中心的积极性，为企业多创造财富，最终实现企业利润最大化的目标。

2. 利润中心的考核指标

利润中心的考核指标为利润，通过比较一定期间的利润与责任预算所确定的利润，可以评价其业绩。利润是收入与其成本的差额。由于成本计算方式不同，各利润中心的利润指标的表现形式也不相同。利润中心的成本计算有以下两种方式可供选择。

（1）利润中心只计算可控成本、不分摊不可控成本或共同成本

这种方式主要适用于共同成本难以合理分摊或无须进行共同成本分摊的情况。这种方式计算出来的盈利不是通常意义上的利润，而是相当于贡献毛益总额。企业各个利润中心贡献毛益总额之和减去未分配的共同成本，经过调整后才是企业的利润总额。人为利润中心适合采用这种计算方式。

利润中心贡献毛益总额＝该利润中心销售收入总额－该利润中心可控成本总额

（2）利润中心不仅计算可控成本，也计算不可控成本或共同成本

这种方式适用于共同成本易于合理分摊或不存在共同成本分摊的情况。这种利润中心在计算时，如果采用变动成本法，应先计算出贡献毛益，再减去固定成本，才是税前利润；如果采用完全成本法，利润中心可以直接计算出税前利润。各个利润中心的税前利润之和，就是企业的利润总额。自然利润中心适合采用这种计算方式。

在变动成本法下，有以下公式：

部门经理或利润中心经理可控贡献毛益＝销售收入－变动成本－可控专属固定成本

（9-1）

部门贡献毛益＝部门经理可控贡献毛益－部门经理不可控专属固定成本 （9-2）

部门营业利润＝部门贡献毛益－上级分配的共同固定成本 （9-3）

上述公式（9-1）作为业绩评价依据比较好，它能反映部门经理在其权限和控制范围之内有效使用资源的能力，部门经理可以控制收入、变动成本及部分固定成本，可以对可控

贡献毛益负责。公式（9-2）作为业绩评价依据更适合评价部门对企业利润的贡献，而不适合对部门经理的评价，因为一部分固定成本超出了经理人员的控制范围。公式（9-3）作为业绩评价依据通常不合适，因为部门经理无法控制上级分配的固定成本。

例题 9-2 某公司的利润中心的数据如下（单位：元）：

中心销售收入 17 000；

已销产品的变动成本和变动销售费用 12 000；

中心可控固定间接费用 900；

中心不可控固定间接费用 1 100；

分配的公司管理费用 1 300；

计算该利润中心的实际考核指标，并评价该利润中心的利润完成情况。

依题意可得：

利润中心经理可控贡献毛益＝17 000－12 000－900＝4 100(元)

利润中心贡献毛益＝4 100－1 100＝3 000(元)

利润中心营业利润＝3 000－1 300＝700(元)

9.2.3 投资中心及其考核

1. 投资中心的含义

投资中心是指能全面控制收入、成本和投资效果的责任中心。其特点是既对成本、收入和利润负责，又要对投资效果负责。由于投资的目的是获得利润，因此，投资中心同时也是利润中心。但是投资中心又不同于利润中心，区别表现在如下两个方面。一是权力不同：利润中心没有投资权，它只能在项目投资形成生产能力后进行具体的经营活动；而投资中心则不仅在产品生产和销售上享有较大的自主权，而且能相对独立地运用所掌握的资产，有权购建或处理固定资产，扩大或缩减现有的生产能力。二是考核办法不同：考核利润中心业绩时不考虑投资多少或占用资产多少，即不进行投入产出的比较；而在考核投资中心业绩时，必须将所获得利润与所占用的资产进行比较。

投资中心处于企业最高层次的责任中心，它具有最大的决策权，也承担最大的责任。投资中心的管理特征是较高程度的分权管理。一般而言，大型集团所属的子公司、分公司、事业部往往都是投资中心。在组织形式上，成本中心一般不是独立法人，利润中心可以是也可以不是独立法人，而投资中心一般是独立法人。由于利润中心拥有充分的经营决策权和投资决策权，因而独立性较高，一般由公司的总经理或董事长直接负责。

! 提醒

投资中心是既要对责任区域内的成本、收入及利润负责，又要对投入全部资产的使用效果进行负责的责任中心。投资中心实质上也是一种利润中心，但它控制的区域和职权范围比一般的利润中心要大得多。投资中心是企业最高层次的责任中心，它不但具有充分的经营决策权，而且具有一定的投资决策权。其责任人既能控制责任中心的利润形成，也能控制其拥有的资金的使用效果。整个企业本身就是一个投资中心。

2. 投资中心的考核指标

由于投资中心要对其投资效果负责,为保证其考核结果的公正、公平和准确,各投资中心应对其共同使用的资产进行划分,对共同发生的成本进行分配,各投资中心之间相互调剂使用的现金、存货、固定资产等也应实行有偿使用。投资中心考核和评价的内容是利润及投资效果。因此,投资中心除了考核和评价利润指标以外,更需要计算、分析利润与投资额的关系性指标,即投资利润率和剩余收益。

（1）投资利润率

投资利润率又称投资报酬率,是指投资中心所获得的利润与投资额的比率。其计算公式为:

$$投资利润率 = \frac{营业利润}{营业资产占有额} \times 100\%$$

该公式还可以变换为:

$$投资利润率 = \frac{营业收入}{营业资产占有额} \times \frac{营业利润}{营业收入} \times 100\%$$

$$= 总资产周转率 \times 销售利润率$$

或者

$$投资利润率 = 总资产周转率 \times 销售成本率 \times 成本费用利润率$$

以上公式中的营业资产占有额是指投资中心可以控制并使用的总资产。所以,该指标也可以称为总资产利润率,它主要说明投资中心运用每一元资产对整体利润贡献的大小,主要用于考核和评价由投资中心掌握、使用的全部资产的盈利能力。

为了考核投资中心的总资产运用情况,也可以计算投资中心的总资产息税前利润率,计算公式为:

$$总资产息税前报酬率 = \frac{息税前利润}{总资产占用额} \times 100\%$$

需要说明的是,由于利润或息税前利润是期间性指标,故上述投资额或总资产占用额应按照平均投资额或平均资产占用额计算。

例题9-3 某投资中心在生产经营中掌握使用的全部资产年初数为800 000元,年末数为1 400 000元,全年支付的利息费用为50 000元。年末税后利润为75 000元,所得税税率为25%。计算该中心的投资利润率。

税前利润 = 75 000 ÷ (1-25%) = 100 000(元)

息税前利润 = 100 000 + 50 000 = 150 000(元)

总资产占用额 = (800 000 + 1 400 000) ÷ 2 = 1 100 000(元)

该投资中心的投资利润率 = 150 000 ÷ 1 100 000 × 100% = 13.64%

对企业来说,投资利润率是一项正指标,越高越好。要提高投资利润率,首先应改进产品设计,增加产量,在提高产品质量的基础上提高产品售价,扩大销售收入。同时,应该提高劳动生产率、降低原材料和动力消耗等,以提高销售利润率。另外,企业还应充分利用其所拥有的各种经济资源,确定合理的存货水平,加快应收账款的回收速度,合理安排利用闲置的资产,想方设法提高资产周转率。

投资利润率指标也有不足之处:投资中心负责人会放弃高于资本成本而低于目前部门

报酬率的机会，或者减少现有的投资利润率较低但高于资本成本的资产，使部门的业绩提高，但是却损害了企业整体利益。

例题 9-4　A 投资中心原有销售收入 140 000 元，营业利润 77 000 元，营业资产占用额为 280 000 元，则投资利润率为 27.5%。现公司要求 A 投资中心开发生产新产品，预计需要增加投资额 600 000 元，预计每期可以增加销售收入 260 000 元，营业利润 130 000 元，则 A 投资中心的投资利润率为：

$$投资利润率 = \frac{77\,000 + 130\,000}{280\,000 + 600\,000} \times 100\% = 23.52\%$$

这样如果生产新产品，A 投资中心的投资报酬率就会由 27.5%下降到 23.52%，可能比公司其他投资中心的投资利润率要低，这样 A 投资中心自然不愿意接受投资生产新产品这一项目；但从企业整体看，生产新产品将会增加营业利润 130 000 元，A 投资中心拒绝该项目会影响到企业整体的长期经济利益。

（2）剩余收益

为了克服投资利润率指标的不利影响，可以采用剩余收益作为评价指标。剩余收益是一个绝对数指标，能够消除利用投资利润率来衡量和评价部门业绩所带来的问题。所谓剩余收益，是指投资中心的利润扣减其最低投资收益后的余额。最低投资收益是投资中心的投资额按照规定或预期的最低利润率计算的收益，其计算公式为：

剩余收益＝营业利润－营业资产×规定或预期的最低投资利润率

如果考核指标是总资产息税前利润，则剩余收益计算公式应做相应调整，计算公式为：

剩余收益＝息税前利润－总资产占用额×规定或预期的总资产息税前利润率

上述所谓规定或预期的最低收益率和总资产息税前利润率通常是指企业为了保证其生产经营正常、持续进行所必须达到的最低收益水平，一般可以按照整个企业各投资中心的加权平均收益率计算。在计算剩余收益的时候，必须确定一个明确的资本成本，也就是规定的最低的投资利润率。只要投资项目收益率高于要求的最低收益率，就会给企业带来利润，也会给投资中心增加剩余收益，从而保证投资中心的决策行为与企业总体目标一致。

采用剩余收益指标来考核投资中心的经营业绩，一方面可以体现投入产出关系，全面评价与考核投资中心的业绩；另一方面，能避免投资中心的本位倾向，使其愿意接受对整个企业有利的投资项目，使企业整体利益与投资中心的局部利益得到协调统一。因此，该指标的优点在于考虑了权益资本成本的补偿，可以防止投资中心的短期行为。投资者由于承担了企业经济业务的风险，对这部分资本也需要支付费用。投资利润率忽略了权益资本的机会成本，在一定程度上可以认为是虚增了利润；剩余收益指标克服了这个缺点，它将经营业绩评价和企业的目标协调起来，使得经营者在决策的时候全面地考虑资金成本。

例题 9-5　承例题 9-4，若企业预期最低的投资利润率是 16%，则 A 投资中心如果不愿意开发生产新产品，其剩余收益是：

剩余收益＝77 000－280 000×16%＝32 200（元）

如果 A 投资中心同意开发新产品，则其剩余收益是：

剩余收益＝(77 000＋130 000)－(280 000＋600 000)×16%＝66 200（元）

通过比较，接受开发新产品投资后剩余收益提高了 34 000 元，A 投资中心肯定愿意接受这一投资方案。

但是，由于剩余收益是一个绝对数指标，不能够在不同规模的投资中心之间进行比较。投资多、规模大的投资中心虽然投资利润率不高，但剩余收益比那些规模小、投资不多且投资利润率高的投资中心的剩余收益会更多。所以，为了全面、综合地评价和考核投资中心的业绩，应当充分发挥这两个指标的优点。在实际考核工作中，企业应当将两项指标结合起来，以正确评价各投资中心的工作业绩和投资效果。

9.2.4　成本中心、利润中心和投资中心三者之间的关系

成本中心、利润中心和投资中心彼此并非孤立存在的，每个责任中心都要承担相应的经营责任。

最基层的成本中心应就其经营的可控成本向其上层成本中心负责；上层的成本中心应就其本身的可控成本和下层转来的责任成本一并向利润中心负责；利润中心应就其本身经营的收入、成本（含下层转来成本）和利润向投资中心负责；投资中心最终就其经管的投资利润率和剩余收益向总经理和董事会负责。

总之，企业各种类型和层次的责任中心形成一个"连锁责任"网络，这促使每个责任中心为保证经营目标一致而协调运转。

任务 9.3　内部转移价格

任务布置

理解内部转移价格的概念及其在责任会计中的作用，掌握制定内部转移价格的原则及类型。

教学组织

以教师讲授为主，在讲授过程中需举适当的案例，组织学生进行分组讨论，理解内部转移价格的概念、类型。

9.3.1　内部转移价格的概念和作用

在责任会计中，为了明确各责任中心的经济责任，各责任中心之间需相互提供产品或劳务的结算时应按企业规定的计价标准进行，使两个责任中心能够依据此标准计算收入和付出，并对本责任中心的成本负责，这种计价标准即内部转移价格。内部转移价格关系各责任中心的利益，因此，对于企业内部各责任中心负责人来说，内部转移价格的制定十分重要。

1. 内部转移价格的概念

内部转移价格是指在实行责任会计的企业内部，有关责任中心之间转移中间产品或提

供劳务时所运用的内部结算价格。

企业内部各责任中心在生产经营活动中，既相互联系又相互独立地开展活动，各责任中心之间经常相互提供产品和劳务，所以为了正确地计量、考核、评价企业内部各责任中心的经营业绩，明确区分它们的经济责任，使各责任中心的业绩考核评价建立在客观可比的基础上，就必须根据各责任中心业务活动的具体情况及特点，正确制定企业内部合理的转移价格。

内部转移价格所影响的"买""卖"双方都存在于同一个企业之中，对转出部门来说，内部转移价格就相当于销售收入，而对于转入部门来说则相当于成本。它同时影响两个相关部门的经营业绩，定价较高会增加转出部门的利润，降低转入部门的利润；定价较低，结果相反，所以企业各责任部门都十分关心内部转移价格的制定。

2. 内部转移价格的作用

任何企业中，各责任中心之间都会经常发生往来结算，以及责任成本的转账业务。这些业务都依赖内部转移价格作为计价的标准。所以，责任会计就要求企业管理当局必须谨慎、合理地制定出符合本企业经营特点，并能充分发挥作用的内部转移价格。

制定内部转移价格的作用主要体现在以下几个方面。

（1）有助于划分责任中心的经济责任

在企业内部建立责任中心制度，目的是使企业的管理水平提高，从而进一步提高企业的盈利水平。而企业内部各责任中心效益的高低，决定了企业效益的高低。因此，加强企业内部各责任中心管理的重要手段之一就是使用内部转移价格。使用内部转移价格，可以使每个责任中心强化对本部门活动的管理，尽量降低其产品的生产成本，结果是使企业的整体效益提高。内部转移价格成了企业强化内部管理的重要手段。

（2）有助于公正、合理地评价各责任中心的经营成果

使用内部转移价格，使企业对各责任中心的衡量标准统一，这就为客观地计量、评价各责任中心的经营业绩提供了标准。

（3）有助于调动企业内部各责任中心的积极性

使用内部转移价格对各责任中心进行评价、考核，迫使各责任中心加强自身的经济核算。一方面，内部转移价格直接影响其"购进"产品的成本，成本越高，其最终的效益就越低；另一方面，自身产品成本的高低，直接影响自己产品的销售价格的高低，最终也会对自己的效益产生影响。所以，各个责任中心就必然会加强对自己成本的控制，在产品的买卖过程中讨价还价，从而调动了各责任中心的劳动积极性。

（4）有助企业制定正确的经营决策

企业内部管理效率提高了，其成本、收入、利润、资金等各种资料来源就会更加准确、及时，通过分析比较，就会找出最佳方案，经营决策水平必然提高。

9.3.2　内部转移价格的制定原则

1. 全局性原则

制定内部转移价格必须强调企业的整体利益高于各责任中心的利益。内部转移价格直接关系各责任中心的经济利益，每个责任中心必然会最大限度地为本责任中心争取最大的

价格利益。在局部利益彼此冲突的情况下，企业和各责任中心应本着企业利润最大化的原则合理制定内部转移价格。

2. 公平性原则

所谓公平性，就是指各责任中心所采用的内部转移价格能使其努力经营的程度与所得到的收益相适应。内部转移价格的制定，应充分体现各责任中心的工作态度和经营业绩，防止某些责任中心因价格优势而获得额外的收益，某些责任中心因价格劣势而遭受额外损失。

3. 自主性原则

在确保整体利益的前提下，只要可能，就应通过各责任中心的自主竞争或讨价还价来确定内部转移价格，真正在企业内部实现市场模拟，使内部转移价格能为各责任中心所接受。企业最高管理当局不宜过多地采取行政干预措施。

4. 重要性原则

重要性原则要求内部转移价格的制定应当体现"大宗细致、零星从简"，对原材料、半成品、产成品等重要物资的内部转移价格的制定从细，而对劳保用品、修理备用件等数量繁多、价值低廉的物资，其内部转移价格的制定从简。

9.3.3 内部转移价格的类型

1. 市场价格

市场价格是把产品或劳务的市场价格作为基价的内部转移价格。以市场价格作为内部转移价格的方法，是假定企业内部各部门都立足于独立自主的基础之上，它们可以自由地决定从外界或内部进行购销。其理论基础是：对于独立的企业单位进行评价，就看它们在市场上买卖的获利能力。以市场为基础制定内部转移价格，没有必要考虑消除由市场价格带来的竞争压力。

以市场价格作为内部转移价格时应注意以下 3 个问题。

① 在中间产品有外部市场，可向外部出售或从外部市场购进时，可以按照市场价格作为内部转移价格，但并不等于一定要直接将市场价格用于内部结算。而应在此基础上，对外部价格做一些调整。这是因为外部售价一般包括销售费、广告费、运输费等，而这些内容在内部转移价格中是不应包含的。当企业各责任中心不是独立核算分厂，而是车间或部门时，产品内部转移价格不必支付资源税、消费税等税金，而这些税金一般也是外部销售价格的组成部分。在制定内部转移价格时，如不将上述内容从市场价格中剔除，则由此带来的好处会为供应方获得，买方得不到任何好处，不利于调动整个责任单位的积极性，不利于体现利润分配的公平性。

② 以市场价格作为内部转移价格时，一般假定中间产品有完全竞争的市场，或中间产品提供部门没有任何闲置的生产能力。

③ 在采用市场价格作为内部转移价格时，应尽可能使企业的中间产品在各责任中心之间进行内部转移，首先应保证满足内部责任单位对特定产品的需要，除非有充分理由说明

对外交易比内部更为有利。为此，要遵循以下 3 个原则。

- 供应方愿意对内销售，且售价不高于市场价格时，使用方有购买的义务，不得拒绝购进。
- 当供应方的售价高于市场价格时，使用方有转向市场购入的自由。
- 如果供应方宁愿对外界市场销售，则应有不对内销售的权利。

但是，上述后两条原则的应用必须以不影响企业的整体利益为前提。

在西方国家，通常认为市场价格是制定内部转移价格的依据，市场价格意味着客观公平，表明企业内部引入了市场机制，形成竞争气氛，使各责任中心各自经营、相互竞争，最终通过利润指标考核和评价其业绩。但是该方法也有局限性，它需要以高度发达的外部市场为存在的前提，而这种完全竞争市场在现实经济生活中是很难找到的，而且市场价格也受到一些限制，有些中间产品缺乏相应的市场价格作为定价的依据。

2. 协商价格

协商价格是指在正常市场价格的基础上，由企业内部责任中心通过定期共同协商所确定的为供求双方所能共同接受的价格。在中间产品有非竞争性市场，生产单位有闲置的生产能力，以及变动生产成本低于市场价格，且部门经理有讨价还价权利的情况下，可采用协商价格作为内部转移价格。

协商价格通常要比市场价格要低，其上限是市价，下限是单位变动成本，具体价格应由各相关责任中心在这一范围内协商议定。当产品或劳务没有适当的市场价格时，只能采用议价方式来确定。通过各责任中心的讨价还价，形成企业内部的模拟公允市场价格，作为计价的基础。

如果发生以下情况之一者，企业高一级的管理层需要出面进行必要的干预，干预应以有限、得体为原则，不能使整个协商谈判变成领导包办，完全决定一切：

① 价格不能由买卖双方自行决定；

② 协商的双方发生矛盾而又不能自行解决；

③ 双方协商确定的价格不符合企业利润最大化要求。

协商价格的优点在于：在双方确定协商价格的过程中，供求双方当事人都可以在模拟的市场环境下讨价还价，充分发表意见，从而调动各方的积极性和主动性。但是，协商价格也存在一些缺陷：在协商定价的过程中，要花费人力、物力和时间；协商定价的各方往往会因为各持己见而相持不下，需要企业高层领导干预裁定，这样就弱化了分权管理的作用。

3. 成本转移价格

成本转移价格就是以产品或劳务的成本为基础而制定的内部转移价格。由于人们对成本概念的理解不同，成本转移价格有多种类型，其中用得较为广泛的有以下两种形式。

（1）按标准成本加成制定内部转移价格

该方法是根据产品或劳务的标准成本，再加上一定的合理利润作为计价基础。它的优点是简便易行，而且能分清买卖双方的经济责任，不会把卖方的浪费和无效劳动转移给买方负担，有利于调动双方降低成本的积极性；缺点在于确定加成利润率难免带有一定的主观随意性，需要慎重研究，妥善制定。

（2）按实际成本加成制定内部转移价格

该方法是按产品或劳务的实际成本，再加上一定的合理利润作为计价基础。它的优点是能保证卖方单位有利可图，可调动其工作积极性；缺点是使卖方的功过全部转嫁给买方负担，削弱了双方降低成本的责任感，同时在确定加成的利润率时也带有很大的主观随意性，它的偏高或偏低都会影响对双方业绩的正确评价。

4. 双重价格

双重价格就是针对供求双方分别采用不同的内部转移价格而制定的价格。例如，对产品或劳务的供应方，可按协商价格计价；对使用方则按供应方的产品或劳务的单位变动成本计价；而这两种价格产生的差额由会计部门调整计入管理费用。双重价格主要有以下两种形式。

① 双重市场价格，即当某种产品或劳务在市场上出现几种不同的价格时，供应方采用最高市价，使用方采用最低市价。

② 双重转移价格，就是供应方按市场价格或协议价作为基础，而使用方按供应方的单位变动成本作为计价的基础。

采用双重价格的条件是内部转移的产品或劳务有外部市场，供应方有剩余生产能力，而且其单位变动成本要低于市场价格。特别当采用单一的内部转移价格不能激励各责任中心，并保证各责任中心与整个企业的经营目标达成一致时，应采用双重价格。

双重价格制度使企业内部各责任中心在选择内部转移价格时具有一定的灵活性，各相关责任中心所采用的价格并不需要完全一致，可分别选用对责任中心最有利的价格作为计价依据，从而对企业内部责任中心的业绩进行评价、考核更加公平、合理。

以双重价格作为内部转移价格的优点是可以较好地满足供应方和使用方的不同需要，有利于接受单位正确地进行经营决策，避免因内部定价高于外界市场，接受单位向外界而不从内部"购买"，使内部的产品供应单位的部分生产能力因此而闲置的情况发生；同时，采用双重价格也有利于提高供应单位在生产经营上的主动性、积极性。因此，双重价格是一种既不直接干预各责任中心的管理决策，又能消除职能失调行为的定价方法。其不足之处是价格标准过多，在应用过程中，会因处理由此而形成的差异而带来一定的麻烦。

以上内部转移价格的确定方法各有特点，企业可以根据自己的具体情况选用一种方法，或同时采用几种方法。例如，对材料采用市场价格，对自制半成品和备用件采用标准成本加成的方法等。另外，在制定内部转移价格时，可以根据管理需要，人为地提高或降低内部转移价格。例如，对生产需要量小、市场价格低的材料和半成品，内部转移价格可以定得高一些，以鼓励外购；对生产需要量大、市场价格高的材料、半成品，可以将价格定得低一些，以鼓励自己生产、限制外购。

项目小结

责任会计是在分权管理的组织体系中，为实现经营目标的一致性而设计的一种有效制度，是企业内部会计管理体系的基本形式。责任中心根据各单位管理权限的不同，可以分为成本中心、利润中心和投资中心。其用来衡量责任中心的预算完成情况。内部转移价格是企业内部各责任中心相互提供产品或劳务时的结算计价标准。内部转移价格会影响各责任中心的利益，同样也会影响企业的整体利益。本项目知识结构如下图所示。

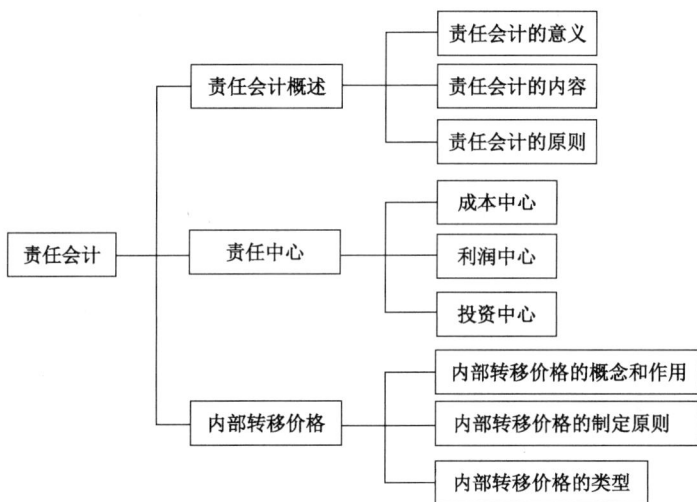

```
                              ┌── 责任会计的意义
              ┌── 责任会计概述 ├── 责任会计的内容
              │               └── 责任会计的原则
              │               ┌── 成本中心
责任会计 ─────┤── 责任中心     ├── 利润中心
              │               └── 投资中心
              │               ┌── 内部转移价格的概念和作用
              └── 内部转移价格 ├── 内部转移价格的制定原则
                              └── 内部转移价格的类型
```

职业能力训练

一、判断题

1．因为企业内部个人不能构成责任实体，所以企业内部个人不能作为责任中心。（　　）

2．责任中心的责任成本就是当期发生的各项可控成本之和。（　　）

3．较低层次责任中心的可控成本一定是所属较高层次责任中心的可控成本。（　　）

4．某项会导致个别投资中心的投资利润率提高的投资，一定会使整个企业的投资利润率提高；某项会导致个别投资中心的剩余收益提高的投资，一定会使整个企业的投资利润率提高。（　　）

5．成本控制，是指以目标成本为依据，对企业各项成本开支进行科学严格的监督、调节、控制，纠正各种重要偏差，最终实现成本目标的过程。（　　）

6. 成本控制只对产品制造过程中发生的全部费用进行控制，而对其他的成本费用不予考虑。　　　　　　　　　　　　　　　　　　　　　　　　（　　）

7. 责任中心只对其职责范围内的可控成本承担责任。　　　　　　　　（　　）

8. 一项成本对于某个责任中心来说是可控的，对其一级责任中心来说，也是可控的。
　　　　　　　　　　　　　　　　　　　　　　　　　　　　　　（　　）

9. 责任成本核算与产品成本是完全不同的两个概念，它们在成本核算的内容、目的等方面是不同的。　　　　　　　　　　　　　　　　　　　　　　　　（　　）

10. 成本中心应用范围最广，但其控制范围最小。　　　　　　　　　　（　　）

11. 成本中心分为两种类型：一种是自然成本中心，另一种是人为成本中心。
　　　　　　　　　　　　　　　　　　　　　　　　　　　　　　（　　）

12. 利润中心是既能控制成本，又能控制收入的责任中心，在责任中心体系中，它的层次是最高的。　　　　　　　　　　　　　　　　　　　　　　　　　（　　）

13. 投资中心与利润中心的区别在于投资中心有投资决策权。　　　　　（　　）

14. 同一成本项目，对有的部门来说是可控的，而对另一个部门则可能是不可控的。也就是说，成本的可控与否是相对的，而不是绝对的。

15. 为了体现公平性原则，所采用的内部转移价格双方必须一致，否则将有失公正。
　　　　　　　　　　　　　　　　　　　　　　　　　　　　　　（　　）

二、单项选择题

1. 管理会计中将"规划与决策会计"和"控制与业绩评价会计"两部分有机结合在一起的是（　　）。

　　A．标准成本制度　B．责任会计　　　　C．全面预算　　　　D．成本控制

2. 利润中心评价及考核，主要通过编制（　　），分析其收入、成本及利润的责任预算的执行情况。

　　A．利润表　　　　　　　　　　　B．利润预算

　　C．销售收入与成本表　　　　　　D．利润中心责任报告

3. 一个责任中心，如果不能形成或考核其收入，而着重考核其所发生的成本费用，则称为（　　）。

　　A．成本中心　　　　B．利润中心　　　　C．投资中心　　　　D．责任中心

4. 在投资中心的主要考核指标中，能够全面反映该责任中心投入产出的关系、避免本位主义发生，并使个别投资中心的利益与整个企业的利益统一起来的指标是（　　）。

　　A．可控成本　　　　B．利润总额　　　　C．投资利润率　　　　D．剩余收益

5. 从引进市场机制、营造竞争气氛、促进客观和公平竞争的角度看，制定内部转移价格的最好依据是（　　）。

　　A．市场价格　　　　　　　　　　B．协商价格

　　C．标准成本加成价格　　　　　　D．实际成本加成价格

6. 公司制企业的下列责任单位中，可作为投资中心的是（　　）。

　　A．公司　　　　　B．车间　　　　　C．班组　　　　　D．职工

7．已知某投资中心的资本周转率为 0.3 次，销售成本率为 60%，成本费用利润率为 80%，则其投资利润率为（　　　）。

　　A．42%　　　　　B．22.5%　　　　　C．14.4%　　　　　D．6%

8．下列各项中，责任会计的主体是（　　　）。

　　A．管理部门　　　B．生产部门　　　C．成本中心　　　D．责任中心

9．在其他条件不变的情况下，公司提高了某分公司生产产品的内部转移价格，其结果是（　　　）。

　　A．公司总体利润水平下降　　　　　B．公司总体利润水平不变

　　C．该分公司的利润水平下降　　　　D．该分公司利润水平不变

10．对没有收入的责任单位，可以作为（　　　）。

　　A．投资中心　　　　　　　　　　　B．利润中心

　　C．成本中心　　　　　　　　　　　D．不能成为责任中心

11．投资中心对（　　　）。

　　A．投资的资产使用负责　　　　　　B．投资和收入同时负责

　　C．投资和利润负责　　　　　　　　D．投资、利润和成本同时负责

12．投资利润率作为考核投资中心经营业绩的指标，其局限性是（　　　）。

　　A．不能反映综合盈利水平　　　　　B．在各投资中心间不具有可比性

　　C．导致个别投资中心的局部利益与企业总体目标不一致

　　D．使投资中心的局部利益与企业总体目标一致

13．在以市场价格为内部转移价格时，当卖方价格等于或小于市场价格且愿意对内出售，则买方（　　　）。

　　A．可以拒绝购买　　　　　　　　　B．需要重新议定价格

　　C．不得拒绝购买　　　　　　　　　D．无严格规定

14．产品在企业内部各责任中心之间销售，只能按内部转移价格取得收入的利润中心是（　　　）。

　　A．自然利润中心　　B．人为利润中心　　C．成本中心　　　　D．投资中心

15．协商价格下限是（　　　）。

　　A．生产成本　　　B．市价　　　　　C．单位固定成本　　D．单位变动成本

三、多项选择题

1．责任会计的内容包括（　　　）。

　　A．建立责任中心，明确责权范围　　B．进行业绩考核，实施奖惩制度

　　C．编制责任预算，确定考核标准　　D．建立反馈系统，及时反馈纠偏

2．投资中心的考核指标为（　　　）。

　　A．利润　　　　　B．投资利润率　　C．可控成本　　　　D．剩余收益

3．甲利润中心常年向乙利润中心提供劳务，在其他条件不变的情况下，如提高劳务的内部转移价格，可能出现的结果是（　　　）。

　　A．甲利润中心内部利润增加　　　　B．乙利润中心内部利润减少

　　C．企业利润总额增加　　　　　　　D．企业利润总额减少

4．制定内部转移价格的作用有（　　　）。

    A．有利于明确划分责任中心的经济责任

    B．有利于把责任中心的业绩考核建立在客观、可比的基础上

    C．有利于调动企业内部各部门的生产积极性

    D．有利于制定正确的经营决策

5．责任中心一般可分为（　　　）。

    A．成本中心　　　　B．生产中心　　　　C．利润中心　　　　D．投资中心

6．下列各项中，能体现自然利润中心的表述包括（　　　）。

    A．直接面向市场　　　　　　　　　　B．具有部分经营权

    C．对投资效果负责　　　　　　　　　D．对外销售产品取得收入

7．以市场价格作为内部转移价格应具备的条件有（　　　）。

    A．必须是成本中心　　　　　　　　　B．必须是利润中心

    C．中间产品有完全竞争的市场　　　　D．中间产品不能从外单位购买

8．投资中心与利润中心的区别主要有（　　　）。

    A．考核办法　　　　B．权利　　　　　　C．组织形式　　　　D．规模

9．影响剩余收益的因素有（　　　）。

    A．利润　　　　　　　　　　　　　　B．投资额

    C．利润留存比率　　　　　　　　　　D．规定的投资利润率

10．成本中心的业绩，可通过（　　　）来考核。

    A．剩余收益　　　　B．责任成本　　　　C．投资利润率　　　　D．部门贡献毛益

11．下列各项中，属于可控成本必须同时具备的条件有（　　　）。

    A．可预知　　　　　B．可计量　　　　　C．可调节　　　　D．可控制

12．与成本中心考核有关的成本有（　　　）。

    A．机会成本　　　　B．可控成本　　　　C．不可控的成本　　D．责任成本

13．责任中心必须具备的条件有（　　　）

    A．责任者　　　　　B．经济绩效　　　　C．资金运动　　　　D．责任权限

14．成本中心的业绩，可通过（　　　）考核。

    A．责任成本降低额　　　　　　　　　B．标准成本降低额

    C．责任成本降低率　　　　　　　　　D．变动成本降低率

15．投资利润率可分解为（　　　）。

    A．销售利润率　　　　B．投资周转率　　　　C．贡献毛益率　　　　D．销售毛利率

四、实务题

1．某部门 2016 年销售收入为 210 万元，变动成本率为 60%，固定成本为 35 万元，其中折旧为 12 万元，若该部门为利润中心，只有折旧为不可控固定成本。

    要求：（1）评价该部门经理的业绩；（2）评价该部门对公司的贡献。

2．某公司下设 A、B 两个分公司，均为投资中心，同期各项指标的资料如下表所示。

项　目	A 公司	B 公司
销售收入/元	1 000 000	（4）
营业利润率/元	200 000	（5）
营业资产平均占用额/元	（1）	1 000 000
销售利润率/%	（2）	20%
投资周转率/%	（3）	2
投资利润率/%	25%	（6）

3．红达公司有两个分厂，均为投资中心。其中第一分厂 2016 年的销售收入为 500 000 元，相关成本合计为 350 000 元，营业资产平均占用额为 800 000 元；第二分厂同年的销售收入为 880 000 元，相关成本合计为 650 000 元，营业资产平均占用额为 850 000 元。若上述两个分厂 2016 年的预期投资利润率均为 15%。

要求：分别计算两个分厂在 2016 年的投资利润率及剩余收益，评价两个分厂的资金使用情况。

4．红达公司有若干个投资中心，报告期整个企业的投资利润率为 18.5%，其中 A 投资中心的经营资产平均余额为 260 000 元，利润为 57 000 元。预期 A 投资中心有一追加投资的机会，投资额为 170 000 元，预计利润为 25 000 元。

要求：计算 A 投资中心的投资利润率及剩余收益，分析其是否应该追加投资。

5．美红公司有 3 个业务类似的投资中心，采用相同的预算进行控制，其中 2016 年有关资料如下表所示。

万元

项　目	预算数	实际数		
		A 部门	B 部门	C 部门
销售收入	160	120	170	160
利润	20	21.5	22	18
投资额	100	85	90	100

年终业绩评价时，管理层对 3 个部门的评价发生了分歧：有人认为 C 部门全面完成了预算，业绩最佳；有人认 B 部门利润最大，应是最好；有人认为 A 部门节约了资金，表现最好。

要求：若该公司资金成本率为 17%，试对 3 个部门的业绩表现进行评价。

附录 A　复利终值系数表

n \ $i/\%$	1	2	3	4	5	6	7	8	9	10	11	12	13	14
1	1.010	1.020	1.030	1.040	1.050	1.060	1.070	1.080	1.090	1.100	1.110	1.120	1.130	1.140
2	1.020	1.040	1.061	1.082	1.103	1.124	1.145	1.166	1.188	1.210	1.232	1.254	1.277	1.300
3	1.030	1.061	1.093	1.125	1.158	1.191	1.225	1.260	1.295	1.331	1.368	1.405	1.443	1.482
4	1.041	1.082	1.126	1.170	1.216	1.262	1.311	1.360	1.412	1.464	1.518	1.574	1.630	1.689
5	1.051	1.104	1.159	1.217	1.276	1.338	1.403	1.469	1.539	1.611	1.685	1.762	1.842	1.925
6	1.062	1.126	1.194	1.265	1.340	1.419	1.501	1.587	1.677	1.772	1.870	1.974	2.082	2.195
7	1.072	1.149	1.230	1.316	1.407	1.504	1.606	1.714	1.828	1.949	2.076	2.211	2.353	2.502
8	1.083	1.172	1.267	1.369	1.477	1.594	1.718	1.851	1.993	2.144	2.305	2.476	2.658	2.853
9	1.094	1.195	1.305	1.423	1.551	1.689	1.838	1.999	2.172	2.358	2.558	2.773	3.004	3.252
10	1.105	1.219	1.344	1.480	1.629	1.791	1.967	2.159	2.367	2.594	2.839	3.106	3.395	3.707
11	1.116	1.243	1.384	1.539	1.710	1.898	2.105	2.332	2.580	2.835	3.152	3.479	3.836	4.226
12	1.127	1.268	1.426	1.601	1.796	2.012	2.252	2.518	2.813	3.138	3.498	3.896	4.335	4.818
13	1.138	1.294	1.469	1.665	1.886	2.133	2.410	2.720	3.066	3.452	3.883	4.363	4.898	5.492
14	1.149	1.319	1.513	1.732	1.980	2.261	2.579	2.937	3.342	3.797	4.310	4.887	5.535	6.216
15	1.161	1.346	1.558	1.801	2.079	2.397	2.759	3.172	3.642	4.177	4.785	5.474	6.254	7.138
16	1.173	1.373	1.605	1.873	2.183	2.540	2.952	3.426	3.970	4.595	5.311	6.130	7.067	8.137
17	1.184	1.400	1.653	1.948	2.292	2.693	3.159	3.700	4.328	5.054	5.895	6.866	7.986	9.276
18	1.196	1.428	1.702	2.026	2.407	2.854	3.380	3.996	4.717	5.560	6.544	7.690	9.024	10.575
19	1.208	1.457	1.754	2.107	2.527	3.026	3.617	4.316	5.142	6.116	7.263	8.613	10.197	12.056
20	1.220	1.486	1.806	2.191	2.653	3.207	3.870	4.661	5.604	6.727	8.062	9.646	11.523	13.743
25	1.282	1.641	2.094	2.666	3.386	4.292	5.427	6.848	8.623	10.835	13.585	17.000	21.231	24.462
30	1.348	1.811	2.427	3.243	4.322	5.743	7.612	10.063	13.268	17.449	22.892	29.960	39.116	50.950
40	1.489	2.208	3.262	4.801	7.040	10.286	14.974	21.725	31.409	45.259	65.001	93.051	132.78	188.88
50	1.645	2.692	4.384	7.107	11.467	18.420	29.457	46.902	74.358	117.39	184.57	289.00	450.47	700.23

n＼i/%	1	2	3	4	5	6	7	8	9	10	11	12	13	14	15	16	17	18
1	0.990	0.980	0.971	0.962	0.952	0.943	0.935	0.926	0.917	0.909	0.901	0.893	0.885	0.877	0.870	0.862	0.855	0.847
2	0.980	0.961	0.943	0.925	0.907	0.890	0.873	0.857	0.842	0.826	0.812	0.797	0.783	0.769	0.756	0.743	0.730	0.718
3	0.971	0.942	0.915	0.889	0.864	0.840	0.816	0.794	0.772	0.751	0.731	0.712	0.693	0.675	0.658	0.641	0.624	0.609
4	0.961	0.924	0.888	0.855	0.823	0.792	0.763	0.735	0.708	0.683	0.659	0.636	0.613	0.592	0.572	0.552	0.534	0.516
5	0.951	0.906	0.863	0.822	0.784	0.747	0.713	0.681	0.650	0.621	0.593	0.567	0.543	0.519	0.497	0.476	0.456	0.437
6	0.942	0.888	0.837	0.790	0.746	0.705	0.666	0.630	0.596	0.564	0.535	0.507	0.480	0.456	0.432	0.410	0.390	0.370
7	0.933	0.871	0.813	0.760	0.711	0.665	0.623	0.583	0.547	0.513	0.482	0.452	0.425	0.400	0.376	0.354	0.333	0.314
8	0.923	0.853	0.789	0.731	0.677	0.627	0.582	0.540	0.502	0.467	0.434	0.404	0.376	0.351	0.327	0.305	0.285	0.266
9	0.914	0.837	0.766	0.703	0.645	0.592	0.544	0.500	0.460	0.424	0.391	0.361	0.333	0.300	0.284	0.263	0.243	0.225
10	0.905	0.820	0.744	0.676	0.614	0.558	0.508	0.463	0.422	0.386	0.352	0.322	0.295	0.270	0.247	0.227	0.208	0.191
11	0.896	0.804	0.722	0.650	0.585	0.527	0.475	0.429	0.388	0.350	0.317	0.287	0.261	0.237	0.215	0.195	0.178	0.162
12	0.887	0.788	0.701	0.625	0.557	0.497	0.444	0.397	0.356	0.319	0.286	0.257	0.231	0.208	0.187	0.168	0.152	0.137
13	0.879	0.773	0.671	0.601	0.530	0.469	0.415	0.368	0.326	0.290	0.258	0.229	0.204	0.182	0.163	0.145	0.130	0.116
14	0.870	0.758	0.661	0.577	0.505	0.442	0.388	0.340	0.299	0.263	0.232	0.205	0.181	0.160	0.141	0.125	0.111	0.099
15	0.861	0.743	0.642	0.555	0.481	0.417	0.362	0.315	0.275	0.239	0.209	0.183	0.160	0.140	0.123	0.108	0.095	0.084
16	0.853	0.728	0.623	0.534	0.458	0.394	0.339	0.292	0.252	0.218	0.188	0.163	0.141	0.123	0.107	0.093	0.081	0.071
17	0.844	0.714	0.605	0.513	0.436	0.371	0.317	0.270	0.231	0.198	0.170	0.146	0.125	0.108	0.093	0.080	0.069	0.060
18	0.836	0.700	0.587	0.494	0.416	0.350	0.296	0.250	0.212	0.180	0.153	0.130	0.111	0.095	0.081	0.069	0.059	0.051
19	0.828	0.686	0.570	0.475	0.396	0.331	0.277	0.232	0.194	0.164	0.138	0.116	0.098	0.083	0.070	0.060	0.051	0.043
20	0.820	0.673	0.554	0.456	0.377	0.312	0.258	0.215	0.178	0.149	0.124	0.104	0.087	0.073	0.061	0.051	0.043	0.037
25	0.780	0.610	0.478	0.375	0.295	0.233	0.184	0.146	0.116	0.092	0.074	0.059	0.047	0.038	0.030	0.024	0.020	0.016
30	0.742	0.552	0.412	0.308	0.231	0.174	0.131	0.099	0.075	0.057	0.044	0.033	0.026	0.020	0.015	0.012	0.009	0.007
40	0.672	0.453	0.307	0.208	0.142	0.097	0.067	0.046	0.032	0.022	0.015	0.011	0.008	0.005	0.004	0.003	0.002	0.001
50	0.608	0.372	0.228	0.141	0.087	0.054	0.034	0.021	0.013	0.009	0.005	0.003	0.002	0.001	0.001	0.001	0	0

附录 C 年金终值系数表

n \\ $i/\%$	1	2	3	4	5	6	7	8	9	10	11	12	13	14	15
1	1.000	1.000	1.000	1.000	1.000	1.000	1.000	1.000	1.000	1.000	1.000	1.000	1.000	1.000	1.000
2	2.010	2.020	2.030	2.040	2.050	2.060	2.070	2.080	2.090	2.100	2.110	2.120	2.130	2.140	2.150
3	3.030	3.060	3.091	3.122	3.153	3.184	3.215	3.246	3.278	3.310	3.342	3.374	3.407	3.440	3.473
4	4.060	4.122	4.184	4.246	4.310	4.375	4.440	4.506	4.573	4.641	4.710	4.779	4.850	4.921	4.993
5	5.101	5.204	5.309	5.416	5.526	5.637	5.751	5.867	5.985	6.105	6.228	6.353	6.480	6.610	6.742
6	6.152	6.308	6.468	6.633	6.802	6.975	7.153	7.336	7.523	7.716	7.913	8.115	8.323	8.536	8.754
7	7.214	7.434	7.662	7.898	8.142	8.394	8.654	8.923	9.200	9.487	9.783	10.089	10.405	10.730	11.067
8	8.286	8.583	8.892	9.214	9.549	9.897	10.260	10.637	11.028	11.436	11.859	12.300	12.757	13.233	13.727
9	9.369	9.755	10.159	10.583	11.027	11.491	11.978	12.488	13.021	13.579	14.164	14.776	15.416	16.085	16.786
10	10.462	10.950	11.464	12.006	12.578	13.181	13.816	14.487	15.193	15.937	16.722	17.549	18.420	19.377	20.304
11	11.567	12.169	12.808	13.486	14.207	14.972	15.784	16.645	17.560	18.531	19.561	20.655	21.814	23.045	24.349
12	12.683	13.412	14.192	15.026	15.917	16.870	17.888	18.977	20.141	21.384	22.713	24.133	25.650	27.271	29.002
13	13.809	14.680	15.618	16.627	17.713	18.882	20.141	21.495	22.953	24.523	26.212	28.029	29.985	32.089	34.352
14	14.947	15.974	17.086	18.292	19.599	21.015	22.550	24.215	26.019	27.975	30.095	32.393	34.883	37.581	40.505
15	16.097	17.293	18.599	20.024	21.579	23.276	25.129	27.152	29.361	31.772	34.405	37.280	40.417	43.842	47.580
16	17.258	18.639	20.157	21.825	23.657	25.673	27.888	30.324	33.003	35.950	39.190	42.753	46.672	50.980	55.717
17	18.430	20.012	21.762	23.698	25.840	28.213	30.840	33.750	36.974	40.545	44.501	48.884	53.739	59.118	65.075
18	19.615	21.412	23.414	25.645	28.132	30.906	33.999	37.450	41.301	45.599	50.396	55.750	61.725	68.394	75.836
19	20.811	22.841	25.117	27.671	30.539	33.760	37.379	41.446	46.018	51.159	56.939	63.440	70.749	78.969	88.212
20	22.019	24.297	26.870	29.778	33.066	36.786	40.995	45.762	51.160	57.275	64.203	75.052	80.947	91.025	102.44
25	28.243	32.030	36.459	41.646	47.727	54.865	63.249	73.106	84.701	98.347	114.41	133.33	155.62	181.87	212.79
30	34.785	40.588	47.575	56.085	66.439	79.058	94.461	113.28	136.31	164.49	199.02	241.33	293.20	356.79	434.75
40	48.886	60.402	75.401	95.026	120.80	154.76	199.64	259.06	337.89	442.59	581.83	767.09	1013.7	1342.0	1779.1
50	64.463	84.579	112.80	152.67	209.35	290.34	406.53	573.77	815.08	1163.9	1668.8	2400.0	3459.5	4994.5	7217.7

附录 D 年金现值系数表

n \ i/%	1	2	3	4	5	6	7	8	10	11	12	13	14	15	16	17	18
1	0.990	0.980	0.971	0.962	0.952	0.943	0.935	0.926	0.909	0.901	0.893	0.885	0.877	0.870	0.862	0.855	0.847
2	1.970	1.942	1.913	1.886	1.859	1.833	1.808	1.783	1.736	1.713	1.690	1.668	1.647	1.626	1.605	1.585	1.566
3	2.941	2.884	2.829	2.775	2.723	2.673	2.624	2.577	2.487	2.444	2.402	2.361	2.322	2.283	2.246	2.210	2.174
4	3.902	3.808	3.717	3.630	3.546	3.465	3.387	3.312	3.170	3.102	3.037	2.974	2.914	2.855	2.798	2.743	2.690
5	4.853	4.713	4.580	4.452	4.329	4.212	4.100	3.993	3.791	3.696	3.605	3.517	3.433	3.352	3.274	3.199	3.127
6	5.795	5.601	5.417	5.242	5.076	4.917	4.767	4.623	4.355	4.231	4.111	3.998	3.889	3.784	3.685	3.589	3.498
7	6.728	6.472	6.230	6.002	5.786	5.582	5.389	5.206	4.868	4.712	4.564	4.423	4.288	4.160	4.039	3.922	3.812
8	7.652	7.325	7.020	6.733	6.463	6.210	5.971	5.747	5.335	5.146	4.968	4.799	4.639	4.487	4.344	4.207	4.078
9	8.566	8.162	7.786	7.435	7.108	6.802	6.515	6.247	5.759	5.537	5.328	5.132	4.946	4.772	4.607	4.451	4.303
10	9.471	8.983	8.530	8.111	7.722	7.360	7.024	6.710	6.145	5.889	5.650	5.426	5.216	5.019	4.833	4.659	4.494
11	10.368	9.787	9.253	8.760	8.306	7.887	7.499	7.139	6.495	6.207	5.938	5.687	5.453	5.234	5.029	4.836	4.656
12	11.255	10.575	9.954	9.385	8.863	8.384	7.943	7.536	6.814	6.492	6.194	5.918	5.660	5.421	5.197	4.988	4.793
13	12.134	11.348	10.635	9.986	9.394	8.853	8.358	7.904	7.103	6.750	6.424	6.122	5.842	5.583	5.342	5.118	4.910
14	13.004	12.106	11.296	10.563	9.899	9.295	8.745	8.244	7.367	6.982	6.628	6.302	6.002	5.724	5.468	5.229	5.008
15	13.865	12.849	11.938	11.118	10.380	9.712	9.108	8.559	7.606	7.191	6.811	6.462	6.142	5.847	5.575	5.324	5.092
16	14.718	13.578	12.561	11.652	10.838	10.106	9.447	8.851	7.824	7.379	6.974	6.604	6.265	5.954	5.668	5.405	5.162
17	15.562	14.292	13.166	12.166	11.274	10.477	9.763	9.122	8.022	7.549	7.120	6.729	6.373	6.047	5.749	5.475	5.222
18	16.398	14.992	13.754	12.659	11.690	10.828	10.059	9.372	8.201	7.702	7.250	6.840	6.467	6.128	5.818	5.534	5.273
19	17.226	15.678	14.324	13.134	12.085	11.158	10.336	9.604	8.365	7.839	7.366	6.938	6.550	6.198	5.877	5.584	5.316
20	18.046	16.351	14.877	13.590	12.462	11.470	10.594	9.818	8.514	7.963	7.469	7.025	6.623	6.259	5.929	5.628	5.353
25	22.023	19.523	17.413	15.622	14.094	12.783	11.654	10.675	9.077	8.422	7.843	7.330	6.873	6.464	6.097	5.766	5.467
30	25.808	22.396	19.600	17.292	15.372	13.765	12.409	11.258	9.427	8.694	8.055	7.496	7.003	6.566	6.177	5.829	5.517
40	32.835	27.355	23.115	19.793	17.159	15.046	13.332	11.925	9.779	8.951	8.244	7.634	7.105	6.642	6.233	5.871	5.548
50	39.196	31.424	25.730	21.482	18.256	15.762	13.801	12.233	9.915	9.042	8.304	7.675	7.133	6.661	6.246	5.880	5.554

参 考 文 献

[1] 徐蕴华. 管理会计学习指导书[M]. 上海：立信会计出版社，2012.

[2] 王永刚. 管理会计[M]. 北京：机械工业出版社，2013.

[3] 范世森. 管理会计学习指导、习题与项目实训[M]. 北京：高等教育出版社，2014.

[4] 单昭祥. 新编现代管理会计学辅导与练习[M]. 大连：东北财经大学出版社，2010.

[5] 邵敬浩. 管理会计[M]. 北京：高等教育出版社，2016.

[6] 陈兴滨. 管理会计[M]. 北京：中国财政经济出版社，2004.

[7] 罗平实. 管理会计项目化教程[M]. 北京：电子工业出版社，2011.

[8] 于树彬，刘萍，王忠民. 管理会计[M]. 4 版. 北京：高等教育出版社，2014.

[9] 刘继伟，于树彬，甘永生. 管理会计[M]. 5 版. 大连：东北财经大学出版社，2014.

[10] 李光辉，李凤. 管理会计实用教程[M]. 南京：南京大学出版社，2012.

[11] 张晓燕. 新编管理会计[M]. 4 版. 大连：大连理工大学出版社，2014.

[12] 颉茂华. 管理会计学. 理论·实务·案例[M]. 南京：南京大学出版社，2011.

[13] 孙茂竹，文光伟，杨万贵. 管理会计学[M]. 6 版. 北京：中国人民大学出版社，2012.

[14] 吴大军. 管理会计[M]. 2 版. 大连：东北财经大学出版社，2010.

[15] 丁元霖. 管理会计[M]. 上海：立信会计出版社，2005.

反侵权盗版声明

电子工业出版社依法对本作品享有专有出版权。任何未经权利人书面许可，复制、销售或通过信息网络传播本作品的行为；歪曲、篡改、剽窃本作品的行为，均违反《中华人民共和国著作权法》，其行为人应承担相应的民事责任和行政责任，构成犯罪的，将被依法追究刑事责任。

为了维护市场秩序，保护权利人的合法权益，我社将依法查处和打击侵权盗版的单位和个人。欢迎社会各界人士积极举报侵权盗版行为，本社将奖励举报有功人员，并保证举报人的信息不被泄露。

举报电话：（010）88254396；（010）88258888

传　　真：（010）88254397

E-mail：　dbqq@phei.com.cn

通信地址：北京市万寿路 173 信箱
　　　　　电子工业出版社总编办公室

邮　　编：100036